로스 브런 Ross Brawn
승리의 법칙

TOTAL COMPETITION:
Lessons in Strategy from Formula One
by Ross Brawn, Adam Parr

Copyright © 2016 by Adam Parr and Brawn Consulting Ltd
All rights reserved. No part of this book may be reproduced or transmitted in any form or by any means, electronic or mechanical, including photocopying, recording or by any information storage and retrieval system without permission in writing from the Publisher.

This Korean edition was published by Purun Communication in 2023 by arrangement with Simon & Schuster UK Ltd., 1st floor, 222 Gray's Inn Road, London, WC1X 8HB, A CBS Company through KCC(Korea Copyright Center Inc.), Seoul.

이 책은 (주)한국저작권센터(KCC)를 통한 저작권자와의 독점계약으로 푸른커뮤니케이션에서 출간되었습니다. 저작권법에 의해 한국 내에서 보호를 받는 저작물이므로 무단전재와 복제를 금합니다.

Total Competition
포뮬러 원 전설의 리더십과 전략에 대한 이야기

로스 브런 · 애덤 파 지음 | 서민아 옮김

로스 브런 Ross Brawn
승리의 법칙

e 비즈북스

목차

주요 인물과 용어 · 6
브런 시기 포뮬러 원의 주요 순간들 · 10
서문 · 17

제1부
로스 브런의 경력 · 39

제2부
포뮬러 원 전략 · 111

들어가며 · 112
전략의 세 가지 차원 · 115
토탈 컴피티션 · 189
강점과 약점 · 202
인간의 기질 · 221
정보 · 242
작전술 · 246
리듬과 루틴 · 256
개인적인 조직 · 265
사람 · 277
단순함 · 284
레이싱 · 289
리더십 · 305
미래 · 312

제3부

법칙 · 329

법칙 1. 전략은 시스템이다 · 330

법칙 2. 불필요한 갈등을 방지한다 · 331

법칙 3. 의식적으로 신뢰를 구축한다 · 332

법칙 4. 자신을 알고 상대를 안다 · 334

법칙 5. 겸손한 자세를 갖춘다 · 335

법칙 6. 사람과 문화에 투자한다 · 337

법칙 7. 시간을 측정한다 · 339

법칙 8. 완벽한 과정은 경쟁력 있는 결과로 이어진다 · 340

법칙 9. 일련의 리듬과 루틴을 개발하고 적용한다 · 341

법칙 10. 도입한다!! · 342

법칙 11. 선을 정하고, 그것을 받아들인다 · 343

법칙 12. 단순함을 추구하고 복잡성을 관리한다 · 346

법칙 13. 사람들은 자연스럽게 혁신한다 · 346

법칙 14. 데이터와 직관을 위한 자리를 마련한다 · 347

법칙 15. 전략을 연구하고 적용한다 · 348

감사의 인사 · 350

주요 인물과 용어

*해당 용어는 본문에 ♦표시를 해두었다.

주요 인물

니키 라우다 Niki Lauda: 전 F1 월드 챔피언이자, 메르세데스 F1 팀 전 회장.

닉 프라이 Nick Fry: 영국 브래클리에 기반을 둔 메르세데스 F1 팀의 전 최고경영자로, 바르BAR, 혼다, 브런, 메르세데스 같은 대표적인 F1 팀을 두루 거쳤다. 브런 GP 팀의 로스 브런과 상업 파트너이자 동료 주주.

디터 체체 Dieter Zetsche: 2006년부터 2019년까지 다임러 AG 이사회 의장이자 메르세데스 벤츠 자동차 회장.

디트리히 마테시츠 Dietrich Mateschitz: 레드불 공동 창업자이자 회장.

로리 번 Rory Byrne: 1991년부터 1996년까지 베네통에서, 1997년부터 2006년까지 페라리에서 수석 디자이너였다.

론 데니스 Ron Dennis: 2017년까지 F1 팀과 맥라렌 일반 자동차 분야를 포함하는 맥라렌 테크놀로지 그룹McLaren Technology Group의 주주, 최고경영자, 회장.

루카 디 몬테체몰로 Luca di Montezemolo: 1991년부터 2014년까지 페라리의 사장 및 회장을 지냈다.

마틴 휘트마시 Martin Whitmarsh: 맥라렌에서 1997년부터 전무이사, 2009년부터 2014년까지 F1 팀 총감독.

맥스 모슬리 Max Mosley: 1993년부터 2009년까지 FIA 회장.

버니 에클스턴 Bernie Ecclestone: 1978년부터 2017년까지 포뮬러 원의 상업적 권리를 통제하는 포뮬러 원 그룹의 최고경영자. (이후 2017년부터 2020년까지 포뮬러 원 명예 회장을 지냈다. - 옮긴이)

장 토드 Jean Todt: 1994년부터 2006년까지 스쿠데리아 페라리Scuderia Ferrari 총감독, 2006년부터 2009년까지 페라리 최고경영자였다. 2009년부터 2021년까지 FIA의 회장을 역임했다.

존 버나드 John Barnard: F1 디자이너이자 기술 감독. 베네통과 이후 페라리에서 활동한 시기가 로스 브런과 겹친다. 1990년대 중반 페라리에서 두 번째로 근무하던 시기에는 잉글랜드 서리에 버나드의 설계 사무소가 마련되었다.

찰리 와이팅 Charlie Whiting: 1997년 이후 공식적으로 국제 자동차 연맹 FIA의 이사이자, 안전 총책임자. 사실상 포뮬러 원의 기술 총책임자였다. (2019년 3월 지병으로 세상을 떠났다. - 옮긴이)

콜린 콜레스 Colin Kolles: 2005년부터 2008년까지 조던Jordan, 미들랜드Midland, 스파이커Spyker, 포스 인디아Force India 등의 이름으로 참가한 전 F1 팀 총감독.

크리스천 호너 Christian Horner: 레드불 F1 팀 총감독.

토토 볼프 Toto Wolff: 2013년 이후 메르세데스 모터스포츠 대표. 2009년부터 2013년까지 윌리엄스 F1 투자자였다.

패트릭 헤드 Patrick Head: 윌리엄스 F1 팀 공동 창업자이자 엔지니어링 이사. (현재는 윌리엄스 F1 팀의 컨설팅을 맡고 있다. - 옮긴이)

패트 시먼즈 Pat Symonds: 2016년까지 윌리엄스 F1 팀 최고 기술 책임자였다. 베네통 F1 팀에서 미하엘 슈마허의 전 레이스 엔지니어와 기술 감독을 지냈고, 베네통이 르노 F1에 인수된 뒤 2009년까지 엔지니어링 이사였다.

프랭크 윌리엄스 Frank Williams : 윌리엄스 F1 팀의 창립자이자 총감독을 역임했다.

플라비오 브리아토레 Flavio Briatore : 1994년부터 2009년까지 베네통과 르노 F1 팀의 총감독을 역임했다.

주요 용어

경기 운영 규정 Sporting Regulations : 그랑프리 대회를 통제하기 위한 FIA의 규칙들.

기술 규정 Technical Regulations : F1 경주차 설계 및 디자인을 통제하기 위한 FIA의 기술 관련 규칙들.

다운포스Downforce : F1 경주차가 공기를 가르며 이동할 때 발생하는 힘으로 차의 접지력을 향상시킨다. 항공기가 만들어 내는 양력lift과 상반된다. 다운포스에 의한 취약점은 에너지를 소모하는 항력drag으로, F1 공기역학의 궁극적인 목적은 다운포스를 극대화하고 항력을 최소화하여 경주차가 높은 직선 주행 속도로 코너를 더 빨리 돌게 하는 것이다.

상업적 권리 소유자 Commercial Rights Holder : 포뮬러 원 그룹으로 다양하게 알려져 있으며 버니 에클스턴이 회장이었다. (2017년 리버티 미디어에 인수되었고, 2021년부터 스테파노 도메니칼리가 회장이다. - 옮긴이)

유권해석clarifications : 포뮬러 원 팀이 설계가 기술 규정에 적법한지 여부를 명확히 하기 위해 FIA로부터 비밀리에 지침을 구하는 과정.

콩코드 협정 Concorde Agreements : 포뮬러 원 팀들, 상업권자, FIA 등 3자간 계약을 일컫는 이름. 수익 분배 및 규칙 제정 방식을 결정하고, 각 컨스트럭터가 디자인해야 하는 자동차 부품 종류를 결정하기도 한다. 2012년 말까지 모든 관련자들이 협정에 서명했다. 현재 협정은 2013년 1월 1일에 시작해 2020년 12월 31일에 만료된다. (지난 2021년 8차 콩코드 협정이 발표되었고, 기한은 2025시즌까지이다. - 옮긴이)

CVC: 2006년에 포뮬러 원을 인수해 현재 지배주주로 있는 사모펀드 그룹. CVC의 경영 파트너는 도널드 매킨지였다. (CVC는 2017년 리버티미디어에 지분을 매각했다. - 옮긴이)

FIA_{Federation Internaltionale de l'Automobile}: 국제 자동차 연맹. 포뮬러 원의 소유 기관이자 규제기관.

FOTA_{Formula One Teams Association}: 포뮬러 원 팀 협회. 2009년부터 2013년(공식적으로는 2014년 - 옮긴이)에 해체될 때까지 포뮬러 원의 모든 팀을 대표했다.

RRA_{Resource Restriction Agreement}: 자원 제한 협정. FOTA가 2009년에 도입해 2013년에 해지한 비용 억제 조치.

브런 시기 포뮬러 원의 주요 순간들

1970년대

• 1970년대 포뮬러 원은 주로 페라리와 영국 '가라지스테' 팀들garagiste teams(직접 엔진을 제작하지 못하는 소형 독립 팀들에 대해 마치 차고garage에서 작업하는 것 같다는 의미로 페라리 창업자 엔초 페라리가 사용한 말 - 옮긴이) — 로터스, 티렐, 브라밤, 맥라렌, 이후 윌리엄스 — 간의 전투다. 이 10년간 여러 차례 챔피언십을 획득한 드라이버는 재키 스튜어트Jackie Stewart, 에메르손 피티팔디Emerson Fittipaldi, 니키 라우다* 등이다.

• 정치적으로 중요하고 경쟁이 치열했던 1976년 시즌에서 맥라렌의 제임스 헌트는 페라리의 니키 라우다를 1점 차로 앞서 우승했다.

• 1974년, 브라밤 팀 소유주 버니 에클스턴*은 포뮬러 원 팀들의 이익을 대변하고 협정을 맺기 위해 포뮬러 원 컨스트럭터 협회FOCA, Formula One Constructors' Association를 설립한다. 이 단체는 적절한 시기에 포뮬러 원의 상업적 권리 소유자*가 될 것이다.

• 1997년, 맥스 모슬리*는 FOCA 법률 고문이 되기 위해 공동 설립자로 있던 마치March 팀을 떠난다. 모슬리와 에클스턴은 2009년까지 모터스포츠 업계를 지배할 것이다.

• 1977년, 프랭크 윌리엄스*가 윌리엄스 그랑프리 엔지니어링Williams Grand Prix Engineering 팀을 설립한다. 코스워스 DFVCosworth DFV 엔진을 장착한 윌

리엄스 F1 팀은 1979년 여름 실버스톤에서 열린 브리티시 그랑프리 레이스에 처음 출전해 우승한다.

1970년대 말에는 차량 하부에서 공기역학적으로 발생하는 다운포스의 중요성이 발견되어 코너링 속도가 높아진다.

1980년대

- 1980년대는 드라이버 앨런 존스Alan Jones, 케케 로즈버그Keke Rosberg와 함께 신생 팀 윌리엄스의 우승으로 시작한다.

  이후 페라리와 브라밤의 넬슨 피케Nelson Piquet가 등장하고, 이어서 니키 라우다, 아일톤 세나Ayrton Senna, 알랭 프로스트Alain Prost 등의 드라이버로 맥라렌이 타이틀을 거머쥐며 전성기를 맞는다.

- 코너링 속도가 높아지는 것을 우려해 1983년에는 차량 바닥을 평평하게 하도록 규제가 도입되지만, 마치 램프의 요정이 마법을 부리기라도 하듯 디자이너들은 지면 효과로부터 다운포스를 되찾을 방법을 계속해서 발견하게 된다.

- 1986년 시즌 직전, 프랭크 윌리엄스는 프랑스 남부에서 교통사고를 당해 양측 하반신 마비 부상을 입는다. 윌리엄스 팀은 1986년과 1987년 연속 컨스트럭터 타이틀을 차지한다.

- 이 시기에 터보 과급기가 장착된 엔진이 대세가 되었고, 더 많은 제조회사들이 모터스포츠에 뛰어든다. 맥라렌과 윌리엄스 모두 예선전 트림 기준 약 1300마력을 발휘하는 혼다 터보 엔진으로 달렸다. 이 시기에는 예선경기 전후에 엔진이 교체되었다.

- 1980년대에는 맥라렌의 프로스트와 세나, 윌리엄스의 나이절 만셀Nigel Mansell과 넬슨 피케 등 팀 동료 간의 극적인 결투를 볼 수 있다.

- 1988년 8월, 엔초 페라리Enzo Ferrari가 페라리 스포츠카의 본고장이자 1939년에 그가 설립한 레이싱 팀, 일명 스쿠데리아Scuderia의 본고장인 마라넬로에서 90세의 나이로 사망한다.
- 비용과 출력 증가로 1989년부터는 터보 과급기가 장착된 엔진을 금지하고 3.5리터 자연 흡기 엔진으로 돌아간다.

1990년대

- 1980년대를 마감하고 1990년대가 시작되자 트랙에서는 맥라렌이 선두에 서고 그들의 드라이버 아일톤 세나가 두 차례 챔피언십 타이틀을 획득한다. 이후 윌리엄스와 젊은 미하엘 슈마허를 영입한 베네통이 경쟁하게 된다. 이 시기에도 트랙 위에서는 주목할 만한 전투들이 펼쳐진다. 윌리엄스의 드라이버 데이먼 힐Damon Hill과 자크 빌뇌브Jacques Villeneuve는 1994년과 1997년에 각각 베네통과 이후 페라리 소속으로 참가한 미하엘 슈마허와 대결을 펼친다. 1990년대 말에 맥라렌은 디자이너 뉴이와 드라이버 미카 하키넨Mika Hakkinen을 영입해 재기의 기쁨을 누리지만, 브런이 이끄는 새로운 기술팀과 미하엘 슈마허를 중심으로 새롭게 등장한 강팀 페라리와 대결을 펼친다.
- 트랙 바깥에서는 모터스포츠 규제 기관이 세대 변화를 겪는다. 1991년에 모슬리는 이후 FIA♦의 독립적인 위원회가 된 국제 자동차 스포츠 연맹FISA, Federation Internationale du Sport Automobile 회장이 되고, 이후 1993년에 FIA의 회장이 된다.
- 1994년 5월, 이몰라에서 열린 산마리노 그랑프리 대회에서 롤란트 라첸버거Roland Ratzenberger와 아일톤 세나가 주말 동안 각각 개별적인 사고로 사망한다.

- FIA는 포뮬러 원의 안전을 향상하기 위한 조치를 취한다. 20년 뒤 쥘 비앙키Jules Bianchi가 사망할 때까지 포뮬러 원에서 치명적인 사고는 없다.
- FIA는 일반 자동차의 안전에도 적극적인 역할을 수행해, 마침내 신형 자동차를 대상으로 유럽 신차 평가 프로그램Euro NCAP 이라는 혁신적인 안전 평가를 시작하는 데 성공한다.
- 주행 중인 경주차의 차체 높이를 최적화하기 위해 설계한 '액티브' 유압 제어식 서스펜션이 1994년 시즌에 금지된다.
- 1995년에 자연 흡기 엔진이 3.5리터에서 3리터로 조정된다.

2000–2007

- 21세기의 첫 5년 동안 페라리와 미하엘 슈마허가 트랙을 지배한다. 이후 2005년과 2006년에는 르노와 페르난도 알론소Fernando Alonso가 우승한다. 2007년, 맥라렌의 드라이버 루이스 해밀턴은 신인 데뷔 시즌을 시작하면서 페라리의 키미 라이코넨Kimi Raikkonen에게 1점 차로 뒤처지고, 이후 맥라렌에서 그의 팀 동료가 된 페르난도 알론소와 동점으로 공동 2위가 된다. 그러나 맥라렌은 페라리 경주차에 대한 비밀 기술 자료를 입수한 혐의로 컨스트럭터 월드 챔피언십 순위를 박탈당하고 FIA에 의해 벌금 1억 달러를 부과 받는다.
- 21세기 첫 몇 년 동안은 F1 레이스에 참가하는 자동차 제조업체가 증가한다. 2007년에는 르노, 혼다, 도요타, BMW가 F1 팀을 설립해 페라리와 함께 트랙을 달린다. 2006년부터 음료 회사 레드불도 F1 팀을 출전시킨다. 이 팀들은 방대한 마케팅 예산을 통해 자금을 충당하기 때문에 비용이 증가한다.
- 2006년에는 자연 흡기 엔진이 3리터에서 2.4리터로 바뀌고 V8 엔진이

필수다. 2007년에는 신뢰성이나 비용 절감에 해당하지 않는 한 모든 엔진 개발이 축소되었다.

- 트랙 밖에서는 독일 키르히Kirch 미디어 그룹이 2002년 파산 전에 포뮬러 원 지분의 75퍼센트를 보유한다. 2005년, 사모펀드 회사 CVC 캐피털 파트너스CVC Capital Partners◆가 독일 바이에리셰 란데스방크German Bayerische Landesbank가 이끄는 키르히의 채권단으로부터 키르히 지분을 인수한다. 바이에리셰 란데스방크의 포뮬러 원 대리인은 게르하르트 그리프코브스키Gerhard Gribkowsky로, 그는 이 거래와 관련하여 탈세, 배임, 4400만 달러의 뇌물 수수 등으로 2012년에 수감된다.

2008-2013

- 2008년 시즌에서 루이스 해밀턴은 브라질에서 열린 마지막 레이스의 마지막 코너에서 페라리의 펠리페 마사Felipe Massa를 물리치고 첫 번째 챔피언십 타이틀을 획득한다. 이 무렵 세계 금융 위기가 시작된다. F1 팀들은 더 많은 수익을 위한 협상과 비용 감소를 위해 FOTA◆를 설립한다. FOTA는 페라리의 루카 디 몬테체몰로◆가 초대 의장을 맡고 이후 맥라렌의 마틴 휘트마시◆가 의장직을 물려받는다.
- 2008년, F1 팀들과 FIA는 비용 상한제 도입을 위해 협력하기로 합의한다. 이러한 노력들은 영국의 타블로이드 신문 《뉴스오브더월드News of the World》가 맥스 모슬리의 사생활을 불법적으로 침해하는 기사와 비디오 영상을 공개하면서 옆길로 샌다.
- 2008년 싱가포르 그랑프리에서 르노의 넬슨 피케 주니어Nelson Piquet Jnr는 같은 팀 페르난도 알론소가 레이스에서 우승할 수 있는 상황에서 그와 충돌했고, 이 사고는 의혹을 불러일으킨다. 1년 뒤 FIA의 조사 결과 이 충

돌은 사실상 고의적이었음이 밝혀진다.

- 2008년 말, 혼다가 포뮬러 원 탈퇴를 발표한다. 해당 팀은 로스 브런과 닉 프라이◆가 인수한다. 이들은 메르세데스 엔진을 장착해 2009년 월드 챔피언십 대회에서 연속 우승한다.

- 2009년, F1은 FIA의 압력을 받아 처음으로 하이브리드 엔진을 도입한다. 운동에너지 회수 장치 KERS_{Kinetic Energy Recovery System}는 제동할 때 에너지를 회수해 배터리에 저장하고 750마력 엔진에 100마력의 힘을 더 끌어올린다.

- 윌리엄스, 도요타의 경주차와 함께 브런 GP의 경주차 역시 더블 디퓨저로 알려진 공기역학적 설계 특성을 자랑한다. 이 설계는 차량 바닥의 표면적을 늘리고 공기역학적 다운포스◆를 추가로 발생시킨다. 그러나 다른 팀들은 더블 디퓨저 개념이 규칙의 의도에 부합하지 않는다면서 격렬하게 이의를 제기한다. 2009년에는 공기역학적 다운포스를 감소시켜 앞차가 일으키는 기류 변화에 차량이 덜 민감하도록 규칙이 개정된다. 이로 인해 차량끼리의 접전과 추월 가능성이 더 커질 것으로 기대되었다. 결국 FIA의 국제 항소 법원은 포뮬러 원의 기술 규칙에 '의도'가 있다는 견해를 받아들이지 않음으로써 더블 디퓨저 팀이 승소한다.

- 2009년, 모슬리는 2010년부터 두 방식으로 이루어진 챔피언십을 제안하면서 또다시 비용 공세를 시작한다. 이 방식에 따르면 지출 제한에 동의하는 팀들은 특정한 기술적 이점을 갖게 될 것이다. 대형 팀들은 이 제안에 반대하고, FOTA는 독자적인 대회를 만들겠다고 위협한다. 윌리엄스 팀은 FIA의 제안을 지지했다는 이유로 FOTA에서 퇴출당한다. 이 위기는 F1 팀들과 FIA가 비용을 제한하기 위한 자원 제한 협정_{RRA}◆에 동의한 2009년 여름에 영국 그랑프리에서 정점에 이른다.

- 2009년, 맥스 모슬리가 FIA의 회장직에서 물러나고 장 토드◆가 회장으로 선출된다.
- 2009년 말, 르노, BMW, 도요타가 포뮬러 원을 탈퇴한다.
- 2012년 말, 콩코드 협정◆이 만료된다. 버니 에클스턴은 팀들과 2013년 1월부터 효력이 발생할 새로운 계약을 협상한다. 새 계약은 수익 배분 방식과 규칙을 크게 바꾸어, 소수의 팀이 더 큰 몫의 수익을 벌어들이는 동시에 F1 운영 방식에도 더 큰 발언권을 갖게 된다.
- 2013년에 FOTA가 해체된다.
- 2010년부터 2013년까지 레드불 팀과 드라이버 제바스티안 페텔Sebastian Vettel이 4회 연속 더블 타이틀을 석권해 F1을 주도한다. 그러나 2013년에 메르세데스 팀이 경쟁력을 갖추기 시작한다.
- 2013년 시즌을 끝으로 자연 흡기식 2.4리터 V8 엔진이 막을 내린다. 2014년부터는 확장된 에너지 회수 장치와 함께 터보 과급기가 장착된 1.6리터 V6 신형 엔진으로 교체된다. 2014년과 2015년에는 메르세데스가 최고의 엔진과 에너지 회수 장치를 생산함으로써 그들의 경주차가 압도적으로 우수해진다. 2016년에는 페라리, 르노, 혼다가 약간의 진전을 보이지만 메르세데스가 엔진과 차량에 있어 여전히 선두를 장악한다.

  레이싱을 개선하고 메르세데스가 누려온 엔진 이점의 중요성을 축소하기 위한 목적으로 접지력과 코너링 속도를 높이는 등, 2017년에는 경주차 기술 규정◆에 대대적인 변화가 도입된다.

서문

애덤 파

대중들 눈에는 포뮬러 원 트랙 위에서 드라이버들 — F1의 검투사들 — 이 벌이는 전투 장면이 보이겠지만, 그 배후에는 10억 달러에 달하는 엔지니어링 전쟁이 펼쳐지고 있다. 포뮬러 원은 거의 매년 바뀌는 일련의 기술 규정에 따라 자체적으로 경주용 자동차를 디자인하고 제작하는 열 개의 팀이 필요하다. 기술 규정을 변경하는 이유는 안전상의 문제로 차량의 속력을 줄이기 위해, 모터스포츠의 볼거리를 극적으로 향상시키기 위해, 때로는 도로를 달리는 일반 자동차의 혁신을 장려하기 위해서이다. 경주차는 오스트레일리아에서 아부다비, 일본에서 러시아, 미국에서 몬테카를로 등에 이르는 매우 다양한 약 23개 서킷circuit의 랩 타임lap time을 최소화하기 위해 디자인된다. 최고의 팀들은 엔지니어, 디자이너, 과학자, 공기역학자, 고도로 숙련된 남녀 기술자 등을 포함해 1000여 명의 사람들로 구성된다. 차대와 동력 전달 장치에 들어가는 1만 개의 부품 대부분은 최고의 기량을 발휘하기 위해 각 팀이 직접 제조한다. 이 부품들은 레이스가 열리는 연중 어느 때이든 수차례 개발하고 개선되어, 경주차들은 보통 처음 경기 때보다 마지막 경기 때 실제로 속력이 1, 2초 더 빨라진다. 이 엔지니어링 전쟁에서 이겨야 월드 챔피언십 대회 우승의 기초가 마련된다. 간혹 아주 뛰어난 드라이버가 경주차의 단점을 보완하기도 하지만 그런 경우는 극히 드물다. 결함이 있는 경주차로 우승을 차지한 챔피언십 대회는 한 번도 없었다.

현대 포뮬러 원 자동차의 전체적인 성능은 대단히 뛰어나다. 정지 상태에서 시속 60마일까지 도달하는 가속 시간은 '보통' 2.4초인데, 이마저도 경주차가 타이어를 통해 충분한 힘을 가하지 못하기 때문이다. 실제로 차량에 가속도가 붙으면 시간이 더 단축된다. 다음 60mph에서 120mph까지 도달하는 데에는 단 2초가 소요된다. 제동 시간도 놀랍다. 200mph에서 정지하기까지 3.5초가 소요된다. 드라이버들이 느끼는 힘 또한 인상적인데, 브레이크를 밟을 때 5g(중력가속도의 단위 - 옮긴이), 코너를 돌 때 4g의 힘이 가해진다. 이와 대조적으로 성능 좋은 일반 자동차는 브레이크를 밟을 때와 코너를 돌 때 1g가 가해진다. 드라이버들이 올림픽 선수에 맞먹는 대단히 뛰어난 선수가 되어야 하는 이유가 바로 이 중력 때문이다.

이처럼 성능이 뛰어난 이유는 주로 자동차가 발생시키는 공기역학적 '다운포스' 때문이다. 경주용 자동차는 거꾸로 뒤집힌 제트 전투기로, 다운포스가 지면을 향해 자동차를 내리누르면 타이어를 통해 점차 접지력이 강력해지므로 코너링, 제동력, 가속 성능이 높아진다. 경주차는 110mph에서 3/4톤 질량에 해당하는 다운포스를 발생시킬 수 있는데, 이론적으로 이 속도면 자동차가 거꾸로 뒤집혀 천장에 매달린 채 달릴 수 있다. 최대 속도에서 경주차는 2.5톤의 다운포스를 발생시킨다. 항력도 매우 높아서 최대 속도에서 가속 페달에서 발을 떼는 것만으로도 1g 이상의 힘으로 감속이 발생할 것이다. ─ 이는 고성능 일반 자동차가 브레이크를 세게 밟을 때와 동일한 수준이다. 다시 말해, F1 드라이버가 가속 페달에서 발을 뗄 경우 포르셰 911 운전자가 비상 브레이크를 밟을 때만큼이나 신속하게 속도가 줄어들 것이다.

엔진과 기어박스도 대단한 기술적 업적이다. 8단 기어박스는 매우 효율적이며 40ms(1ms는 1/1000초이다. - 옮긴이) 이내에 기어를 변경한다. 기어박스는 또한 자동차의 완전한 구조적 부품으로 후륜 서스펜션 부품들 전체와 하중을 지탱한다. 케이스 소재는 일반적으로 탄소섬유 합성물이다. 동력 장치$_{power\ unit}$는 1.6리터 터보 과급기가 장착된 내연 기관과, 터보 과급기를 통해 자동차의 운동 에너지와 엔진의 배기 에너지를 저장하는 에너지 회수 시스템$_{ERS,}$ $_{Energy\ Recovery\ System}$으로 구성된다. 이 에너지는 배터리 팩에 저장되고, 엔진에 설치된 두 대의 전기 모터 발전기를 통해 재사용된다. 한 대의 전기 모터는 동력 전달 장치에 직접 연결되어 제한된 시간(통틀어 랩의 약 30-40퍼센트) 동안 최대 출력 160마력까지 제공하고, 다른 한 대의 전기 모터는 터보 과급기/공기 압축기에 연결되어 에너지를 회수하고, 공기 압축기를 구동하여 공기 흡입구 부스트 프로파일을 최적화하고, 터보 래그 현상을 제거한다. 동력 장치, 내연 기관, ERS가 결합함으로써 이전의 자연 흡기식 2.4리터 V8 동력 장치보다 800마력을 초과하는 더 많은 최대 출력을 제공할 수 있다. 더 인상적인 점은, 기존 레이스에서 사용되는 연료의 3분의 2 이하로 이것이 가능하며, 대부분의 서킷에서 갤런당 평균 약 6마일을 주행할 수 있다는 사실이다. 이것은 연료를 많이 소비하는 엔진으로 여겨질 수 있지만 사실상 휘발유를 가장 효율적으로 사용하는 방법일 것이다. 2015년에 루이스 해밀턴의 메르세데스 자동차는 30

영국 갤런(100킬로그램) 연료 탱크 1개로 몬차에서 우승했다. 그는 평균 속력 시속 147마일(시속 236킬로미터)로 192마일을 78분 만에 완주했다.

이 책의 제목을 《토탈 컴피티션Total Competition》(이 책의 원제목이다 - 옮긴이)으로 정한 이유는 두 가지다. 첫째, 책에서 설명하겠지만 포뮬러 원에서 우승하기 위해서는 수많은 기술적 훈련뿐만 아니라 경제적, 정치적 문제들을 완벽하게 장악하는 것이 팀의 순위 경쟁에 대단히 중요하다. 로스의 주장처럼 목표는 완벽함이다. 둘째, 잭 레이놀즈Jack Reynolds(잉글랜드 축구 선수이자 감독 - 옮긴이)가 이른바 토탈 사커Total Football(한두 명의 뛰어난 선수에 의해 득점하는 것이 아니라, 전술을 바탕으로 팀 전원이 조직적으로 움직여 득점한다는 잭 레이놀즈가 제시한 축구 전술 개념으로 요한 크루이프가 이 개념을 발전시켰다. - 옮긴이)를 창안하고 요한 크루이프Johan Cruyff가 대표적인 인물이 된 것처럼, 이 제목은 로스의 성공은 모터스포츠의 모든 측면을 궁극적인 한계까지 끌고 가려는 그의 의지에서 비롯되었음을 인정하는 것이다. '토탈 포뮬러 원Total Formula One'의 창설자이자 대가라고 표방할 수 있는 사람이 있다면 그가 바로 로스 브런이다.

그러므로 이 책은 대부분 로스 브런의 경력과 생각에 대한 탐구로 이루어진다. 그렇지만 내가 어떻게 로스와 함께 이 프로젝트를 진행하게 되었는지 간략히 설명하면서 시작하고자 한다. 이런 종류의 책을 쓰는 사람으로서 흔치 않은 일이지만, 나는 가장 오래된 팀 중 하나인 윌리엄스 포뮬러 원 팀의 최고경영자와 의장으로 있는 동안 로스와 수년간 경쟁할 수 있는 행운을 — 혹은 불행을 — 누렸다. 우연히도 이 팀은 40여 년 전에 로스가 모터스포츠의 경력을 시작한 팀이기도 했다. 나는 이 책의 배경을 설정하고, 이 책이 포뮬러 원을 관심 있게 지켜보는 사람들뿐만 아니라 더욱 폭넓은 범위의 독자들에게도 흥미를 일으킬 수 있는 이유를 설명하고자 한다.

2012년 3월에 나는 윌리엄스의 의장직에서 물러났다. 나는 모터스포츠를 지배하는 버니 에클스턴과 5년간의 긴 싸움에서 패배했다. 나는 이 일들을 《전쟁의 기술, 포뮬러 원에서의 5년The Art of War-Five Years in Formula One》이라는, 가볍게 즐길 수 있는 만화 형식의 책에서 이야기했다. 그러나 이 사건들을 계기로 나는 내가 왜 이 싸움에서 졌는지, 내가 스스로에게 부과한 임무에서 왜 실패했는지 생각하게 되었다. 윌리엄스 팀뿐만 아니라 포뮬러 원, 그리고 사실상 에클스턴을 위한 것이기도 했던 그 임무는 그때도 지금도 완전히 합리적이고 유익한 것이라고 생각된다.

내가 포뮬러 원 세계에 대한 준비가 미흡했다고 말하는 사람도 있을지 모르겠다. 나는 2006년에 최고경영자의 직위로 윌리엄스에 합류했다. 이전까지는 전혀 다른 경력을 밟아왔다. 학교와 케임브리지에서 고전영어교육을 공부했고 1987년에 투자은행가가 되어 도쿄와 런던에서 일했다. 업무상 리오 틴토Rio Tinto라는 영국의 대형 광산회사와 접촉했고, 인수 작업을 위해 이곳에 파견을 나가게 되었다. 리오 틴토 측은 나에게 함께 일하자고 제안했고, 그때부터 나는 2006년까지 11년 동안 남아프리카, 유럽, 오스트레일리아의 광산업에서 일했다. 중간에 법을 공부하기 위해 안식 기간을 가졌고 법정변호사로 몇 년을 보내기도 했다. 그러나 리오 틴토는 다시 나를 불렀고 나는 거절할 수 없었다.

리오 틴토에서 마지막으로 맡은 직위는 기획이사였다. 이 기업은 지금까지 어떤 형태로든 중심적인 계획을 수행한 적이 없었기 때문에 이것은 새로운 직위였다. 전에는 각각의 계열회사들이 자체적으로 계획을 세운 다음 그 수를 합산했다. 그래서 나는 무엇보다 먼저 계획을 세울 다른 방법이 있는지 알아보기로 했다. 나는 다른 회사는 어떤 식으로 계획을 세우는지 알아보기 위해 그 곳들을 방문했다. 그리고 전략 없이는 계획을 세울 수 없다는 결론을 내리게 되었다. 그러나 리오 틴토는 전략을 '세우지' 않았다. 내가 알기로 회장인 로버트 윌슨 경Sir Robert Wilson은 사실상 '전략은 너무 많은 비용을 지불할 뿐'이라는 표현을 만든 사람이다. 그의 말은, 단순한 재무 평가를 기반으로 인수나 투자를 정당화할 수 없을 때, 초과 비용이 발생하는 상황을 옹호하는 '전략'에 의지하게 된다는 의미였다. 극단적으로 말하면, 분산적이고 편의주의적인 우리의 사업 모델은 계획이 들어설 자리가 없었다. 그럼에도 불구하고 계획을 세우기로 결정한다면 '무엇을 하기 위한 계획인가?'라는 질문에 답을 할 수 있어야 한다. 따라서 나는 스스로에게 '전략이란 무엇인가?'라는 질문을 던졌다.

  대부분의 사람들과 마찬가지로 나는 전략이라는 단어가 군대에서 나온 말이라는 걸 알았기에, 샌드허스트에 위치한 영국 왕립 육군 사관학교에 방문 약속을 잡고 그곳에서 영국 육군 장교들에게 역사를 가르치는 몇몇 사람들을 만났다. 이 만남은 나에게 중요한 순간이었는데, 내가 마음속에 품은 질문 중 일부가 역사를 통해, 특히 군대 역사와 군사이론 발전을 통해 탐구될 수 있으리라는 걸 알았기 때문이었다. 이 단계에서 나는 샌드허스트에서의 대화와 그에 관련된 독서를 통해 전략에 대한 두 가지 기본적인 견해를 갖게 되었다.

첫째, 전략에는 정치적, 경제적, 기술적의 세 가지 관점이 있다는 것이었다. 전투는 한쪽이 군사적으로 우세하면 전장에서 승리한다. 그러나 전쟁에서의 승리는 여러 가지 요인들이 결합할 때 가능하며 이때 군사적 우위는 거의 중요하지 않을 수 있다. 제2차 세계대전 이후 미국은 독일군에게서 수적으로 열세인 상태에서 싸워 이기는 법을 배우길 원했다는 유명한 말이 있는데, 누군가 독일이 결국은 승리하지 못했다는 것을 지적했다. 실제로 훌륭한 군지휘관과 군대가 결국 전장에서 열등한 적에게 패배하는 경우가 많다. 그러므로 전략은 기술적 능력보다 더 광범위한 무언가를 보아야 한다. 양측이 이용할 수 있는 정치적, 경제적 자원들을 살피고 이 자원들이 효율적으로 배치되도록 해야 하는 것이다.

두 번째 견해는, 전략은 분류 체계의 한 단계에 불과하다는 것이다. 많은 사람들이 어떤 면에서 전술은 전략 '아래'에 있다고 직관적으로 인식하는 것 같다. 그러나 군사 이론은 네 가지 단계, 즉 정책, 전략, 작전 단계(뒤에서 작전술로 자세히 다룰 것이다), 전술 단계로 알려진 분류 체계를 발전시켰다. 사람들은 기술적 관점에 초점을 맞추는 만큼 전술적 단계에 집중하는 경향이 있기 때문에 이 분류 체계는 중요하다. 나는 이 두 가지 견해가 은행가, 법률가, 사업가로서 내 경험과 아주 잘 맞다는 걸 알게 됐다.

나는 2006년 시즌 말에 포뮬러 원 세계에 들어왔다. 우리 팀 윌리엄스의 근본적인 문제는 우리가 페라리, 도요타, 혼다, 메르세데스, 르노, BMW, 레드불에게 자금을 지원받는 훨씬 더 부유한 팀들과 부딪쳐야 한다는 것이었다. 이 팀들은 마케팅에 적극적이어서 우리가 지불할 수 있는 금액의 열 배를 마케팅 비용으로 지출하고 있었다. 그뿐 아니라 경기를 통해 발생하는 수익 배분도 매우 불공평했다. 페라리는 심지어 규칙 변경에 거부권을 갖고 있었다.

    윌리엄스는 역대 최악의 시즌을 기록하면서 트랙에서는 물론이고, 트랙 밖에서도 약 3500만 파운드의 빚 때문에 몹시 힘든 상황이었다. 우리는 거의 파산 직전이었고, 설상가상으로 에클스턴은 우리를 없애버릴 수도 있을 규칙 변경을 추진하고 있었다. 포뮬러 원은 두 부분의 월드 챔피언십 대회 — 드라이버를 위한 대회와 제작팀을 위한 대회 — 로 구성된다. 드라이버 월드 챔피언십Drivers' World Championship은 당연히 해당 시즌에 가장 높은 점수를 얻은 드라이버에게 주어진다. 컨스트럭터 월드 챔피언십Constructors' World Championship은 드라이버들의 전체 점수가 가장 높은 팀에게 주어진다. 컨스트럭터 월드 챔피언십이라고 부르는 이유는, 현대의 규칙에 따라 각 팀은 자체적으로 고유한 차대를 제작해야 하기 때문이다. 엔진 제작회사나 다른 팀으로부터 구입할 수 있는 동력 장치와 기어박스, 이제는 모든 팀이 단일 공급업체로부터 동일한 종류를 제공받는 타이어 같은 일부 부품을 제외한 거의 모든 것을 각 팀이 직접 제작해야 하는 것이다. 그러므로 대부분의 다른 모터스포츠와 비교해서 포뮬러 원이 다른 점은 모든 경주차가 하나의 기술 규정에 의해 제작되지만 전부 다르다는 것이다. 각 제작팀이 규칙을 어떻게 이해하느냐가 경기의 일부가 된다. 이것은 또한 기술 혁신을 가능하게 한다.

    그러나 에클스턴은 팀들이 다른 팀으로부터 완성된 경주차를 구입하길 바랐다. 그리고 이 상황은 지금도 계속되고 있다. 그렇게 되면 커스터머 레이싱 카와 커스터머 레이싱 팀(일부 제작팀이 규정에 따라 경주차를 제작해 레이스 팀 고객에게 완성된 경주차를 판매하는 것 - 옮긴이)이 만들어지게 된다. 그리고 이것은 윌리엄스 같은 독립 팀들에게 재앙이다. 당신이 세계에서 다섯 번째로 빠른 달리기 선수인데, 어떤 사람이 우사인 볼트를 몇 차례 복제하자는 의견을 제시한다고 상상해 보라. 당신은 경기장에서 밀려나고, 당신의 후원사들은 볼트(혹은 볼트의 복제품들)를 따라 움직이고, 결국 당신은 끝장난다. 포뮬러 원에서는 자동차가 전부다. 모터스포츠 계의 우사인 볼트인 페르난도 알론소의 경력 결과를 살펴보자(아래 참조). 알론소는 월드 챔피언십 대회에서 두 차례 우승했고 상위 3위 안에 들어간 것은 네 번이었다. 그러나 그의 경주차가 경쟁력을 잃자 그도 현저하게 낮은 성적으로 경기를 마쳤다. 지난 두 시즌에서 그는 하위권에 가까운 경기를 보여주었지만, 오늘날 그를 메르세데스에 태웠다면 그는 월드 챔피언십을 향해 레이스를 펼쳤을 것이다.

이렇게 우리는 몇 가지 난관에 봉착했고, 나는 팀의 재정 강화와 더욱 공정한 경쟁을 위해 아주 좋은 전략을 고안했다. 그 핵심 요

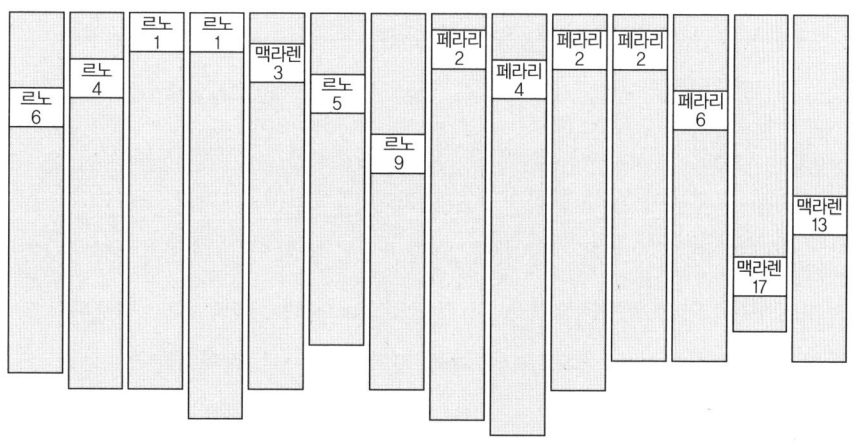

소는 다음과 같다. 첫째, 우리는 기업들이 함께 하고 싶은 팀이 되어 채무를 변제하고, 수입원을 다각화하고, 부진한 성적을 만회함으로써 윌리엄스를 재정적으로 탄탄한 기반 위에 올려놓아야 했다. 이것은 예를 들어, 하이브리드 기술을 선도하고, 관리 기준을 높이며, 여성에게 중요한 직책을 맡기는 것을 의미했다. 둘째, 우리는 산업 구조를 바꾸어야 했다. 이것은 경주차 제조업체를 줄이고, 비용을 낮추며, 수익을 더욱 공정하게 분배하고, 커스터머 레이싱 카를 없애는 것을 의미했다. 셋째, 우리는 기술적 능력을 강화할 필요가 있었다.

이후 5년여 동안 우리는 이 전략을 실행했고, 어떤 면에서는 내가 기대했던 것 이상의 성과를 얻었다. 2012년 3월에 우리는 4년 연속 수익을 내서 채무를 모두 상환하고 약 3000만 파운드를 은행에 예치했다. 우리는 프랑크푸르트 증권 거래소에 상장했다. 윌리엄스 하이브리드 파워Williams Hybrid Power를 개발했고, 그 플라이휠flywheel 기술로 아우디는 2012년 르망 24시간 레이스에서 하이브리드 차량으로는 최초로 우승을 차지했다(2013년과 2014년에도 연속 우승했다). 회사 임원 네 명 중 두 명은 여성이었다. 우리는 윌리엄스 어드밴스드 엔지니어링Williams Advanced Engineering을 창설해, 2015년에 제임스 본드 영화에서 스펙터Spectre의 자동차로 등장하는 재규어 C-X75를 위해 세계에서 가장 혁신적인 슈퍼카를 제작했다. 그리고 우리는 기술팀과 함께 경주차를 준비해 2012년 4월 스페인 그랑프리에서 우승했다. 이는 2004년 이후 첫 우승이었고 마침 프랭크 윌리엄스의 70회 생일이기도 했다. 팀의 회복 전략이 효과를 발휘하는 것 같았고 우리의 전망이 그 어느 때보다 밝아 보이던 순간 나는 윌리엄스에서 밀려났다. 나는 다른 지면에서 이 상황을 다루었지만, 로스 브런이 그 다음 해에 메르세데스 팀을 나오게 된 과정과 많은 점에서 유사했다. 내 관점에서 이것은 의심할 여지없이 실패였다. 포뮬러 원의 관점에서는, 더 이상 에클스턴에게 누구도 이의를 제기하지 않음으로써 결국 지난 10년 동안 이룬 거의 모든 긍정적인 개혁들이 이미 역전되었다. 한 사람의 손에 힘이 집중되는 현상은, 특히 그의 길고 일관된 실적을 고려할 때, 어떤 분야의 스포츠에도 이로울 수 없을 것이다.

내가 사랑하는 스포츠인 포뮬러 원의 운명이 나에게 중요한 한편, 보다 개인적인 내 당면 과제는 내 실패의 이유를 이해하고, 내가, 그리고 어쩌면 다른 사람들도 이 경험을 통해 배울 수 있을지 이해하는 것이었다. 결국 나는 처음으로 되돌아갔다. 내 실패는 두 가지 요인 중 하나, 어쩌면 두 가지 모두의 탓에 두어야 했다. 첫째, 나의 프레임워크가 잘못되었거나 부적합했다. 그리고/혹은 둘째, 나는 이것을 잘못 실행했다. 이제는 근본적인 원인 분석에 착수할 때였다. 2012년 4월에 나는 프랑스 교외로 유배를 떠나 나에게 일어난 일들을 분석하기 시작했다. 여름 동안 나는 케임브리지대학교 학부 시절 내 지도교수였던 리사 자뎅Lisa Jardine 교수와 스카이프로 통화했다. 리사와 나는 박사과정에 대한 내 관심과 내 만화책 주제에 대해서도 이야기했다. 리사는 오래된 우리 대학 — 케임브리지 지저스 칼리지 — 도서관에 전쟁술에 관한 책들이 소장되어 있다고 알려주었다. 그리고 도서관에 가서 그 책들을 보라고 권했다. 이로써 나는 박사학위 논문 주제를 떠올릴 수 있었고, 바로 그 전략 문제를 보다 학문적이고 엄격한 관점에서 볼 수 있는 기회를 갖게 되었다.

이 자리에서 내 논문 내용을 자세히 언급해 독자들을 괴롭히지는 않겠다. 지금 내 논문은 누군가 찾아주길 기다리며 단과대학 도서관 책장에서 먼지를 뒤집어쓰고 있을 것이다. 그러나 로스와 나는 이 책을 작업하기 위해 논문의 한 측면을 검토했다. 그것은 최초의 병법서, 《손자병법Sun Tzu's Art of War》에 관한 부분이다. 오늘날 많은 사람들이 '전쟁술' 하면 이 책을 떠올린다. 《손자병법》은 2300년 전에 쓰인 책으로, 많은 나라들이 서로 생존을 위해 싸우고, 중국을 한 사람의 황제가 다스리는 통일된 국가로 만들기 위해 투쟁하면서 끊임없이 승부를 겨루던 시기에 전략에 체계적으로 접근해야 한다고 주장했다. 이처럼 경쟁을 벌이던 마지막 몇백 년 동안 148개 나라가 256차례 큰 전쟁을 치른 끝에 마침내 한 개 나라가 살아남았다. 바로 진Qin 나라였고, 여기에서 차이나China 라는 이름이 유래되었다. 《손자병법》은 그 같은 경쟁에서 살아남기 위해 국가에 무엇이 필요한지, 훌륭한 전략가가 되기 위해 개인에게 무엇이 필요한지 기술한다. 가장 널리 알려진 표현 중 하나는 전략가는 자신의 적을 알고 자기 자신을 알아야 한다는 것이다. '적을 알고 나를 알면 100번의 전투에서도 결코 위험에 처하는 일이 없을 것이다.'

　《손자병법》은 또 국가는 외부의 세력이 아닌 내부의 분열만으로도 완벽하게 패할 수 있다고 주장한다. 그리고 이것은 물론 버니 에클스턴이 포뮬러 원을 지배하는 방법이자, 그가 무기는 없지만 그럼에도 불구하고 치열한 경쟁 세계인 F1 레이싱에서 나를 패배시킨 방법이다. 버니는 자기 자신을 알았고 나를 알았으며, 나를 둘러싼 사람들을 알았고, 내 지위를 위태로운 단계로 끌어내릴 수 있었다.

　나는 전략을 연구하는 과정에서 내가 어떤 부분에서 잘못되었는지 더욱 분명하게 이해할 수 있었다. 간단히 말해, 나는 나 자신을 과대평가했고 내 적을 과소평가했다. 박사논문을 쓰면서 나는 이 사실을 깨닫게 되었고, 이 교훈이 다른 방식으로 제시된다면 더욱 흥미롭고 접근하기 쉽겠다는 생각이 들었다. 특히 모터스포츠를 딱히 좋아하지 않는 많은 사람들도 포뮬러 원에는 매료되는데, 이것이 치열한 '실제' 세계와 유사하기 때문이다. 경쟁, 혁신 속도, 20명가량의 사람들로 편성된 2초간의 피트 스톱pit stop, 돈, 정치, 스포츠와 같은 요소들이 우리가 신속하게 배울 수 있는 환경을 만든다. 하지만 나는 나의 포뮬러 원 경험을 다시 쓰고 싶지는 않았다. 이 분야에서 확실하게 성공한 누군가를 탐구의 대상으로 삼고 싶었다. 그래서 로스 브런을 선택했다.

로스 브런을 선택한 이유는 두 가지다. 첫째, 로스는(내 생각에) 지금까지 포뮬러 원 역사상 가장 성공적인 경쟁자다. 로스는 1996년부터 2006년까지 페라리에서 기술 감독으로 재직하는 동안 많은 성과를 이룬 것으로 유명하다. 로스가 페라리를 1999년 컨스트럭터 월드 챔피언십으로 이끌었을 때 페라리에게 이것은 1983년 이후 첫 번째 우승이었고, 이듬해 미하엘 슈마허가 드라이버 월드 챔피언십 대회에서 우승했을 때 그는 21년 만에 처음으로 페라리에 우승을 안겨준 드라이버였다. 1999년부터 2004년까지 6년 동안 페라리는 6연속 컨스트럭터 월드 챔피언십과 5연속 드라이버 월드 챔피언십을 석권했다. 그러나 로스의 업적은 여기에서 끝나지 않는다. 그는 1980년대에 윌리엄스에서 월드 챔피언십을 획득했고, 1990년대에 들어서면서 재규어와 함께(월드 스포츠카 챔피언십과 르망 24시간 레이스에서), 1990년대 중반에는 베네통에서, 2000년대 초반에는 페라리에서, 그리고 마지막으로 2009년에는 자신의 팀 브런 GP와 월드 챔피언십을 획득했다. 이렇게 로스는 40년 동안 다섯 개 팀을 거쳐 세 개의 레이싱 포뮬러에서 24차례 드라이버 및 컨스트럭터 타이틀을 획득했다. 로스의 경력은 이와 같으며, 아래는 브런의 경력 동안 드라이버 및 컨스트럭터 챔피언십 순위이다.

연도	팀	드라이버	컨스트럭터
1976	울프-윌리엄스 (F1)	18 (크리스 아몬)	순위 없음
1977	포뮬러 3	—	—
1978	윌리엄스 (F1)	11 (앨런 존스)	9
1979	윌리엄스 (F1)	3 (앨런 존스)	2
1980	윌리엄스 (F1)	1 (앨런 존스)	1
1981	윌리엄스 (F1)	2 (카를로스 레우테만)	1
1982	윌리엄스 (F1)	1 (케케 로즈버그)	4
1983	윌리엄스 (F1)	5 (케케 로즈버그)	4
1984	윌리엄스 (F1)	8 (케케 로즈버그)	6
1985	하스 (F1)	순위 없음	33
1986	하스 (F1)	12 (앨런 존스)	8
1987	애로우스 (F1)	10 (에디 치버)	7
1988	애로우스 (F1)	8 (데릭 워릭)	5
1989	애로우스 (F1)	10 (데릭 워릭)	7
1990	재규어 (스포츠카)	4 (앤디 월리스)	2
	재규어 (르망 24시)	1 (존 닐슨, 프라이스 코브, 마틴 브런들)	1
1991	재규어 (스포츠카)	1 (테오 파비)	1
1992	베네통 (F1)	3 (미하엘 슈마허)	3
1993	베네통 (F1)	4 (미하엘 슈마허)	3
1994	베네통 (F1)	1 (미하엘 슈마허)	2
1995	베네통 (F1)	1 (미하엘 슈마허)	1
1996	베네통 (F1)	4 (장 알레지)	3
1997	페라리 (F1)	7 (에디 어빈)	2
1998	페라리 (F1)	2 (미하엘 슈마허)	2

1999	페라리 (F1)	2 (에디 어빈)	1
2000	페라리 (F1)	1 (미하엘 슈마허)	1
2001	페라리 (F1)	1 (미하엘 슈마허)	1
2002	페라리 (F1)	1 (미하엘 슈마허)	1
2003	페라리 (F1)	1 (미하엘 슈마허)	1
2004	페라리 (F1)	1 (미하엘 슈마허)	1
2005	페라리 (F1)	2 (미하엘 슈마허)	2
2006	페라리 (F1)	2 (미하엘 슈마허)	2
2007	안식년	—	—
2008	혼다 (F1)	14 (루벤스 바리첼로)	9
2009	브런 (F1)	1 (젠슨 버튼)	1
2010	메르세데스 (F1)	7 (니코 로즈버그)	4
2011	메르세데스 (F1)	7 (니코 로즈버그)	4
2012	메르세데스 (F1)	9 (니코 로즈버그)	5
2013	메르세데스 (F1)	4 (루이스 해밀턴)	2

　그러나 성공만 계속되는 곳에서는 배우기 어렵다. 나는 로스가 자신의 선택과 달리 포뮬러 원을 떠났다는 사실을 알았다. 2013년 봄에 로스가 나에게 전화를 걸어, 메르세데스 GP에서 자신의 상황이 점점 힘들어지고 있는데 내 생각은 어떤지 물었기 때문이다. 당시 내 조언은 단순했다. '과거의 나처럼은 하지 마십시오. 메르세데스에서 나오지 마십시오. 버티세요. 당신은 2014년 월드 챔피언십 대회에서 우승할 겁니다. 당신은 두 명의 훌륭한 드라이버(해밀턴과 로즈버그), 새로운 메르세데스 동력 장치, 당신이 신뢰하는 기술팀을 구성하고 있지 않습니까. 떠나지 마세요. 당신의 공을 다른 사람이 가로채게 하지 마세요.' 하지만 그는 6개월 뒤에 그만두었고, 그가 구성한 팀은 과연 그 이후 누구도 범접할 수 없는 실력을 갖추어

2016년에는 3연속 더블 타이틀을 순조롭게 획득했다. 나는 로스를 대상으로 탐구한다면 많은 성공을 통해서 뿐만 아니라 약간의 패배를 통해서도 배울 수 있겠다고 생각했다.

그래서 이 생각을 로스에게 전하기 위해 나는 2016년 초 옥스퍼드서에 위치한 조용한 시골 호텔에서 로스를 만났다. 나는 우리가 힘을 모아 전략을 주제로 하는 책을 만들되 대화 형식으로 쓰자고 제안했다. 로스는 동의했고, 그해 봄 우리는 로스와 진 부부의 집에서 여러 차례 모임을 갖고 내용을 녹음했다. 이 책의 주요 부분은 이 모임에서 나눈 이야기를 날 것 그대로 생생하게 옮긴 것이다. 우리는 대화 내용을 잘 전달하기 위해 거의 녹음된 내용 그대로 실었다. 생생하게 전달할수록 이해에 더욱 도움이 될 거라고 생각한다. 우리는 대화를 두 개의 주요 부분으로 나누었다. 1부에서는 로스의 경력을 살펴보고, 2부에서는 전략에 대한 로스의 생각과 리더십, 리듬과 루틴 등 전략의 구성 요소들을 다룬다.

이때 나눈 대화를 바탕으로 나는 로스의 활약과 그가 그것을 기술하는 방식에서 일관된 패턴들을 발견했고 그것에 대해 내 의견을 정리했다. 그리고 이 의견들을 몇 가지 기본 법칙들로 요약했다. 이 법칙들은 3부에 소개되겠지만, 독자들이 우리의 토론 내용을 읽을 때 기억할 수 있도록 — 그리고 독자들이 나와 같은 결론에 도달하는지 볼 수 있도록 — 이 자리에서 간략하게 소개하는 것이 도움이 되리라 생각한다.

법칙1. 전략은 시스템이다

로스는 전략을 일종의 철학으로 정의하며 전략으로부터 과정이 진행된다고 말한다. 그러나 전략은 과정의 철학이다. 로스는 이것을 '과정 및 접근 방식의 통합과 적용, 상황의 원활화'라고 설명한다. 로스는 1980년대에 리더십에 대한 자신의 접근 방식을 개발했고, 이 방식을 재규어, 베네통, 페라리, 혼다, 브런, 메르세데스에 일관되게 적용했다. 이것은 그의 시스템이었고, 그는 우리를 위해 그것의 다양한 요소들을 설명한다.

법칙 2. 불필요한 갈등을 방지한다

로스는 전략이 싸움이 아닌 승리를 위한 것이라는 원칙의 좋은 예를 보여주었다. 그가 갈등을 허용한 곳은 오직 레이스 트랙 위에서였고, 그 다음은 자신의 팀 전체와 다른 팀 사이의 갈등이 유일했다.

법칙 3. 의식적으로 신뢰를 구축한다

로스에게 신뢰는 의식적인 행위다. 그 중심에는 공자에서 예수에 이르기까지 윤리적 가르침의 바탕이 되는 원칙, 즉 '자신이 대접 받고 싶은 대로 남을 대접하라'가 자리 잡고 있다.

법칙 4. 자신을 알고 상대를 안다

긍정적인 측면에서, 로스가 루틴을 철저하게 지키는 이유는 리듬과 마감기한에 의해 만들어지는 구조를 통해 어떤 타고난 '게으름'을 통제할 필요가 있기 때문이다. 부정적인 측면에서, 로스가 무너진 이유는 그가 상대하는 사람들을, 그리고 어느 정도는 자기 자신을 이해하는 데 실패했기 때문이다. 그가 외부의 적만 상대했다면 살아남았을 테지만, 메르세데스 내에서 그 자신과 다른 사람들 간의 내부 분열에 외부의 적이 결합하자 치명적인 위협이 되었다. 나는 그에게 질문을 던지면서 어떻게 이런 일이 일어날 수 있었는지, 인간에 대한 이해가 그토록 뛰어난 사람이 어떻게 이런 상황에 처할 수 있었는지 파악하려 애썼다.

법칙 5. 겸손한 자세를 갖춘다

로스는 자신의 성취에 대단히 자부심이 크고, 의심할 여지없이 이것은 그의 성취들이다. 그러나 그는 자부심을 느낄 정당한 이유가 부족한 많은 사람들보다 자기애가 훨씬 적다. 그 결과 그는 동료들이 시상대에 올라 성공의 기쁨을 함께 누리도록 권하는 등 다른 이들에게 관대할 수 있었다. 이것은 상대방을 무장해제하게 만드는 드문 성격 특성이다.

법칙 6. 사람과 문화에 투자한다

로스는 한 팀에서 다른 팀으로 이동할 때 사람들을 데리고 가지 않았다. 사실 그의 오랜 경력에서 그와 두 개의 팀에서 함께 일한 사람들은 소수에 불과하다. 대신 로스는 그가 데리고 있는 사람들과 함께 일하면서 그들을 알기 위해 시간을 할애하고 첫인상으로 섣불리 판단하지 않으려 했다. 팀 내부에서 로스는 개방성과 질서의 문화를 조성했다.

법칙 7. 시간을 측정한다

로스는 시간을 측정한다. 포뮬러 원은 트랙 안팎으로 속도가 관건인 스포츠이며, 피드백 루프 feedback loop 는 고통스러울 정도로 압축적이다. 그러나 여러 차례 말하지만 로스는 단기간에 초점을 맞추지 않고, 다음 시즌이라는 (포퓰러 원에서는) 먼 미래에 큰 변화를 이루는 데 주력했다.

법칙 8. 완벽한 과정은 경쟁력 있는 결과로 이어진다

로스는 그에게 '완벽한 자동차'는 경쟁력 있는 자동차를 의미한다고 말한다. 이러한 완벽함에 이르기 위해 로스는 무엇보다 핵심 부품들, 주로 엔진, 차대, 타이어를 통합하려 했다.

법칙 9. 일련의 리듬과 루틴을 개발하고 적용한다

팀과 구조의 통합을 구축한 로스는 자동차의 디자인, 제조, 레이스 등 전 과정을 완벽하게 할 리듬과 루틴을 도입했다. 이 루틴들은 공유된 비전, 명확한 책임, 시스템을 중심으로 진행 상황을 지속적으로 확인하고 더욱 효율적으로 조절하게 했다.

법칙 10. 도입한다!!

로스는 우리에게 경쟁을 존중하고, 그것을 통해 사람, 아이디어, 방법 등 우리를 더욱 경쟁력 있게 만드는 모든 것을 배우고 심지어 훔치라고 강조한다.

법칙 11. 선을 정하고, 그것을 받아들인다

중요한 것은 우리의 행동의 권한 범위를 이해하고 모두를 위해 선을 명확하게 정한 다음 그 선까지 운영하는 것이다. 허용 가능한 선에서 1밀리미터를 넘어서도 안 되지만 1밀리미터에 못 미쳐서도 안 된다. 선과의 격차는 경쟁력 상실이자 기회의 낭비로 드러난다.

법칙 12. 단순함을 추구하고 복잡성을 관리한다

항상 단순함을 지향해야 하지만, 복잡성을 피할 수 없으므로 위에서 언급한 공유된 비전, 명확한 책임소재, 리듬과 루틴을 통해 복잡성을 관리해야 한다. 누구도 모든 것을 관리할 수는 없다.

법칙 13. 사람들은 자연스럽게 혁신한다

포뮬러 원은 사람들이 적절한 환경과 구조 안에서 자연스럽게 혁신한다는 것을 입증한다. 창의력을 발휘할 적절한 조건이 주어질 때 사람들은 놀랍도록 많은 것을 성취할 수 있다.

법칙 14. 데이터와 직관을 위한 자리를 마련한다

로스는 데이터를 집요하게 추구하는 한편 판단력, 직관, 그리고 예상 밖의 결과를 위한 자리도 강조했다.

법칙 15. 전략을 연구하고 적용한다

전략은 목표를 성취하기 위해 장애물을 극복하는 과정이다. 전략은 계획이 아니라 과정이다. 더욱이 이 과정은 연구하고 적용할 수 있는 원칙들, 어쩌면 심지어 규칙들에도 지배를 받는다. 토탈 컴피티션에는 완벽하고 통합적이며 포괄적인 과정이 필요하다.

로스가 40년 이상 성장할 수 있었고, 포뮬러 원의 발전과 여러 다양한 팀과 문화에서 일한 자신의 상황에 모두 적응할 수 있었던 것은 그의 작업 방식이 누적된 결과이다. 이것은 중요한 부분이다. 윌리엄스의 기술 감독을 지낸 후 맥라렌의 스포츠 감독으로 일한 샘 마이클의 말처럼, 로스는 복잡한 엔지니어링 문제를 간단한 방법으로 제시하는 능력이 있다. 기술적인 문제가 복잡할수록 그 능력의 가치는 더욱 커진다. 마찬가지로 꾸준하고 지속적인 리듬과 루틴을 따름으로써, 로스는 포뮬러 원이 지금까지 제시한 점차 복잡하고 통합된 일련의 기술적, 조직적인 도전 과제들을 관리할 수 있었다. 마지막으로, 다른 사람들을 최대한 활용하고 그들이 협력하도록 돕는 능력 또한 한층 더 중요해지고 있다. 에이드리언 뉴이라는 주목할 만한 예외가 있긴 하지만, 그밖에 기술 감독들과 총감독들도 잘 해내지 못하는 일이다. 이것은 특히 카리스마에 의해 관리하고 직관에 의해 일하는 사람들에게 해당하며, 이는 흥미로운 메시지는 아니지만 중요한 메시지이다. 엄격하고 매력적인 과정을 따르는 것은 어느 개인의 천재성에 의지하는 것보다 훨씬 적응하기 쉽고 오랫동안 지속 가능한 접근 방법이다. 이 천재성은 너무도 쉽게 불리하게 작용할 수 있으며, 당연하게도 성공하면 할수록 천재성의 정도와 모든 상황에서 천재성의 적용 가능성을 과대평가할 위험이 커진다. 다행스런 사실은 큰 성공이 천재성에 달려 있지 않다면, 보다 많은 사람들에게 성공이 열려 있다는 것이다.

나는 거의 5년 동안 경쟁자로서 로스의 작업 방식을 자세히 관찰할 기회가 있었다. 나는 이제 그와 함께 이 책을 작업하면서 그가 어떻게 계속해서 우리를 이겼는지, 그러다 결국 어떻게 다른 사람들에게 패배하게 되었는지 탐구하는 동안 이 사람에 대해 많은 것을 알게 되었다고 생각한다. 로스와 나는 포뮬러 원을 좋아하는 사람들이 이 책을 흥미롭게 읽길 바라는 한편, 무엇보다 자신의 목표를 달성하기 위해 어려움을 극복하려 애쓰는 사람들에게 이 책이 도움이 되길 바란다. 공공부문, 기업, 예술계, 과학계, 세상을 이롭게 만들기 위해 애쓰는 비영리 단체 등에서 일하는 사람들, 그리고 자신과 다른 사람의 삶을 개선하기 위해 애쓰는 사람들에게 말이다.

성공의 기회를 더 크게 만들기 위해 할 수 있는 일들이 있다. 우리는 이 책이 그런 일들을 알려줄 뿐만 아니라 사람들에게 한번 시도해 보도록 용기를 불어넣는 데 도움이 되길 바란다. 우리 두 사람은 포뮬러 원의 방법론이 더 광범위하게 적용될 수 있다고 믿는다. 그리고 무엇보다 동기부여를 지닌 사람들은 기회가 주어졌을 때 놀라운 일을 성취할 수 있다는 것을 가르쳐준다고 믿는다.

제1부

로스 브런의 경력

로스 브런 젊은이들이나 여러 부류의 사람들에게 연설을 부탁받을 때 내가 꼭 하는 말이 있는데, 바로 '운은 기회를 기다리는 준비'라는 말입니다. 이 말은 내 인생 모토예요. 운이 와도 준비가 되어 있지 않으면 운을 이용할 수 없습니다. 따라서 내 접근 방식은 항상 노력하고 준비해야 한다는 것, 그리고 나에게 좋은 기회를 줄 거라고 생각되는 사람들을 위해 일하는 것이었습니다. 내 철학은 언제나 이상적인 직원이 되는 것이었어요. 그래서 나는 누구 밑에서 일하든 할 수 있는 최고의 기준에서 의무를 다하기 위해 노력했습니다. 이건 내 아버지와 우리 가족들이 나에게 가르쳐준 것 같아요. 그리고 내 첫 번째 멘토가 패트릭 헤드◆라는 것은 정말 행운이었습니다. 덕분에 나는 최고의 위치에서 시작할 수 있었어요. 나는 만만한 사람이 아니라 훌륭한 기준과 열정, 결단력을 지닌 사람과 경력을 시작했습니다. 초창기엔 그를 본받기엔 갈 길이 한참 멀었지요.

애덤 파 당신의 초기 경력을 살펴보겠습니다. 모터 레이싱에 들어서기 전에는 어떤 일을 했습니까?

로스 브런 영국의 하웰 원자력 연구소에서 기계공학 수습 직원으로 일했습니다. 그곳의 수습 교육 과정이 상당히 괜찮았어요. 유감스럽게도 저임금 노동 형태의 수습직도 있지만, 그곳은 그렇지 않았습니다. 수습 제도가 제대로 체계 잡혀 있었지요. 나는 그곳에서 2주간 근무한 뒤 뉴베리에 있는 대학에서 1주간 교육을 받았습니다. 과정이 그렇게 나뉘어 있었어요.

첫 해는 아주 기초적인 과정을 배웠습니다. 거친 금속 조각을 주고 줄file을 이용해 1인치 크기의 정사각형으로 자르라고 하더군요. 기본적인 작업 기술을 가르치는 거죠. 나는 기구를 만들었는데 이 일은 정밀한 공학, 정교한 공학이라고 말할 수 있습니다. 나는 선반lathe(금속, 나무, 돌 따위를 회전시켜서 갈거나 파내거나 도려내는 데 쓰는 공작 기계 – 옮긴이)과 분쇄기를 다루는 방법, 용접하는 방법, 조립하는 방법을 배웠습니다. 모두 기초적인 엔지니어링 기술이지요. 수습 기간은 4년이었고 마지막 1, 2년이 되어서야 생산 작업장에 투입될 수 있었어요. 그 기간에도 여전히 교육 중이지만요. 이 수습 교육을 통해 나는 3급 보통 엔지니어링 국가 기술 자격증을 취득했습니다. 다음 단계는 고등 국가 기술 자격증을 취득하는 것이었습니다. 그 첫해인 1976년을 보내는 동안 나는 지역 신문인《레딩이브닝포스트》지에서 프랭크 윌리엄스의 광고를 보았습니다.

그곳을 간 건 그저 호기심에서였어요. 내 아버지가 프랭크를 알았지만 그 사실을 이용하지는 않았습니다. 어쩌면 프랭크는 내 이름에서 나와 아버지를 관련지었는지도 모르겠어요. 그거야 알 수 없는 일이고 그와 이야기해본 적도 없지만, 아버지는 프랭크를 아주 잘 알았습니다. 비록 내 면접관은 패트릭 헤드였지만요. 우리는 그저 작업장 주변을 걸었는데 그가 내게 부품을 주면서 말하더군요. '이 걸 만들 수 있습니까?' 그는 나에게 업라이트_upright 하나를 주었던 것으로 기억합니다. 당시에 주조한 마그네슘 업라이트였지요. 그러고는 그가 말했어요. '저걸 기계로 가공할 수 있겠습니까?' 내가 말했어요. '그럼요, 문제없습니다.' 그런 다음 나는 그것을 어떤 식으로 가공할지, 기계를 어떻게 설치할지, 어떤 도구를 사용할지 설명했고 그는 내 설명에 동의하는 것 같았습니다.

당시 나는 곧 22살이 될 예정이었어요. 패트릭은 내게 고맙다고 말했지만, 그 뒤로 한참 동안 아무런 연락도 받지 못했습니다. 그렇게 6주에서 8주가 지났지요. 그러던 어느 날 전화 한 통을 받았습니다. 와서 함께 일하자고 제안하더군요. 내가 말했어요. '정말 기쁘지만, 그 제안을 서면으로 작성해주시겠습니까? 좀 더 실체적인 무언가를 갖고 싶습니다.' 결국 편지 한 장이 도착했지요. 나는 생각했습니다. '그래 지금 나는 고등 국가 기술 자격증을 준비하고 있지만, 연구소에서 일하는 건 조금 지루해. 이곳을 그만두고 한 1년쯤 모터 레이싱 업계에서 일해보자. 그런 다음 다시 공부를 시작해야지. 학위를 받는 게 꿈이었으니까.' 나는 모터 레이싱 업계에서 1년 일하면서 상황을 지켜보자고 생각했습니다.

그렇게 프랭크, 패트릭과 함께 일하기 위해 잉글랜드 레딩의 베넷 로드로 향했습니다. 나는 패트릭에게 결정하기까지 오랜 시간이 걸린 이유를 물었습니다. 보아하니 내가 두 번째로 선택된 사람이 분명했어요. 1순위 후보자가 있었는데 그가 일을 시작했지만 적성에 맞지 않아 사라졌던 겁니다. 나는 대용품이었지요. 모터 레이싱 업계에서 내 경력은 이렇게 시작되었습니다. 첫 번째 단계는 그렇게 오래 지속되지 않았습니다. 사실상 프랭크가 재정적으로 상당히 궁지에 몰려 있었거든요. 나는 첫 번째 금요일에 급여 수표를 받아들고 월요일에 입금하려고 생각했어요. 그런데 작업장에 있던 사람들이 수표를 받자마자 전부 어디론가 사라지는 겁니다. 모두 돌아왔을 때 내가 '다들 어디에 갔던 거예요?'라고 묻자 그들이 말했어요. '느긋하게 있을 때가 아니에요. 서둘러 수표를 입금하지 않으면 돈이 들어오지 않아요.' 프랭크가 돈을 바닥냈기 때문에 급료를 제대로 받기 어렵다는 거예요. 그들은 하루 벌어 하루 먹고 살면서 생활을 이어가고 있었던 겁니다. 그들은 프랭크가 계속 돈을 구해올 수 있도록 그들이 직접 전기요금을 지불한 사연을 이야기했습니다.

프랭크에게는 발터 볼프Walter Wolf라는 후원자가 있었습니다. 프랭크가 재정적으로 극심한 곤경에 처하자 발터는 회사를 인수해 피터 워Peter Warr를 총감독으로 임명하고 프랭크를 마케팅팀 팀장으로 강등시켰는데, 당연히 이 직책은 그에게 맞지 않았습니다. 그래서 프랭크와 패트릭은 회사를 그만두었고, 적절한 시기가 되었을 때 윌리엄스 그랑프리 엔지니어링을 설립했습니다. 나는 발터 볼프 레이싱Walter Wolf Racing이 된 것이 마음에 들지 않았어요. 나는 그해 초까지만 회사에 다녔습니다. 우리는 조디 섹터Jody Scheckter가 참가한 첫 번째 레이스(나의 첫 번째 레이스)에서 우승했습니다. 그런데 모터 레이싱 업계에 발을 들인 기간이 비교적 짧았는데도 불구하고 나는 이 일을 계속하고 싶어서 온몸이 근질거리는 겁니다.

1977년 초에 마치March 팀에서 일할 기회가 생겼을 때, 나는 회사를 옮겨 포뮬러 쓰리 정비사가 되기로 결심했습니다. 마치 팀은 포뮬러 쓰리에 두 개의 팀을 운영했어요. 하나는 비스터 공장에서, 다른 하나는 레딩에서 운영했는데 나에게는 레딩 팀이 접근하기가

제1부 로스 브런의 경력 \ 43

편했지요. 많은 레이스들이 유럽에서 열렸기 때문에 나는 포뮬러 쓰리 레이스 정비사로서 반쯤 유목민 같은 생활을 이어갔습니다. 포뮬러 쓰리에서 우리 팀은 경주차 두 대, 엔지니어 한 명, 정비사 두 명, 일반 사무원 한 명으로 구성되었습니다. 그러나 시즌이 시작된 지 얼마 되지 않아 드라이버 둘 중 한 사람에게 투자할 수 있는 자금이 바닥나 결국 우리는 경주차 한 대로 규모를 줄여야 했어요. 그래서 나는 유럽 전역을 순회했고, 운전을 나눠서 하기 위해 동료들을 끌어들였지요. 남은 드라이버는 아리옹 코르네우셍-필류Aryon Cornelsen-Filho라는 브라질 사람으로, 가장 두드러진 업적은 잉글랜드 스네터톤 그랑프리에서 폴 포지션을 차지한 것이었습니다. 그는 카이샤 뱅크Caixa Bank의 후원을 받았어요. 나는 1년 동안 포뮬러 쓰리에서 정말 재미있게 일했습니다. 내가 참여한 첫 번째 레이스는 영국 스럭스톤에서 열린 부활절 대회였습니다. 나는 현장에서 차 안에서 비율을 변경한 적이 없었기 때문에 — 작업장에서 연습 삼아 해본 적은 있었지만요 — 앞에 설명서를 두고 비율을 변경했습니다. 그런데 마치 팀 상사가 내 앞을 지나가면서 말하는 거예요. '이거 별로 전문가답지 않은걸?' 그래서 나는 말했습니다. '글쎄요, 비율을 틀리게 맞추는 것보다는 더 전문가답습니다.'

맥스 모슬리가 마치를 운영했지만 나는 그 해에 그와 접촉할 일이 없었습니다. 우리는 거의 위성 팀이나 다름없었어요. 레딩은 마치가 엔진을 만든 곳으로 어느 정도 작업 공간이 있었고, 비스터에 있는 작업 공간보다 포뮬러 쓰리 고객이 더 많았기 때문에, 마치는 레딩에서 두 대의 경주차를 운영했습니다. 모나코, 오스트리아, 몬차, 그리고 영국 챔피언십 대회까지 참가한 대단한 해였지요. 정신

없이 바빴어요. 나는 77년 초에 아내 진을 만났고, 포뮬러 쓰리 정비사가 된 해에 진을 사귀었어요. 그녀는 레이싱을 본격적으로 접하게 되었고 그해에 우리는 결혼했습니다. 진은 자주 레이스에 왔어요. 샌드위치와 차를 만들어서 말이지요. 정말 재미있었습니다.

애덤 파 당신은 그 당시엔 기술 교육을 받았지만 이제 레이싱 분야에서 일하게 되었습니다. 경력 후반기에는 두 분야 모두에 있었고요. 피트 월pit wall 에서 레이스를 감독하고, 본부에서 기술 감독을 지낸 다음, 최종적으로 총감독의 자리에도 올랐지요. 77년 당시에 어느 방향으로 가고 싶은지 생각해본 적이 있었습니까?

로스 브런 젊은 시절엔 선견지명이 별로 없잖아요. 그저 무엇이 자신에게 재미있고, 흥미롭고, 동기를 유발하는지를 보는 거지요. 그 해에 나는 자동차 엔지니어링 작업을 상당히 많이 했는데, 우리가 다른 한 대의 차를 운영할 수 없게 되자 엔지니어를 고용할 명분이 없었기 때문이었습니다. 마치 엔진March Engines 의 사장인 피터 하스Peter Hass가 레이스에 와서 도움을 주곤 했지만 그는 경주차에 대해 잘 알지 못했어요. 나는 레이싱 업계에 종사하면서 두어 해 동안 쌓은 약간의 지식을 적용하고 있었습니다. 하지만 우리는 경주차 경험이 많지 않아서 — 롤 바roll bar나 스프링 교체, 타이어 공기 주입 정도였지요 — 나는 일을 하면서 배워나갔어요. 일의 범위가 넓었기 때문에 아주 좋은 기회였지요. 아리옹과 나는 테스트를 하러 가곤 했습니다. 정비사 한 명과 일반 사무원 한 명이 있으면 경주차를 주행할 수 있어서 단 셋이서 테스트를 하러 가곤 했지요. 우리는 마치 작업팀에게 셋업 시트set-up sheet를 받아서 이것을 토대로 테스트를 시작했고, 이곳에서 일할 수 있었습니다.

그 당시에 내가 장차 무엇을 할지 계획했다고 말할 수는 없을 거예요. 하지만 레이싱 업계에서 즐거운 시간을 보내는 동안 나에게 가장 중요한 것은 더 심오한 영역인 엔지니어링이었고 그것이 나를 흥분시켰다고 말할 수 있습니다. 우리는 차량을 조금씩 수정하곤 해서 비스터 직원들을 상당히 성가시게 만들었지만 성능이 약간 개선되는 효과가 있었습니다. 나는 어릴 때 카트 레이싱kart racing, 슬롯카 레이싱slot car racing을 한 적이 있었는데, 당신도 알다시피 여기는 특별히 통제된 공식 안에 작은 것들이 축적되어 있는 경쟁적인 환경이었어요. 우리는 이런저런 잡다한 일들을 처리하고 있었습니다. 나는 반드시 레이스 정비사가 되어야겠다고 집착하지는 않았습니다. 사실 엔지니어링 일을 더 좋아했어요.

그해에 프랭크와 패트릭이 나에게 연락해 자체적으로 경주차를 제작할 계획이라고 말했고, 나는 시즌이 끝나는 즉시 그들과 합류하기로 했습니다. 10월 초에 나는 디드코트에서 프랭크에게 합류했습니다. 프랭크는 발전소 옆에 있는 낡은 카펫 공장 하나를 인수했어요. 5000평방피트의 작은 부지였지요. 그때가 1977년이었고, 내가 열한 번째 직원이었습니다. 우리의 전성기가 시작되었지만, 나는 테스트를 위해 오스트리아에 파견되었기 때문에 1978년에는 프랭크를 거의 떠나 있었습니다. 앞에서 말했듯이 나는 1977년에 결혼했기 때문에 이따금 심한 향수병에 시달렸어요. 아직 신혼 시절인데 너무 자주 집을 비웠지요. 당시에는 종종 두 차례의 레이스와 한 차례의 테스트가 한꺼번에 실시되어 6주 동안 집을 비우기 일쑤였습니다. 프랭크는 테스트를 위해 나를 오스트리아에 파견했지만 우리는 서킷에 도착해서도 테스트를 할 수가 없었습니다. 프랭크가 언젠가부터 결제를 미루어 대금이 체납되었기 때문이에요. 나는 너무 화가 나서 전화로 사직을 통보하고 프랭크에게 그만두겠다고 말했습니다. 나는 내가 겪고 있는 모든 문제를 이야기했어요. 그러자 그가 말했지요. '이봐, 내가 항공권을 살 테니 돌아와서 아내를 만나. 며칠 휴가를 보내고 이 일은 잊어주게.' 그는 항공권을 보냈고, 나는 돌아와서 진을 보자 마음이 누그러져 그 후로 7년 동안 프랭크와 함께 일했습니다. 아름다운 시절이었어요. 우리 팀이 성장했으니까요. 우리는 앨런 존스Alan Jones와 케케 로즈버그Keke Rosberg와 함께 두 차례 월드 챔피언십을 획득했습니다.

애덤 파 월드 챔피언십 타이틀을 네 차례 획득했지요.

로스 브런 컨스트럭터를 포함하면 그렇습니다.

애덤 파 드라이버와 컨스트럭터 챔피언십 타이틀 중 어느 것을 더 좋아하십니까?

로스 브런 둘 다 좋아합니다.

애덤 파 월드 챔피언십 타이틀 획득이 통틀어 몇 차례입니까?

로스 브런 스물 몇 차례 될 겁니다.

애덤 파 그 대회들을 살펴보고 싶습니다. 윌리엄스에서 드라이버 두 차례, 컨스트럭터 두 차례였습니다.

로스 브런 네. 내가 그 팀에 아주 크게 관여했기 때문에 그 팀의 챔피언십도 포함시킵니다. 사람들은 내가 그 팀 소속이었다는 걸 자주 잊어요. 이후 베네통에서 드라이버 두 차례, 컨스트럭터 한 차례 타이틀을 획득했습니다. 드라이버 챔피언십이 1994년과 1995년이었어요. 컨스트럭터는 1995년이었고요. 그런 다음 페라리에서 컨스트럭터 챔피언십 여섯 차례와 드라이버 챔피언십 다섯 차례를 기록했습니다. 브런에서는 각각 한 차례씩이었고요.

애덤 파 통틀어 드라이버 열 차례, 컨스트럭터 열 차례로군요.

로스 브런 그리고 FIA 월드 스포츠카 챔피언십 대회에서도 재규어와 함께 컨스트럭터와 드라이버 챔피언십을 획득했는데 지금도 무척 자랑스럽습니다.

애덤 파 그럼 지금까지 스물두 차례로군요.

로스 브런 그리고 1990년에 재규어와 르망 24시간 대회도 치렀습니다.

애덤 파 나쁘지 않군요. 더 나은 성적을 거둔 팀이 있을까요?

로스 브런 글쎄요. 다른 팀 타이틀 횟수를 세본 적은 없습니다.

이렇게 나는 좋은 직원이 되겠다는 철학을 항상 간직했습니다. 7년 동안 윌리엄스에서 근무했는데 프랭크 더니Frank Dernie가 들어오면서 약간 유리천장에 부딪치게 됐지요. 나는 프랭크를 무척 좋아했습니다. 그는 매우 재미있고, 정말 똑똑했어요. 그런데 그가 연구개발팀 팀장이 된 겁니다. 나는 연구개발팀의 역할이 작을 때 팀장을 맡았어요. 하지만 회사가 성장하자 프랭크 윌리엄스와 패트릭은 더 학문적인 접근이 필요하다고 생각했고, 프랭크는 매우 똑똑하고 무척 창의적이었습니다. 내가 체력을 담당했다면 그는 두뇌를 담당했지요. 환상적인 조합이었습니다. 나는 프랭크 더니와 함께 하는 시간이 즐거웠고 지금도 그렇습니다. 그는 아주 좋은 친구예요. 하지만 나는 그와 사사건건 부딪쳤기 때문에, 그것이 내 경력에 방해가 되고 있었습니다. 그런데 새로운 팀에서 기회가 찾아왔어요. 윌리엄스의 수석 디자이너 닐 오틀리Neil Oatley가 퇴사를 계획하고 있었어요. 나도 그만둘 생각이었고요. 우리는 약간 감정을 억누르며 지내왔지요. 닐은 패트릭에 대해, 나는 프랭크에 대해서요. 그런데 바로 그때 회사를 떠나 새로운 일을 시작할 기회가, 미국인 칼 하스Carl Haas가 소유한 베아트리체 포뮬러 원 팀Beatrice Formula One에서 일할 기회가 찾아온 겁니다. 이 팀은 장래가 유망했지만 사실상 결국 아무런 성과도 내지 못했습니다. 베아트리체가 기업을 담보로 차입 매수를 했는데 새로운 소유주들은 포뮬러 원 후원을 원하지 않았기 때문에 팀은 2년 뒤에 해체되었어요. 그들은 칼 하스의 채무를 변제했고 2년 뒤에 모든 것이 끝났습니다. 나에게 그 2년은 정말 중요한 시기였어요. 갑자기 자동차 일부의 설계를 전담해야 했으니까요.

거기엔 디자이너가 세 명, 닐, 존 볼드윈John Baldwin, 그리고 제가 있었습니다. 나는 공기역학과 차체를 모두 담당했고, 존은 차대와 구조를 담당했으며, 닐은 전체 프로젝트의 책임을 맡았습니다. 그리고 재미있게도 마지막에 에이드리언 뉴이가 합류했습니다. 에이드리언은 미국에서 칼 하스를 위해 인디 카Indy cars를 작업하고 있다가 우리에게 합류했습니다. 나는 퇴사 전 2개월 동안 에이드리언과 함께 일했어요. 그리고 사실상 이 프로젝트도 얼마 후에 끝이 났지요.

이후 나는 재키 올리버Jackie Oliver와 앨런 리스Alan Rees가 운영하는 애로우스Arrows라는 회사에서 일했습니다. 재키는 닐 오틀리를 고용하려고 했어요. 닐은 맥라렌에 가기로 마음을 굳힌 상태였는데, 친절하게도 재키에게 나를 꼭 만나야 한다고 말한 겁니다. 재키는 나에 대해 전혀 몰랐지만 패트릭에게 전화를 걸었고, 아마도 패트릭이 나를 좋게 말해준 모양이에요. 그렇게 일이 진행되어 나는 재키를 만났고 수석 디자이너로 일하게 되었습니다. 애로우스가 내가 직접 디자인한 첫 번째 경주차입니다. 그렇게 해서 1980년대 후반 3년 동안 이 회사에서 일했습니다. 우리의 작업 실력은 그렇게 나쁘지 않았어요. 내 첫 차는 커스터머 BMW 4기통을 사용했습니다. 내 밑에는 훌륭하고 믿음직한 디자이너 두 명이 있었는데 나를 많이 도와주었습니다. 그 중 한 명이 밥 벨Bob Bell — 몇 년 뒤에 나와 함께 일하게 된 밥 벨이 아닌 다른 디자이너입니다 — 이었어요. 그리고 나는 여전히 직접 자동차를 디자인하고 있었습니다. 우리 집 뒤에 작은 작업장이 있었는데 그곳에 제도판을 설치했어요. 내 작업 방식은 4일은 사무실에 출근해 모든 진행 상황을 관리한 다음 금, 토, 일은 집에서 디자인 작업을 하는 식이었습니다. 그렇게 해서 월요일이면 도안을 한아름 안고 출근했지요. 나는 특별히 차대와 다양한 다른 부품들을 설계했습니다. 작고 근사한 조직이었어요.

문제는 재키와 앨런은 늘 한해가 가기도 전에 돈이 바닥나서, 우리는 시작은 훌륭했지만 시간이 갈수록 차츰 실력이 시들해지는 답답한 상황이 반복되었다는 것입니다. 데릭 워윅Derek Warwick과 에디 치버Eddie Cheever가 드라이버였어요. 우리는 몬트리올에서 이겼어야 했지만 선두를 달리는 동안 엔진이 폭발했습니다. 우리는 챔피언십 대회에서 5위로 한 해를 마감했지요. 성적이 나쁘지는 않았습니다. 나에게는 최고의 시기였는데, 그 정도 수준의 책임을 맡은 건 처음이었거든요.

데릭과 에디는 톰 월킨쇼Tom walkinshaw(레이싱 드라이버로 시작해 톰 월킨쇼 레이싱 팀을 조직했고 80년대 후반 재규어와 협력해 톰 월킨쇼 레이싱 재규어 팀을 결성했다. - 옮긴이)를 위해 스포츠카를 몰기도 했는데, 나에게 재규어에 합류하라고 부추겼습니다. 새로운 스포츠카 포뮬러는 사실상 휠 커버가 적용된 포뮬러 원과 같았기 때문이지요. 모든 것이 완벽하게 개방된, 새로운 규칙이 있는 새로운 체제에 들어가는 건 멋진 일이었습니다. 사실 규칙은 매우 느슨했는데, 아무도 포뮬러 원에서 그랬던 것처럼 규칙에 이의를 제기하지 않았기 때문이었어요. 스포츠카 레이싱은 보다 전통주의적인 접근 방식을 갖고 있어서 포뮬러 원에서처럼 강박적일 정도로 규칙을 해석하려 하지는 않았지요. 이렇게 나는 스포츠카 레이싱 업계에 들어섰고, 규칙에 따라 마차를 모는 것 같던 우리는 어느 누구보다 3, 4초 빠른 자동차를 내놓았습니다. 그리고 우리는 1991년에 챔피언십 대회 우승을 차지했어요. 내가 가장 좋아하는 자동차 가운데 하나인 재규어 XJR-14로 말이지요. 사실상 이 차는 내가 설계했다고 말할 수 있는 마지막 자동차였습니다. 이후로 나는 디자인 프로세스 감독 업무에 치중하게 되었거든요. 하지만 이 차는 그야말로 종이에 연필을 대고 팀과 함께 열과 성을 다해 디자인했다고 말할 수 있는 마지막 자동차였습니다. 내가 무척 좋아하는 정말 멋진 자동차예요.

내가 재규어에서 톰 월킨셔와 합류했을 때 그가 말하더군요. '우리는 포뮬러 원에 참가할 계획입니다. 2년 간 스포츠카 레이싱을 한 다음, 당신과 나는 포뮬러 원을 시작할 겁니다.' 그리고 그는 리지에Ligier 팀을 사려고 시도했는데, 이 일이 나중에 내 발목을 잡았습니다. 톰과 나는 톰이 리지에 팀을 사면 나에게 얼마간 지분을 주기로 합의를 했어요. 일정 기간이 지나 내 주식이 쌓이면 그와 내가 리지에에서 동등한 파트너가 될 거라고 말입니다. 나는 톰의 의견에 전적으로 동의했고, 그는 리지에를 살 돈을 구하려 애썼지만 결국 성공하지 못했습니다. 그 사이 버니 에클스턴은 당시 그의 팀인 베네통과 문제를 겪고 있던 플라비오 브리아토레◆와 톰을 연결시켰어요. 그리고 우리는 방향을 틀어 1991년 말에 베네통에 합류했습니다. 1991년에 우리는 스포츠카 레이싱에서 우리와 싸우고 있던 이 잘나가는 독일인 드라이버를 아주 잘 알고 있었습니다. 그는 우리를 꽤나 애먹인 유일한 인물이었으니까요. 그래서 톰과 나는 미하엘 슈마허를 익히 잘 알고 있었지요. 그가 포뮬러 원으로 옮기기 시작했을 때 톰은 실제로 그를 베네통 팀에 데리고 오는 설계자 역할을 했습니다.

애덤 파 그가 다른 곳으로 가려 했기 때문이었지요?

로스 브런 그는 조던 팀에서 시작했습니다. 에디 조던Eddie Jordan은 우리가 알고 있는 정보를 알지 못했고 미하엘과 확실하게 계약을 맺지 않았어요. 에디는 미하엘과 한 차례 레이스에 대해서만 계약을 맺었지요. 그리고 미하엘이 벨기에 스파에 나타났는데 당연히 매우 인상적이었습니다. 에디는 이후 미하엘과 장기 계약을 시도했지만 이미 우리가 발을 들여놓은 뒤여서 어느 단계에 이르니 일이 좀 고약해지더군요. 나는 톰이 설계자였다고 말하곤 합니다. 플라비오는 늘 자신이 미하엘을 발견했다면서 공을 인정받으려 하지만, 그는 미하엘이 팀에 합류할 때 어떤 활약을 펼칠지 알지 못했어요. 우리 편에서는 톰이 계약을 협상했습니다. 미하엘 편에는 빌리 베버Willi Weber가 있었지요. 그는 포뮬러 쓰리 경기가 진행되는 동안 줄곧 미하엘을 지지했고 언제나 미하엘 편이었습니다.

그렇게 미하엘이 시즌 중반에 우리와 레이스 주행을 시작했고, 우리는 기존 드라이버 중에 한 명인 로베르토 모레노Roberto Moreno를 제명해야 해서 상황이 껄끄러워졌습니다. 다른 드라이버인 넬슨 피케는 미하엘 때문에 자신이 어려움에 처했다는 걸, 그리고 자신의 경력이 끝나가고 있다는 걸 알았던 것 같아요. 넬슨은 소란을 피우면서, 우리가 로베르토를 비열하게 대했고 자신은 이 일을 참지 않겠다고 말하고는 1991년 말에 팀을 탈퇴했습니다. 넬슨은 첫 해에 이미 미하엘이 우리가 아끼는 녀석이라는 걸 알아차릴 정도로 미하엘 때문에 겁을 먹고 있었던 거예요. 그렇게 미하엘이 우리 팀에 들어왔는데, 첫 해에 그 난리를 쳤다면 두 번째 해엔 문제가 훨씬 심각했습니다. 넬슨이 나가고 1992년에 마틴 브런들이 팀에 합류했어요.

애덤 파 나는 넬슨 피케를 전혀 모르지만, 그는 동료 드라이버들의 심리에 상당한 영향을 미치는 선수라는 평가를 받았습니다. 아마 1987년 윌리엄스 소속 당시 멕시코에서였을 텐데요. 전형적인 영국인인 나이절 만셀은 종교적인 이유로 외국 음식을 전혀 먹지 않았는데, 그랑프리 전에 어디에서 뭘 잘못 먹었는지 지독한 설사에 걸리고 말았어요. 들기로는 당시 피케가 차고에 있는 화장지를 전부 없애버렸다더군요.

로스 브런 네, 피케가 경기 직전에 나이절을 개인적으로 심하게 모욕한 유명한 사건이 있었습니다. 넬슨은 자신이 할 수 있는 일이라면 뭐든 했을 거예요. 우리가 미하엘을 아꼈기 때문에 당연히 미하엘을 상대할 수는 없었지만요. 우리는 미하엘을 잘 알았습니다. 우리는 잘 해냈고, 이 독일인은 아주 자신만만했어요. 그 점에서 미하엘에게 약점이 거의 없다는 걸 넬슨은 알았습니다. 미하엘은 몸이 아주 탄탄하고 젊고 건강한 독일 청년이었으니까요.

애덤 파 잠깐 주제를 벗어나서, 동료 드라이버들 사이의 심리전에 대해 이야기하고 싶습니다. 그것을 어떻게 처리했습니까?

로스 브런 아마도 내가 자부심을 갖는 일들 중 하나는 팀 내에서 그런 심리전이 일어날 환경을 방지하는 것일 겁니다. 물론 완벽하게 방지할 수는 없지만 노골적이고 험악한 일은 대체로 방지했다고 생각해요. 그런 분위기는 정비사와 엔지니어들에게도 영향을 미칠 수 있기 때문에 팀 전체에 치명적이지요. 나는 항상 전체 팀원들 사이의 경쟁 심리를 원했지만, 어느 쪽 편도 들지 않고 그들을 하나로 모으면서 우리 모두 한 배에 타고 있다는 걸 알리는 식이었습니다. 이것은 하나의 팀입니다. 그러므로 드라이버 한 명을 희생시켜 다른 드라이버에게 이익이 되는 조치를 취한다면 용납할 수 없을 겁니다.

애덤 파 당신이 지지하는 드라이버가 있었다고 말해도 좋을까요? 아니면 모든 드라이버들을 공평하게 대했습니까?

로스 브런 네. 그렇게 말해도 좋을 겁니다. 확실히 그런 시기가 있었던 것 같아요. 특히 페라리에서 미하엘 슈마허와 함께 하던 시기는 말입니다. 그것이 비난이라면 — 나는 상황을 있는 그대로 인정하기에 그것을 비난이라고 생각하지는 않습니다 — 그러나 혹시라도 그것이 비난이라면 나는 마음속으로 늘 이렇게 되뇌면서 다짐했다는 말로 스스로를 변호하겠습니다. '나는 더 빠른 드라이버를 지지한다. 누군가가 미하엘보다 더 빠르다면 결코 미하엘을 선호하지 않을 것이다.' 만일 미하엘보다 월등히 빠른 드라이버가 나타났는데 미하엘에게 유리하도록 50 대 50의 결정을 내린다면 어리석은 일이지요. 이것은 50 대 50의 결정으로, 우리는 가장 좋은 성적을 거둘 드라이버에게 향해야 하니까요. 우리는 이 사실을 부인할 수 없으며, 이것은 나에게 논리적인 조치입니다. 만일 60 대 40으로 결정했고, 60을 얻어야 할 사람에게 불리한 조치를 취한다면 불공평하겠지요. 하지만 돌이켜보면, 가령 2002년 오스트리아에서처럼 나에게도 그런 시기가 있었고, 그때로 돌아가면 다른 결정을 내리길 바랍니다. (이 일은 논쟁의 여지가 많은 사건으로, 당시 팀은 선두를 달리고 있던 루벤스 바리첼로에게 미하엘 슈마허의 우승을 위해 결승선에서 미하엘의 추월을 허용하라고 지시했다. 관중은 격분했지만 FIA는 팀을 처벌할 권한이 없었다. 시상대에서 슈마허는 오스트리아 수상에게 우승 트로피를 받아 바리첼로에게 건넨 다음 오스트리아 부수상에게 준우승 트로피를 받았다. 이 일로 팀과 두 명의 드라이버는 100만 달러의 벌금을 물었다.)

우리 편을 옹호하자면, 강력한 옹호는 아니지만, 페라리 초창기 시절 우리는 너무나 절박하게 우승에 매달린 나머지 그런 식의 결정이 얼마나 광범위한 영향을 미칠지 생각해보지 않았습니다. 우리는 미하엘의 챔피언십 획득을 위해 그야말로 완전히 몰두했던 겁니다. 그가 우리에게 최고의 기회라고 여겼고, 그것이 그런 사례로 드러났습니다. 우리는 어떤 단계에서도 타협해서는 안 됩니다. 그럴 필요가 있다고 생각해요. 그 기간 동안 배운 게 있는데, 다른 드라이버를 지나치게 소외시키기 시작하면 파괴적인 결과를 초래하고, 따라서 팀 전체가 피해를 입는다는 것입니다. 그리고 나는 경험을 쌓아가면서 미하엘과 자주 이런 이야기를 했어요. '나는 다른 드라이버의 기량을 억제할 수 있어. 뭐든 네가 원하는 대로 결정을 내릴 수도 있지. 하지만 그렇게 되면 환멸을 느끼는 사람이 생기기 때문에 네가 곤란해질 거다. 그가 팀에 문제를 일으킬 테니까 말이야. 그는 아무것도 적극적으로 혹은 자발적으로 하려고 하지 않을 거야. 너에게 정보를 숨기려 할 테고. 그리고 그건 파괴적인 과정이 될 거다. 너는 다른 드라이버를 존중해야 해.' 50 대 50의 결정을 하는 것과 다른 드라이버를 무너뜨리지 않는 것 사이에는 그처럼 미세한 균형이 있습니다. 몇 년 뒤 챔피언십 대회 초기에 페라리 소속 알론소와 마사의 경우가 기억나는군요. 당시 마사는 알론소가 추월하도록 물러나라는 지시를 받았습니다. 그건 마사의 경기를 완전히 망쳤지요. 그런 상황에서 그가 뭘 기대하겠습니까?

내가 페라리에 있던 시기에 아마도 루벤스는 미하엘이 상대한 주요 경쟁 상대였을 겁니다. 그는 여러 차례 레이스에서 우승했고 우리는 그에게 기회를 주려고 노력했지요. 그리고 나는 늘 루벤스에게 이렇게 말했습니다. '두세 차례 레이스를 치른 뒤 자네가 상당한 차이로 챔피언십 대회의 선두를 차지해서 우리에게 최고의 가능성을 열어준다면 자네는 50 대 50의 결정권을 얻게 될 거다. 한번 해보면 알게 될 거야.' 그러나 그는 그 정도 성적을 낸 적이 없었습니다.

애덤 파 에디 어빈은 당신을 위해 레이스를 했다는 이야기가 있습니다. 다른 팀에서 제의를 받았을 때 그는 단칼에 협상을 끝냈다더군요. '알겠어요, 그런데 그럴 가치가 있나요?'라고 말이지요.

로스 브런 그랬지요. 하지만 경주차 안에서는 그러지 않았습니다. 우리는 챔피언십을 차지한 미하엘에게 보너스를 주었어요. 드라이버들은 레이스 보너스를 받습니다. 챔피언십 보너스도 받고요. 에디는 철두철미한 사람인데 그해 중반에 이렇게 말하더군요. '제가 모든 면에서 최대한 미하엘을 돕는다면, 미하엘이 챔피언십을 차지할 경우 저도 보너스를 받아야 하지 않겠습니까?' 생각해보면 사실 타당한 말입니다.

애덤 파 그런데 경주차 조종석에서는 그렇게 하지 않던가요?

로스 브런 전혀요!

애덤 파 유감스럽지 않았나요?

로스 브런 '루카, 루카, 이봐 뭐하는 거야.'(공식적으로 이 말은 실제로 루카 디 몬테체몰로를 부른 것이 아니지만, 로스가 호명한 루카는 당연히 자신의 오른팔 루카 디 몬테체몰로의 이름을 딴 것이다.)

애덤 파 드라이버들은 세 가지에 흥미를 갖는다는 말이 있습니다. 레이싱, 돈, 섹스.

로스 브런 네, 에디에게는 맞는 말이에요, 확실히 그렇습니다! 순서는 확실하지 않지만…

    우리는 그들이 레이싱에서 얼마나 굉장한 스릴을 얻는지 때때로 잊고 있는 것 같습니다. 우리가 직접 참여하지 않기 때문이지요. 우리는 관계자이지만, 드라이버들과 너무 깊이 관련되어 있기 때문에 그들이 레이싱을 얼마나 진심으로 즐기는지 잊고 있는 것 같습니다. 그들이 경주차를 타고, 다른 드라이버들과 경쟁을 하고, 때때로 그들을 이기는 걸 얼마나 즐기는지, 거기에 얼마나 엄청난 스릴이 있는지 말이에요. 나는 미하엘이 그 기간 동안 최고의 성적을 거두었기 때문에 그만큼 높은 보상을 받은 거라고 종종 생각했고 또 그렇게 말했지만, 받고 있는 보상의 일부만 받았더라도 그는 그 같은 성과를 올렸을 거라고 확신합니다. 그리고 모든 드라이버들이 그랬을 겁니다. 만일 드라이버들에 대한 조건을 변경해서, 이제부터 매년 연봉으로 5000만 달러 대신 50만 달러를 지급하겠다고 말한다면 그래도 그들은 계속 레이스에 출전할까요? 그들은 계속 할 겁니다. 조건은 참고사항일 뿐이에요. 그들은 누군가 특정한 액수의 연봉을 받는 걸 보면 좀 더 받으려 하는 겁니다.

애덤 파 드라이버 시장은 상당히 왜곡되어 있습니다. 몇 년 전으로 거슬러 올라가면 거액의 연봉을 지불한 팀은 단 두 팀뿐이었어요. 페라리와 맥라렌. 나는 도무지 그 이유를 모르겠습니다. 당신이 페라리, 혹은 당시의 맥라렌에 있었다면 굳이 5000만 달러를 지불할 필요가 없었겠죠. 모든 드라이버가 당신 팀에서 차를 몰고 싶어했으니까요. 거액의 돈을 지불할 필요는 없는 것 같습니다.

로스 브런 거액의 연봉은 총감독의 자존심이라고 생각합니다. 연봉 액수에서 그들은 다른 팀과 경쟁하게 되고 이 경쟁심은 계약 협상에도 적용되지요. 그들은 한 발 뒤로 물러서서 '우리가 모두 분별력을 갖추었다면, 그들에게 지불하는 연봉보다 훨씬 적은 액수로도 이 드라이버들을 영입할 수 있을 것이다.'라고 말하지 않았습니다. 나는 막스의 아버지 요스 베르스타펜Jos Verstappen이 포뮬러 원에서 잘 나가던 때를 기억합니다. 그는 레이싱에서 꽤 합리적인 결과를 얻었지만 포뮬러 원 경험은 전혀 없었어요. 그런데 갑자기 두세 팀이 그에게 열을 올리는 것 같더니 입찰 경쟁이 일기 시작하는 겁니다. 난리도 아니었지요. 플라비오는 이 입찰에서 이기기로 마음먹었기 때문에 베네통이 경쟁에서 이겼습니다. 플라비오는 론 데니스 및 다른 사람들과 맞붙었어요. 그들 중 누구도 물러서려 하지 않았고, 그 결과 포뮬러 원에서 한 번도 경주차를 몰아본 적 없는 요스가 장기 계약을 따낸 겁니다. 요스의 실력은 훌륭했지만 그는 미하엘 슈마허가 아니었어요. 하지만 가끔 그런 일이 일어납니다.

애덤 파 당신의 경력으로 다시 돌아가겠습니다. 베네통으로 옮긴 이야기까지 했는데요.

로스 브런 나는 톰과 함께 베네통에 합류했는데 초기에는 조금 골치 아팠습니다. 기본적인 조직이 이미 갖추어져 있는 상태에서 톰이 나와 함께 들어갔으니까요. 로리 번*과 패트 시먼즈*는 초기에 베네통을 나와 경주차 제조업체 레이너드Reynard로 갔는데 결과가 신통치 않았습니다. 그래서 패트와 로리에게 연락할 수 있었고, 나는 그들을 잘 알았기 때문에 그들을 다시 불러들였습니다. 처음 몇 달 동안은 상황이 정말 기괴했어요. 현직 디자이너인 고든 킴볼Gordon Kimball이 있는 상황에서 나와 로리 번, 그리고 우리 그룹이 들어왔으니까요. 그래서 플라비오와 톰은 두 그룹에게 각각 경주차를 디자인하도록 지시하고 어떤 디자인이 가장 좋은지 보기로 결정했습니다. 내가 톰에게 말했어요. '이건 말도 안 됩니다. 우리는 자원을 낭비하는 거예요. 이런 식으로는 절대로 성과를 얻지 못합니다.' 내 생각에 고든 킴볼도 이것이 어리석은 방식이라는 걸 알았던 것 같습니다. 그래서 엔지니어들이 모두 모였고, 한 대의 경주차에 집중하기 위해 이 문제를 해결하기로 결정했습니다. 그렇게 해서 우리는 디자인팀을 하나로 합쳤지요. 우리는 꽤나 힘들었던 존 버나드* 감독 시기의 여파 속에 있었습니다.

우리의 예산은 합리적이었고, 나는 결코 이것이 이례적이라고 생각하지 않았습니다. 우리에게는 포드가 제작한 엔진이 있었는데 이것은 아주 중요했어요. 처음 몇 해에 꽤 괜찮은 성적을 거두었습니다. 미하엘은 몇 차례 레이스에서 우승을 하기 시작했지요. 우리는 이따금 우리보다 더 큰 팀들을 위협하기도 했습니다. 1994년에 새로운 규정들이 도입되면서, 나는 소수의 디자이너들에게는 기존의 1993년 프로그램을 유지하도록 맡기고, 로리와 나머지 디자이너들에게는 1994년 레이스를 위한 디자인을 지시했습니다. 이것은 포뮬러 원에서 우리의 위치에 큰 변화를 가져올 중요한 기회였습니다.

애덤 파 당신은 액티브 서스펜션active suspension 금지와 관련이 있었습니까?(액티브 서스펜션은 자동차의 차고ride height와 그에 따른 공기역학적 성능의 변화를 가능하게 하는 시스템이었다. 1993년 윌리엄스가 좋은 성적을 낼 수 있었던 여러 가지 이유 중 하나였지만 그해 말에 금지되었다.)

로스 브런 아닙니다. 패트 시먼즈는 액티브 서스펜션 개발에 크게 기여했고 우리도 관심이 지대했습니다. 나는 우리가 나서서 이것을 금지시켰다고 생각하지 않습니다. 기억을 더듬어 보면 그 모든 일의 배후에 페라리가 있었다는 느낌이 듭니다. 페라리는 액티브 라이드 컨트롤로 고군분투하고 있었어요. 어쨌든 우리는 코스워스와 매우 긴밀히 협력하고 있었고, 1994년에 엔진을 전담하는 그룹을 두었습니다. 그리고 로리는 새 요건과 새 규정이 모두 적용된 1994년형 경주차에 집중하고 있었고요. 나로서는 새 규정, 새 경주차 등에 그처럼 구조적인 접근 방식을 적용한 건 그때가 처음이었습니다. 새 경주차는 한 해 사이에 진화하는 경향이 있지만, 이 접근 방식에서는 대량의 자원을 한정해 신형 경주차를 위해서만 사용하고 적절히 검토하여 진행 상황에 대한 회의를 했습니다. 나는 여전히 검토 회의 의장을 맡는 동시에 디자인 회의에 참석했지요. 이렇게 아마도 나는 양쪽에 발을 걸친 사람이었지만, 로리는 수석 디자이너였고 1994년 신차 개발이 그의 우선순위였습니다. 그리고 내 기억에 1993년은 나쁘지 않은 해였어요. 우리가 어느 정도 위치를 점했는지는 찾아봐야 하겠지만, 우리는 레이스에서 우승해 여러 차례 시상대에 올랐습니다. 하지만 사실상 우리는 1994년에 집중했습니다. 그래서 1994년 경주차를 겨울 내내 계속 테스트했고, 그리하여 확실히 대단한 경쟁력을 갖추었습니다.

우리는 그렇게 1994년을 시작했어요. 대단한 해였고 놀라운 경주차였습니다. 하지만 사실상 내가 포뮬러 원의 정치 환경에 휘말리게 된 첫 해이기도 했습니다. 그리고 비극적이게도 세나와 라첸버거가 이몰라에서 사망한 해이기도 했지요. 아무튼 우리는 아주 빠른 경주차를 만들었고 규칙은 변경되고 있었습니다. 트랙션 컨트롤traction control과 런치 컨트롤launch control 사용으로 베네통이 항의 받은 해도 그때였어요. 세나와 라첸버거의 사고로 인해 규칙도 바뀌고 있었고요. 이 사고로 모두가 큰 충격을 받았고, 커다란 정치적 싸움이 끊이지 않았던 것 같습니다. 톰과 플라비오가 한 편이었고, 맥스 모슬리가 다른 한 편이었지요. 그들 사이의 의견 차이가 무척 심했습니다. 바르셀로나에서 회의 중에 톰과 플라비오가 자리를 박차고 나와 이렇게 말했던 기억이 납니다. '맥스는 사임했습니다. 가버렸어요. 그는 끝났다고요. 이제 새 인물이 올 겁니다.' 그 무렵 나는 맥스를 상당히 잘 알고 있었기에 이런 생각을 했습니다. '와, 이거 정말 재미있는 구경거리가 되겠는 걸.'

그리고 물론 그들은 맥스를 완전히 몰락시키지는 않았어요. 그런데 그 다음 일이 아주 불쾌하게 전개됐지요. 우리는 이몰라 사건 후 FIA에 소환되었고, 우리 경주차들에 장착된 전자 블랙박스를 모두 압수당했습니다. 그리고 LDRALiverpool Data Recovery Agency라는 회사가 우리 블랙박스에 담긴 내용을 조사했지요. 처음엔 아무것도 잘못된 것이 발견되지 않아서 우리는 블랙박스를 되돌려 받았습니다. 그런데 맥스와 팀들, 그리고 특히 플라비오와 톰 사이에서 전쟁이 시작된 겁니다. 그래서 블랙박스를 다시 압수당했어요. FIA 측에서 와서 말하더군요. '협조 부탁합니다. 블랙박스를 다시 가져가도 되겠습니까?' 그렇게 그들은 우리에게 돌려준 블랙박스들을 다시 가지고 갔습니다. 그들은 자기들한테 뭔가 새로운 방법이 있는데, 그걸로 우리가 무슨 일을 꾸몄는지 알아낼 수 있을 거라고 하더군요. 결국 우리는 파리의 항소 법원으로 갔습니다. 내 기억에 그곳에서 우리는 아주 불쾌한 날들을 보냈지만 무혐의로 풀려났습니다.

FIA가 두 번째로 우리를 추적했을 때 나는 짧은 휴가를 보내고 있었습니다. 그해 초반에 짬이 나서 잠시 휴가를 즐기기 위해 서둘러 모리셔스로 떠났지요. 하지만 나는 휴가 내내 전화기를 붙들고 있어야 했습니다. 전화요금이 1000파운드 정도 나왔던 것으로 기억해요. 플라비오에게서 전화가 왔어요. '우리 블랙박스에 문제가 생겼는데, 내가 잘 처리했으니까 걱정하지 마십시오. 우리는 이몰라 일로 점수를 잃겠지만 그러고 나면 모든 게 다 잘 될 겁니다. 다들 잊어버릴 거예요.' 그래서 내가 말했어요. '우리는 이몰라 일로 점수를 잃지 않을 거예요, 플라비오. 우리는 잘못한 게 아무것도 없으니까요.' 그리고 로리와 나는 사임했습니다. 우리는 플라비오에게 그의 협상을 받아들이지 않겠다고 말했어요. 그래서 플라비오는 뒤로 물러났고, 우리는 그 일을 두고 전투에 돌입했지요.

그 전체 기간은 포뮬러 원 정치에서 새로운 양상이었고, 나로서는 처음 경험하는 일이었습니다. 나에게 좋은 훈련이 되어주었지요.

그해 마지막 레이스인 오스트레일리아 그랑프리 대회에서 미하엘과 데이먼 힐의 협력으로 결국 우리는 우승을 차지했습니다. 사람들은 그 사건에서 무슨 일이 일어났는지 논쟁을 벌일 수도 있겠지만, 그 해에 워낙 많은 일들이 일어났고 그 사건도 그런 맥락에서 보아야 합니다.

1997년(마지막 레이스가 되기도 했고, 슈마허와 그의 챔피언십 라이벌인 자크 빌뇌브와의 충돌로 끝났습니다)은 어떤 면에서 달랐던 것 같습니다. 앞에서 미하엘에 대해 이야기하면서 이 일을 언급했지요. 미하엘에게는 한 가지 약점이 있었는데, 경쟁심이 너무 강한 나머지 당신이나 내가 보는 방식으로 상황을 보지 않는다는 것이었습니다. 2006년 모나코 예선전 때였는데 그가 트랙 위에서 갑자기 멈추는 거예요. 그의 경력을 통틀어 그런 일이 두세 번 있었습니다. 1994년에 데이먼과 그랬는지는 모르겠어요. 그와 이런 일을 이야기한 적은 없었으니까요.

그러나 1997년을 돌이켜보면, 그 충돌 사건이 난 뒤 미하엘이 죽어라 악을 쓰면서 피트로 들어오는 겁니다. '빌뇌브가 날 추락시켰어, 빌뇌브가 레이스에서 날 탈락시켰다고 … !' 그래서 내가 말했어요. '미하엘, 진정하고 TV를 봐.' 그러자 그는 마음을 가라앉히고 TV를 보더니 얼굴이 새하얗게 질려서는 자신이 무슨 짓을 했는지 알아차리더군요. 하지만 그 순간엔 잔뜩 흥분해서는 빌뇌브가 자신을 탈락시켰다고 철석같이 믿으며 차고로 들어왔습니다. 정말 힘든 레이스였어요. 우리는 전략적인 차원에서 또 한 명의 드라이버를 이용하기도 했기 때문입니다. 이 전략에는 에디가 함께 했어요. 우리는 레이스에서 미하엘이 맹렬한 기세로 돌진하면 우리가 선두를 구축하기 위해 다른 차들의 속도를 통제하도록 에디에게 지시하곤 했습니다 … 마치 체스 게임 같았지요. 그 1997년 레이스에서 프렌첸 Heinz-Harald Frentzen(1997년 당시 윌리엄스 소속 독일 출신 드라이버 – 옮긴이)은 거의 레이스 내내 미하엘을 압박했어요. 그렇게 윌리엄스는 우리가 그들에게 한 행동을 얼마간 똑같이 돌려주고 있었습니다. 그건 얼마든지 괜찮았어요. 하지만 미하엘은 굉장한 좌절감을 느꼈던 것 같습니다. 그게 핑계가 될 수는 없지만 그는 그랬어요.

애덤 파 포뮬러 원에 대해 한 마디로 말한다면 경쟁이라고 할 수 있을 것입니다. 포뮬러 원에 규칙이 있다면 기회를 최대한 활용하는 것이겠지요. 이 기회는 경주차와 팀에 적용되는 만큼 드라이버에게도 적용될 거예요. 그리고 누군가가 이것을 불공평하다고 생각한다면, 그건 포뮬러 원만 그런 게 아니에요. 포뮬러 원 소속 팀의 목표는 드라이버와 팀을 위해 월드 챔피언십을 획득하는 것입니다. 많은 사람들이 여기에 동의하지 않고 그건 점잖지 못하다고 말할 테지만,

스포츠란 본래 그런 것이지요. 스포츠는 우승을 위해 싸우는 것이에요. 우리가 이곳에 함께 자리한 이유도 당신이 포뮬러 원 월드 챔피언십을 스무 차례 석권했기 때문입니다. 당신이 월드 챔피언십을 획득하지 않는 방법에 대해 이야기하길 원한다면, 그런 대화는 다른 사람들과 얼마든지 나눌 수 있겠지요.

로스 브런 아시다시피 미하엘이 빌뇌브에게 부린 술책은 성공하지 못했습니다. 그는 주말 레이스에서 약간 다른 방식으로 10여 차례 이 술책을 부리더군요. 상대를 밀치고 추월하면서 궁지에 몰아넣고 실세가 누구인지 보여주는 거지요. 그 모든 모습들이 그 자신의 일부입니다. 당신이 미하엘 슈마허와 레이스를 한다면, 그가 조금의 자비도 없는 사람이라는 걸 알게 될 거예요. 그가 틈을 보았고 당신이 1인치를 남겨놓았다면, 그는 당장 한 발을 들이밀 겁니다. 그의 성공 비결은 상대 드라이버를 위협하는 그런 캐릭터와 페르소나를 만들어내는 것이었습니다. 그리고 바로 이것이 포뮬러 원이지요.

애덤 파 그렇습니다. 내가 윌리엄스와 일하던 당시에 루벤스는 우리 팀 드라이버였고 미하엘은 메르세데스 소속으로 레이스에 참가했지요. 부다페스트 레이스에서라고 생각되는데, 미하엘이 메인 스트레이트main straight(결승선 직선 구간 - 옮긴이)에서 루벤스를 벽으로 곧장 밀어붙이더군요. 한동안 계속 그러는 바람에 벽에 부딪친 루벤스의 바퀴에서 먼지가 날렸어요. 루벤스는 경주차에서 나오지 않고 메인 스트레이트 끝에서 미하엘을 추월했지요. 나중에 미하엘은 '너무 가깝게 몰아붙인 것 아니냐?'는 질문을 받았을 때 '아니다. 그렇게 가

깎진 않았다. 루벤스가 충분히 빠져나가지 않았냐.'라고 답했습니다.

로스 브런 재미있어요. 아마 루벤스는 다른 드라이버들이었다면 뒤로 물러섰겠지만 미하엘에게는 물러서지 않았을 겁니다. 드라이버들 사이에서 늘 일어나는 역학 관계이지요. 드라이버들 사이에서는 계속해서 역학 관계가 만들어집니다. 연습 경기에서도 만들어지고 테스트할 때도 만들어지지요. 그래서 연습 경기나 테스트 때 다들 무례한 사람이라는 인상을 풍깁니다. 자신이 어떻게 보일지 신경쓰지 않는 사람, 호시탐탐 위협할 기회를 노리는 사람으로 말이지요. 그들은 자신의 경쟁자들에게 보이기 위해 이미지를 만들어 냅니다. 그리고 그 이미지가 자신에게 어울리면 그것을 이용하거나 편승하거나 조작하지요.

1994년은 특히나 두 명의 드라이버를 잃은 매우 충격적인 해였습니다. 규칙은 계속해서 바뀌고, 톰과 플라비오는 맥스에 맞서 싸우는 등 갖가지 일들로 나는 정치적으로 시련을 겪고 있었습니다. 정말 힘든 해였지만, 그런 경험을 할 수 있었기에 내게는 중요한 해였다고 생각합니다. 나는 그런 일들을 다루어본 경험을 통해 회복탄력성을 키웠고 그것은 이후 몇 년간 상황이 나빠졌을 때 도움이 되었습니다.

애덤 파 1994년에는 두 가지 중요한 순간이 있었지요. 하나는 당신이 1993년에 취한 접근 방식이 첫 결실을 맺은 것입니다. 새로운 규칙들로 인해 전담 팀과 함께 94년형 경주차에 집중하기, 이 규칙들을 해당 년도의 압박으로부터 격리하기, 그리고 당신의 검토 과정이 그 접근 방식이지요. 당신은 페라리와 혼다, 메르세데스에서도 이 접근 방식을 적용했습니다. 다른 하나는 1994년은 당신에게 포뮬러 원의 정치적 차원과 기술적 차원이 통합된 해였다는 것입니다.

로스 브런 아주 흥미로운 지적입니다. 내 경력은 주로 엔지니어링에 기반을 두었지만, 경력이 계속될수록 엔지니어링 정책을 넘어서 정치와 관련을 갖게 되었습니다. 그도 그럴 것이 기술 회의에서는 늘 무엇이 유리하거나 불리한지 결정하고 규칙을 변경하려 했으니까요. 우리는 포뮬러 원이라는 더 큰 정치로 이동했습니다. 어떤 사람은 진즉 이 분야에 종사해온 사람 같은 자세를 갖추고 모터스포츠에 들어섭니다. 나는 그렇지 않았던 것 같아요. 나는 언제나 엔지니어링을 사랑했고, 언제나 기술적인 측면을 사랑했으며, 언제나 레이싱을 사랑했습니다. 나는 정치가 포뮬러 원을 대단히 매력적으로 만드는 전체 요소 중 일부라는 것은 인정했습니다. 하지만 사실상 나 자신이 정치와 관련해 치명타를 날리는 사람이라고는 생각해본 적이 없었어요. 엔지니어링에서는 그랬을지 모르지만, 나는 언제나 공정한 접근 방식을 유지하려고 노력했습니다. 이것은 실제로 정치가 아니지만, 만일 합리적인 범위 내에서 모든 수단을 동원해 다른 팀 엔지니어의 정보를 빼올 수 있었다면 … 나는 가차 없이 그렇게 했을 거예요. 조금의 거리낌도 없이 말이에요. 하지만 특히 내 경력 후반기인 2009년에는 상황이 무척 힘들었습니다. 당시 팀 소유주로서 내가 맡은 역할 때문에, 보복이 아닌 순전히 사람들의 냉담함 때문에 내 정치적 입지는 약간 숨이 막히도록 답답했습니다.

아마 이것이 포뮬러 원에서 나에게 가장 불편한 영역일 것입니다. 나는 이 상황을 잘 다룰 수 있다고 생각해요. 잘 다루어야 했지요. 하지만 때로는 너무도 비논리적이어서 내가 포뮬러 원에서 가장 깊은 좌절감을 느끼곤 했던 측면입니다. 포뮬러 원에서 가장 감정적인 영역이지요. 나는 다시 포뮬러 원에 관여해 달라는 권유를 받았습니다. 어쩌면 규정을 만드는 데 도움이 될 수 있고, 혹은 포뮬러 원의 미래를 만드는 일에 도움이 될 수도 있다면서 말이에요. 그 권유는 곧 포뮬러 원의 정치에 관여하라는 의미이지요. 그것이 포뮬러 원의 전부니까요. 이건 마치 누군가가, 다시 와서 엔지니어링 일 좀 해 주시오, 라고 말하는 것과 다를 바 없었습니다. 나는 유혹에 넘어갈 수도 있었어요. 그러나 포뮬러 원의 모든 정치적 사안들을 다루어야 하는 일은 아마도 내가 해온 일들 중에 가장 재미없는 일이었을 겁니다. 따라서 나에게는 가장 매력 없는 측면이었지요.

애덤 파 포뮬러 원의 미래에 대해 잠깐 이야기해 보겠습니다. 그 전에 당신의 경력을 마무리하는 게 좋겠군요.

로스 브런 1994년에 우리는 포드 엔진으로 챔피언십을 획득했습니다. 1995년에는 더 나은 기회라고 여겨 르노 엔진으로 바꿨어요. 1993년 한 해 동안 우리는 포드에 대한 관심이 약간 시들해졌던 것 같습니다. 포드는 1994년 엔진을 만들었지만 확신이 부족해보였어요. 물론 1994년에 성공했을 땐 다시 심기일전하려 애썼지만요. 하지만 그 즈음 우리는 이미 르노에 구애를 해서 1995년을 위해 르노 엔진을 구해놓은 상태였습니다. 1995년 초반은 아주 골치 아팠어요. 엔진에 문제가 조금 있었는데 쉽게 해결되지 않았지요. 하지만 이후 1995년에 엔진 문제를 정리해서 그해 드라이버 챔피언십과 컨스트럭터 챔피언십을 획득했습니다.

그러나 1995년은 미하엘이 팀을 나가겠다고 선언한 해였지요. 이 일은 나에게 상당히 큰 타격을 주었습니다. 나는 미하엘과 무척 가까웠는데, 그가 그런 결정을 내릴 줄은 전혀 예상하지 못했습니다. 그는 나에게 한 번도 그런 내색을 한 적이 없었어요. 미하엘은 팀의 동료 드라이버보다 적은 대우를 받았기 때문에 돈 문제로 플라비오와 분쟁이 있었습니다. 그의 계약 조건은 동료 드라이버보다 결코 적게 받지 않는다는 것이었어요. 그런데 리카르도 파트라세Riccardo Patrese가 추가 수당을 받고 있다는 걸 미하엘이 알게 된 겁니다. 미하엘이 이 사실을 알게 되자, 리카르도는 팀의 후원사로부터 직접 돈을 받기 때문에 실질적으로 더 많은 돈을 받고 있다고 미하엘에게 기꺼이 상세한 내용을 알려주었어요. 이것은 문제의 일부였고, 내 생각에 당시 미하엘은 다른 팀으로 옮기려고 안달이 나기도 했던 것 같습니다. 내가 미하엘에게 이적하려는 이유를 묻자 그가 내세운 이유는 리카르도의 연봉이 자기보다 많다는 것이었습니다. 뭔가 당했다는 기분이 들었다는 거예요. 이적을 하기 위한 쉬운 변명이었을지도 모르지요. 미하엘은 팀과 함께 성장해 왔습니다. 베네통은 그에게 처음으로 제대로 된 포뮬러 원 팀이었어요. 그는 팀원들을 아주 잘 알았고 우리도 그를 잘 알았지요. 우리는 모두가 함께 많은 일을 헤쳐 왔는데, 그는 우리를 떠나고 있었습니다. 그는 우리를 떠나려 했고 그건 큰 타격이었어요.

하지만 나는 계속하기로 결심했습니다. 그 단계에서는 내가 페라리에 합류할지에 대한 논의가 아직 이루어지지 않았습니다. 내 계약 기간이 1995년 말에 끝났지만, 그런 생각은 전혀 해본 적이 없었지요. 그래서 나는 팀의 상황을 검토했고 팀이 다음 단계로 나가려면 무엇이 필요한지 결정했습니다. 팀 구조는 역사적인 이유에서 조금 이상했습니다. 많은 공장이 호안 비야델프라트Joan Villadelprat 라는 사내에 의해 운영되었는데, 우리가 베네통에 도착한 당시 그는 플라비오의 담당이었습니다. 나는 톰의 담당이었고요. 내가 디자인과 레이싱 일부를 운영한다는 점에서 어떤 면에서는 역할이 분리되어 있었어요. 호안은 자동차 제작과 레이스 팀 감독을 맡고 있었고요. 나는 건설적이지 않은 모종의 갈등이 있다는 느낌이 들어서, 전반적인 일에 총괄책임을 맡아 그룹을 재정비하길 원했습니다. 베네통은 동의했어요. 플라비오도 동의했고요. 나는 계약서를 새로 작성했고, 전반적인 일에 대해 총괄책임을 맡을 예정이었습니다. 결국 그렇게 할 수 없었지만요.

1996년이 되자 그들은 이런 변경 사항을 시행하려 하지 않았고, 변경 사항을 시행하지 않겠다고 저항하더군요. 답답했지요. 설상가상으로 장 알레지와 게르하르트 베르거Gerhard Berger를 드라이버로 영입하면서 상황은 더욱 악화되었습니다. 게르하르트는 뒤늦게 추가로 팀에 합류했어요. 장은 미하엘이 그만두겠다고 선언한 시즌에 합류했고요. 우리는 장의 합류로 무척 들떠 있었습니다. 장은 재능이 많았고 신중한 관리가 필요했지만, 우리는 장이 팀에 정말 좋은 자산이 될 거라고 생각했습니다. 그런데 막판에 플라비오가 게르하르트 베르거도 데리고 오겠다고 선언한 겁니다. 베르거는 미하엘이 페라리로 옮기는 걸 보면서 조짐이 불길하다고 느꼈기 때문에 더 이상 페라리에 머물 필요가 없었을 겁니다. 이렇게 베르거도 베네통 팀에 뛰어들었는데, 이것은 우리가 할 수 있는 최악의 결정이었습니다.

베르거와 알레지는 페라리에 같이 있던 시기에 서로 껄끄러운 사이였어요. 따라서 이제 우리는 아주 어려운 관계인 채로 우리에게 온 드라이버 두 명을 갖게 된 겁니다. 알레지는 베르거가 온다는 소식을 듣자 잔뜩 열이 받았어요. 그래서 우리는 장 알레지에게 온전히 집중하고 알레지에게 모든 것을 맞추어줄 팀을 구성했지요. 우리는 알레지가 아직 잠재력을 발휘하지 못해서 재능을 한껏 펼치지 못한 사람이므로 우리가 그것을 드러내 보여줄 수 있을 거라고 생각했습니다. 그런데 그런 상황 속에 불쑥 게르하르트 베르거를 집어넣은 거예요. 팀과 별다른 상의도 없이 플라비오가 게르하르트와 협상을 했던 겁니다. 게르하르트의 목적 중 하나는 장을 압박하는 것이었고, 그는 이 목적을 아주 잘 수행했습니다.

그들의 관계는 원활한 팀 운영에 전혀 도움이 되지 않았습니다. 게르하르트는 장이 원하는 것과 전혀 다른 경주차를 원했습니다. 우리는 테스트를 거듭했는데, 게르하르트가 의견을 제시하면 장은 다른 의견을 제시해서 조율하기가 정말 힘들었어요. 나는 점점 염증을 느끼고 있었습니다. 1996년에 우리 경주차는 그 전과 마찬가지로 매우 훌륭했지만 우리는 레이스에서 이기지 못했습니다. 팀은 계속 삐걱거리고 있었고요. 월드 챔피언십을 수차례 거머쥐었던 우리는 이제 레이스에서 패배를 맛보아야 했습니다. 우리는 여러 차례 레이스에 출전했고 우승을 획득해야 했지만, 여러 가지 이유로 성적은 점차 떨어졌습니다. 그 이유 중 일부는 신뢰 때문이었지만 일부는 드라이버들 때문이었지요.

　1996년에 미하엘은 페라리에서 존 버나드와의 관계로 약간 고심하고 있었습니다. 사실 미하엘은 포퓰러 원에서 나와의 관계 외에 어떠한 관계도 경험한 적이 없었어요. 그러다 페라리로 갔는데, 그곳 방식은 이곳과 천지차지여서 미하엘은 페라리에서 편안하게 적응하지 못했습니다. 1996년 모나코 레이스 직전에 빌리 베버가 나에게 연락해 장 토드와 이야기를 나누는 게 어떻겠냐고 제안하더군요. 나는 모나코에서 장을 만났고, 바로 그때 페라리 합류에 대해 논의하기 시작했습니다. 이후 9월쯤 나는 폴라비오에게 팀을 나오겠다고, 베네통에서 계약대로 의무를 이행하지 않는 것 같다고 말했습니다. 이 새로운 구조가 나에게는 아주 중요했어요. 폴라비오는 호안 비야델프라트와는 새로운 구조가 힘들 거라는 걸 알았기 때문에 이 구조를 실행하길 계속 피해왔습니다. 나는 호안을 무척 좋아했고 그에게 반감이 전혀 없었지만 그래도 구조는 달라져야 한다고 생각했습니다. 물론 이후로 그들은 '새로운 구조를 실행하겠다, 전부 실행하겠다.'라며 상황을 역전시켰어요. 베네통 가家가 직접 관여했지만 이제 내 마음은 완전히 다른 일자리로 향해 있었습니다. 결국 우리는 계약 문제를 정리했고 나는 사임했습니다.

　그런데 그때 측면을 가격하는 작은 엑조세 미사일처럼 톰 월킨쇼가 느닷없이 들이닥쳐서는 이렇게 말하는 겁니다. '내가 당신과 함께 일하기로 계약을 맺은 이유는 1991년 당시 당신이 합의서에 서명을 했기 때문입니다. 우리는 리지에를 인수할 예정이었고 당신은 리지에 주식을 소유할 예정이었습니다.' 그래서 나는 말했어요. '잠깐만요, 톰, 그러지 마세요. 당신은 리지에를 인수할 기회를 잃었고 그 기회는 다시 돌아오지 않을 거예요.' 하지만 톰은 우리를 고등법원에 제소하더군요. 그의 말은 이랬어요. 그는 나하고 계약을 했다, 나는 베네통에서 그를 위해 일하고 있었다, 그는 리지에를 인수할 계획이었다, 그가 장차 리지에를 사지 않겠다고 말한 적은 없었다고 말이에요. 따라서 그가 장차 리지에를 산다면 나는 돌아와서 그를 위해 일해야 한다는 겁니다. 어쨌든 당신이 짐작하듯이 고등법원은 이 사건을 기각했지만 그는 항소했지요. 나는 베네통과의 계약이 만료되었기 때문에, 이제 페라리는 내가 합류하길 몹시 원하고 있었습니다. 하지만 톰이 계속 소란을 일으키는 거예요. 결국 그들은 톰에게 합의금을 주고 이 일을 해결했습니다. 얼마를 주었는지는 기억나지 않지만 그에게 돈을 주었어요.

나와 톰 사이의 관계는 사실상 그것으로 끝났습니다. 아주 안타깝게 끝이 났지요. 그런 일이 벌어진 이유는 내가 떠난다고 하자 그가 좌절감을 느꼈기 때문인 것 같아요. 우리는 아주 오랫동안 함께 해왔으니까요. 톰에게는 나와 함께 포뮬러 원 팀을 소유하겠다는 꿈이 있었습니다. 톰은 자기 사업이 계속 고전하고 있었기 때문에 그때까지 포뮬러 원 팀과 약간 멀어져 있었어요. 그래서 우리는 그를 자주 보지 못했지요. 내가 이 모든 일들을 그와 자세히 상의하지 않았다는 사실이 그에게 상처를 준 것 같습니다. 그는 그런 식으로 자신이 아직 건재하다는 걸 나에게 상기시켰습니다. 톰과 나는 어느 정도 성공도 했고, 한때는 즐거운 시간을 함께 보내기도 했는데, 부끄럽게도 그 후로 오랫동안 톰과 이야기를 나누지 못했습니다. 사실상 그가 죽기 전 몹시 아플 때에야 톰과 다시 이야기를 나누기 시작했지요.

그렇게 해서 나는 1996년 말에 페라리에 합류했습니다. 그곳에서 일을 시작할 무렵엔 아직 마라넬로 공장을 한 번도 보지 못했어요. 페라리와 3년 계약을 체결했는데, 총 3년 동안 나에게 보수를 지불하고 해고할 수 있다는 조항이 있었습니다. 내가 그곳에 갈지도 모르고, 무슨 일이 터져서 쫓겨날 수도 있겠다고 생각하니까 무척 엄격한 조항이더군요. 하지만 어쨌든 다음 날 수표를 받았어요. 수익성 좋은 계약이었지요. 엄청나게 좋은 조건은 아니었지만, 베네통에 있을 때보다 보수가 많았습니다. 이탈리아로 이사하는 데 드는 비용 보조도 많이 받았고요. 챔피언십을 획득해도 나는 보너스를 받지 않았습니다. 나는 한 번도 보너스에 열을 올린 적이 없어요. 나중에 경력이 쌓이고 급여 등급이 올랐을 때, 성공에 따른 더 높고 복잡한 보수와 각종 혜택을 받기 시작했지만, 페라리에서는 포인트 상금이나 레이스 우승 상금을 받지 않았습니다. 나는 우리가 장차 챔피언십을 획득할 것을 반영해 대우를 받고 싶다고 요구했습니다. 만일 우리가 챔피언십을 획득하지 못할 경우 그들은 나를 파면하는 거지요. 이쪽 길로 가든 저쪽 길로 가든 둘 중 하나였어요. 우리가 우승해서 내가 남든, 우승을 못해서 내가 나가든 말이죠.

나는 보너스가 진정한 유인책이 된다고 생각하지 않습니다. 나는 돈이 의욕을 고취시키기보다는 오히려 의욕을 떨어뜨리는 요소이며 문제가 될 수 있다는 견해를 늘 가져왔습니다. 사람들이 단지 돈 때문에 어떤 일을 하는 거라면 그들은 잘못된 동기부여를 갖고 있는 것일 거예요. 진짜 문제는, 사람들은 자신이 부당한 대우를 받고 있다는 생각이 들면 화가 난다는 것입니다. 어떤 사람이 일을 잘하고 있는데, 옆에 있는 녀석이 일은 적게 하면서 보수는 더 많이 챙기는 걸 보면 그는 화가 날 거예요. 그러나 동기를 부여하는 요인은 절대적인 수치가 아니라 상대적인 수치입니다. 공정성이지요. 따라서 나는 이런 방식이 잠재적으로 의욕을 잃게 만드는 요인이라고 늘 생각해왔습니다.

나중에 혼다로 옮겼을 땐, 그 무렵엔 제법 이름이 알려지기도 해서, 안식기 후에 다시 시작할 수 있도록 꽤 많은 보수를 받길 원했습니다. 혼다에서는 '성과급과 기본급으로 나누어야 할 것 같다'고 말하더군요. 그들의 말을 이해할 수 있습니다. 특히 큰 액수의 금액을 말할 때, 다시 말해 최고경영자보다 큰 보수를 받을 때, 더구나 그곳이 일본 회사일 땐 더욱 그렇지요. 그렇게 페라리와 나는 궁극적으로 월드 챔피언십 타이틀을 획득한다는 전제하에 보수를 책정했습니다. 첫 해엔 우승이 불가능했기 때문에 기본적인 성과급을 보장받았지만, 이후 내가 팀의 실력을 높여야 할 때부터는 개런티가 차츰 감소했어요.

나는 마라넬로 공장으로 들어갔고 거기에서 뭘 기대해야 할지 몰랐습니다. 내가 어떤 상황에 놓이게 될지 그때 처음 깨달았어요. 하지만 아주 기분 좋은 놀라움이었다고 말해야 할 것 같아요. 페라리에는 나이절 스테프니Nigel Stepney 등, 레이싱 팀이 무엇인지 잘 아는 핵심 그룹이 있었고 매우 잘 조직되어 있었습니다. 그들의 품질 관리 시스템은 기존에 내가 이용하던 시스템보다 수준이 높았는데, 한때 품질에 문제가 있어서 피아트Fiat의 품질 관리 팀장을 레이스 팀에 영입해 '이 문제를 해결해야 한다'고 말했기 때문입니다. 그는 자신이 할 일이 무엇인지 알고 있었고, 이곳은 레이싱을 하는 곳이라 과거 일반 자동차를 다루던 곳에서 해온 일들을 모두 적용할 수는 없지만 품질 관리에 엄격한 문화를 만들 수 있다는 걸 알았습니다. 물론 인원도 더 많았어요. 내가 기분 좋게 놀랐던 건 그래서였습니다.

사실 페라리의 환경을 검토하다 보면, 그들이 대체 왜 모든 월드 챔피언십 대회에서 우승을 휩쓸지 못하는지 의아해집니다. 테스트가 무제한 이루어지고, 마라넬로와 무겔로 두 곳에 테스트 트랙도 마련되어 있는데다, 이제 막 완공된 근사한 새 윈드 터널wind tunnel에 훌륭한 기계 조립 공장까지 필요한 것은 전부 갖추어져 있으니까요. 또한 제가 경험한 것은 일급 기능공들, 기술사들, 고급 인력들 등 그곳의 핵심 작업자들의 태도 또한 매우 훌륭했다는 겁니다. 이탈리아의 이 지역은 자동차, 총, 칼 등 많은 것들로 유명합니다. 과거에 온갖 종류의 갑옷을 만들던 지역이지요. 이곳은 대장장이 문화를 간직하고 있었고, 할아버지, 아버지 세대에 이어 자식 세대까지 3대가 페라리에서 일하고 있으니 경험이 아주 풍부했습니다.

반면 그곳의 관리 문화 때문에, 확실히 중간 관리직과 최고 관리직은 줄곧 뒤를 조심해야 했지요. 그들의 전반적인 철학은 자신의 지위를 지켜야 한다는 것이었어요. 그것이 그들에게 가장 큰 과제였습니다. 페라리에서 일하는 걸 자랑스러워하는 훌륭한 직원들, 뛰어나고 열정적이며 헌신적인 사람들이 있었지만, 중간 관리직은 이 대열에서 한 발짝이라도 밀려날까봐 전전긍긍하고 있었고 그러느라 제 기능을 발휘하지 못했습니다. 내가 도착하기 얼마 전에 기계 공장 직원 한 명이 해고되었는데 마치 공개 처형을 하는 것 같더군요. 이 직원은 기계에서 피스톤을 잘못 가공했던 거예요. 내가 품질 관리에 대해 누누이 말했는데도 그 전 해에 프랑스 마그니 쿠르 서킷의 웜업 랩warm-up lap에서 엔진이 폭파했습니다. 그들은 조사를 착수했고, 이 직원은 거의 능지처참에 처해진 채 해고되었습니다. '기준을 지키지 않은 자는 누구나 이런 일을 당하게 될 것이다.'라는 경고였지요.

나는 충격적인 일이라고 생각했습니다. 이것은 시스템의 실패이지 그의 실패가 아니었어요. 나는 이런 일이 다시는 일어나지 않도록 했고, 이것은 루카 디 몬테제몰로와의 유일한 갈등 요인이었습니다. 루카가 우리에게 일어난 문제의 책임자를 찾고 있을 때 나는 말했어요. '루카, 책임자는 나예요. 내가 이 모든 일에 책임이 있습니다. 누군가를 탓하고 싶다면 나를 탓하십시오.' 이 일은 평가 회의에서 일어난 일이었습니다. 그런데 다음 날 신문에 이렇게 실린 겁니다. '브런에게 책임이 있다.' 그때가 루카와 사이가 벌어진 유일한 때였지만 곧 회복했고 이후 우리는 좋은 관계를 유지했습니다.

페라리에서의 시작은 사실상 아주 즐거운 경험이었습니다. 로리 번은 곧장 오지 않고 태국으로 건너가 약 두 달 후에 나와 합류했습니다. 그때가 1996년 말이었고, 우리는 1997년 시즌을 준비하고 있었어요. 페라리에서 일하는 건 내 오랜 열망이었기에, 나는 이 나라와 이곳 사람들과 정말 즐거운 시간을 보내고 있었습니다. 그 사이 가정은 그야말로 정신없이 돌아갔지요. 아이들은 여전히 영국에서 학교를 다녔고, 아내 진은 시간을 쪼개 두 나라를 오갔어요. 유럽 외 지역에서 레이스가 열려 장거리 비행을 하게 되면, 나는 오가는 길에 가족들과 시간을 보내기 위해 비행기로 런던을 드나들었습니다. 우리는 부모님과 그밖에 여러 사람들에게 많은 도움을 받은 덕분에 그럭저럭 자주 만날 수 있었어요. 나중에 페라리 재직 중에 아이들이 대학에 가기 위해 집을 떠나게 되면서 진이 내가 있는 곳으로 올 수 있었습니다.

애덤 파 처음으로 일이 잘 되어가고 있다는 생각이 든 때는 언제였습니까? 페라리에서 '이 차는 내 차고, 이 팀은 내 팀이다, 올해는 우리가 우승할 거다.'라고 처음 느낀 게 언제입니까?

로스 브런 글쎄요, 우리는 첫 해인 1997년 월드 챔피언십 대회에서 거의 우승할 뻔했습니다. 실망스럽게도 1997년과 1998년, 1999년에도 거의 이길 뻔 했어요. 우리는 매년 챔피언십 대회 마지막 레이스에서 우승을 놓쳤습니다. 1999년에는 컨스트럭터 챔피언십에서는 우승했지만 드라이버 챔피언십에서는 그러지 못했어요. 미하엘의 다리가 부러진 해가 바로 그 해였거든요. 경주차 고장이 원인이었는데 정말 속상했습니다. 브레이크 니플brake nipple이 느슨했던 겁니다. 레이스 초반부터 그랬던 거예요. 워밍업 레이스와 실전 레이스 사이에 느슨해진 게 분명했습니다. 재미있는 사실은 그 후 브레이크 니플 디자인이 바뀌었다는 겁니다. 일반 자동차처럼 스크류 니플screw nipples로 말이에요. 지금은 항공기용 드라이 브레이크dry breaks(연결이 풀리면 자동으로 밀폐되는 유압식 접속장치)를 사용하는데, 당연히 계속 사용해야 하는 것으로 지금은 포뮬러 원에서 표준이 되었습니다. 그 해에 우리는 미하엘이 우승을 차지할 거라고 완전히 확신했습니다. 내 생각에 우리 경주차가 최고였으니까요. 에디 어빈이 이 경주차로 마지막 레이스까지 경기를 마쳤는데, 에디가 이 차로 끝까지 레이스를 할 수 있었다면 미하엘도 가능했다는 걸 알 수 있지요.

애덤 파 페라리에 합류한 1996년 말부터 당신이 페라리에서 처음으로 챔피언십을 획득한 1999년까지 우승의 위치에 이르기 위해 어떤 점들에 주력했습니까?

로스 브런 첫째, 우리는 디자인 사무소를 세우고 기술과 관련된 모든 책임을 마라넬로로 옮겼습니다. 엔진팀과 차대팀을 통합했고요. 엔진팀의 새 팀장이 파올로 마르티넬레Paolo Martinelli였는데 그는 통합 접근 방식에 완전히 호의적이었어요. 파올로는 차대는 단지 엔진을 지탱하기 위한 것이라고 믿는 페라리의 보수적인 꼰대가 아니었습니다. 과거에 페라리는 엔진에 주력한 나머지 차대에는 크게 신경 쓰지 않았어요. 통합 방식을 위해 엔진이나 차대가 아닌 차가 있어야 하고 전체를 관리해야 한다는 걸 파올로는 단번에 이해했고 나는 별다른 노력 없이 그를 설득할 수 있었습니다. 우리는 차대 디자인 부서 옆에 엔진 설계 부서를 두었어요. 디자인 사무소를 나란히 설치했지요. 우리에게는 약간의 물리적인 제약이 있었기 때문에 이들을 같은 공간에 둘 수는 없었습니다. 하지만 한 곳에서 다른 곳으로 이동하는 데 걸어서 20야드(약 18미터) 거리에 불과했어요. 프로그램 전체를 지원하는 금속공학 그룹은 하나뿐이었습니다. 우리는 직원들을 이리저리 옮겨 다니게 했습니다. 차대 그룹 직원들을 일정 기간 엔진 그룹에 가서 일하게 하고, 엔진팀 사람들을 일정 기간 차대 그룹으로 보내는 식으로요. 파올로와 나는 작업량을 검토했고 문제가 생기면 서로 도왔습니다.

이렇게 나는 엔진과 차대가 아닌 경주차를 갖겠다는 꿈을 이룰 수 있었습니다. 파올로는 엔진을 담당했지만, 아마 그는 레이싱에 관해서는 내 지시를 따랐다고 말할 겁니다. 파올로는 엔진에 대해 기술적인 책임을 맡고 있었음에도 전략과 접근 방식, 타이밍, 그리고 우리가 시도하려는 영역 측면에서 내가 옳다고 생각하는 것은 무엇이든 지원을 아끼지 않았지요. 나는 언제나 상당히 협의적인 접근 방식을 취했지만 최종적으로는 내가 책임을 졌습니다. 나는 결코 독단적인 자세로 파올로를 찾아가 우리가 앞으로 할 일을 통보하지 않았습니다. 이런 식으로 말하곤 했지요. '파올로, 내 생각은 이런데 당신 생각은 어떻습니까?' 그가 다른 해결책을 가지고 있을지도 모르니까요. 그는 무척 자신만만한 사람이었지만 그렇게 외향적이지는 않았는데, 그런 점이 사람들이 나의 위치를 참고할 기준점을 만들어주었습니다. 우리는 경쟁하지 않았어요. 내가 임명되었을 때 파올로와 나는 직급이 같았기 때문에 이 사실은 중요했습니다. 그런데 우리가 좋은 관계를 유지할 수 있었던 비결은, 책임을 져야 할 사람은 바로 나다, 라고 말할 단계까지 이른 적이 없었다는 겁니다. 그랬다면 어떤 면에서 실패했을지 모를 힘든 관계가 되었겠지요. 파올로는 내가 레이스 트랙에 있었기 때문에 트랙에서 엔진에 문제가 발생하면 내가 최종 결정을 내려야 한다는 걸 인정했습니다.

애덤 파 그러니까 당신이 페라리의 전통적인 엔진과 차대 서열을 뒤집었군요?

로스 브런 그런 것 같군요. 내가 입사하기 전에는 엔진 그룹이 책임을 맡았는데, 이후 성격이 강한 존 버나드가 차대 그룹에 영입되었습니다. 하지만 그는 영국에 거주하고 있어서 그와 엔진 부서 팀장은 밖에서 저녁식사를 함께 하거나 커피를 마실 기회가 별로 없었고 그러다 보니 이런 문제가 생겼지요. 내가 들어오면서, 나는 커피를 마시면서 수다를 떨고 밖에서 저녁을 먹는 등 모든 일상적인 일들을 함께했어요. 나에게는 그게 더 쉬웠습니다. 그곳에 혼자 있었으니까요. 저녁이면 퇴근해서 집에 혼자 있거나 파올로나 다른 사람에게 같이 저녁 먹으러 가자고 청하곤 했지요. 나는 그 기회를 통해 일 이야기도 했지만 약간의 친목도 다졌습니다. 친목은 늘 도움이 되니까요. 그렇게 관계를 쌓으면서 시너지 효과를 얻었고 완벽한 경주차를 제작했습니다. 물론 그 시기에 조직을 강화하고, 공기역학을 연구하기 위해 사람들을 영입하고, 팀도 구축하기 시작했고요.

애덤 파 일을 잘못하면 직장을 잃을지 모른다고 걱정하는 공포 문화는 어떻게 해결했습니까?

로스 브런 그건 점진적으로 해결할 문제이지 단박에 할 수 있는 일이 아니라고 생각합니다. 상사가 먼저 모범을 보여야 해요. 나는 직원들이 나를 로스라고 불러주길 원했고, 그로 인해 직원들은 내가 다르다는 걸 알았습니다. 다른 사람들은 모두 '누구누구 씨'나 '팀장님'으로 불렸으니까요. 한 가지 예를 들면, 배려 차원에서 한 행동은 전혀 아니었지만 나중에 전해들은 이야기가 있었습니다. 나는 작업장에서 어느 기계공에게 화장실이 어디냐고 물었어요. 그는 '상사들 화장실은 2층에 있다.'고 말했고, 나는 '아니, 그냥 화장실이면 된다. 가장 가까운 화장실이 어디냐.'고 물었습니다. 그는 '기계공들이 사용하는 화장실은 저쪽에 있다'고 말했고 나는 그곳으로 갔어요. 하지만 매번 그 화장실을 이용할 필요가 없어서 정말 다행이었다고 말해야겠습니다. 거긴 '프란츠 클라머Franz Klammer(오스트리아 스키 선수 이름을 딴 오스트리아의 스키 활강 코스 - 옮긴이)'도 저리 가라고 할 정도로 경사가 높았거든요.

　의도한 바는 아니었지만 그 일은 직원들의 인상에 남았습니다. 그들은 생각했지요. '저 사람은 허세를 부리지 않는구나, 저 사람은 우리하고 같은 사람이다, 저 사람은 전직 기계공이다, 저 사람은 우리하고 같은 일을 했다.'라고 말이지요. 그들은 내 배경을 알았고, 내가 차를 살펴보고 몇 가지 사항을 말할 때 좋은 방안을 갖고 말하고 있다는 걸 알았습니다.

　경력을 통틀어 나는 화를 낸 적이 극히 드뭅니다. 진은 이렇게 말하곤 했어요. '당신은 직원들보다 가족에게 더 화를 많이 내.' 그러면 나는 이렇게 말했지요. '의식적으로 그래야 하지 않겠어?' 가족에게는 감정을 드러낼 수 있지만 일은 전문적인 영역입니다. 누군가 직장에서 감정적으로 대처한다면 나는 그를 실패한 사람이라고 생각합니다. 사회생활에서는 통제력을 잃어서는 안 됩니다. 솔직히 말하면, 피트 월에 있을 때에도 그렇게 흔들리는 순간이 옵니다. 하지만 그건 상황이 그럴 뿐이에요. 열정이 간과되어서는 안 됩니다. 내 열정과 열의, 그리고 그와 유사한 감정이 드러났길 바랍니다.

　그것이 처음 몇 해 동안의 우선사항이었습니다. 직원들에게 자신감을 되찾아주고, 그들이 무슨 잘못을 했더라도 경영진이 그들을 자르지는 않을 거라는 확신을 주는 것 말입니다. 나는 레이스 다음 날 레이스 평가 회의에서 이 과정을 진행했습니다. 평가 회의에서는 30명 혹은 40명의 직원 모두가 주말 작업 계획, 애로사항 등을 검토한 다음 공장에 국정연설 식으로 요약 보고했어요. 장 토드는 늘 이 평가 회의에 참석해서 직원들을 결집하기 위한 연설을 했지만, 내 연설은 비판적이었고 보다 구체적이었을 겁니다. 그 전엔 극적인 사건이 있을 때만 평가 회의를 열었고 그런 다음 전 직원이 모여서 열띤 토론을 펼쳤습니다. 위기가 닥쳤을 때만 회의가 열렸으니 일관성이 없었는데, 이건 적절하지 않습니다. 과정은 늘 개선되어야 하고, 항상 실행할 수 있는 이런 시스템이 있을 때에야 비로소 개선이 이루어집니다.

 브런 GP에 있을 때, 패딩턴에 있는 세인트 메리 병원으로부터 응급 훈련 과정을 지켜봐 달라는 요청을 받은 적이 있습니다. 우리는 응급실 상황을 설정한 모의 드라마를 보았습니다. 병원 측 취지는 자동차 경주로부터 그들이 배울 수 있는 것, 즉 우리 측에서 기여할 수 있는 어떤 내용을 듣고 싶다는 것이었지요. 그들이 설치한 모형 극장 안으로 중상을 입은 것으로 보이는 한 남자가 들어오자 그들은 재빨리 그를 모델로 삼더군요. 그러고는 그를 구하기 위해 모든 인원이 투입되었고, 곧이어 환자의 상태는 위급해졌습니다. 이 광경에서 나는 몇 가지 흥미로운 점을 관찰했습니다. 첫째는 대체로 팀들이 서로를 잘 모른다는 것이었어요. 그래서 모두가 응급실에 들어올 때 일부는 환자를 책임지지만 그들은 나머지 사람들을 모를 수 있다는 것이었습니다. 주변 사람을 모두 알지 못하는 상태에서 위급 상황에 처하는 설정을 한다는 게 나에겐 이상했습니다. 그렇긴 하지만 그런 위급 상황을 해결할 수 있으려면 그만큼 아주 강력한 설정이 필요했다는 의미였겠지요. 그런데 정말 충격적인 일은 모든 과정이 끝난 뒤에 일어났습니다. 나는 그곳 직원에게 물었어요. '잘한 부분과 그렇지 못한 부분, 문제점들, 해야 할 과제 등을 결정하기 위한 평가 회의는 언제 열립니까?' 그들은 평가 회의를 열지 않는다고 하더군요. 그래서 내가 다시 물었습니다. '하지만 모두 모여서 토론을 해야 하지 않을까요?' '환자가 사망하는 경우에는 그렇게 합니다.' 누군가가 사망했을 때에야 비로소 토론을 한다면 그땐 너무 늦습니다. 그리고 그땐 결과에 대해 걱정하느라 감정적으로 격해진 상태지요. '모든 상황이 정상적인 평소에 회의를 하는 게 어떻습니까? 그러면 개선을 원하는 부분이 전부 눈에 들어올 텐데요.' 그들은 그럴 시간이 없다고 하더군요. 이 말에 나는 충격을 받았습니다. 내가 말했어요. '그건 반드시 해야 할 가장 중요한 일입니다. 과정을 개선하기 위한 시간을 마련해야 합니다. 개선이 이루어질 수 있는 시스템을 마련해야 해요. 문제가 계속 반복된다면 무엇보다 먼저 이런 시스템부터 마련해야 합니다.'

따라서 나는 내가 개발한 시스템이 어쩌면 내가 인정한 것 이상으로 상당히 중요했다고 생각합니다. 레이스 이후 모두가 모이는 월요일 아침 평가 회의는 메시지로 전달되었습니다. 나는 내가 팀장들에게 보낸 메시지가 직원들에게 전달되어야 한다고 주장했어요. 이것이 곧 메시지이고, 우선사항이며, 회의를 한 이유입니다. 또한 나는 브런 GP에서 더블 디퓨저를 사용하는 극적인 사건과 같은 정치적 양상에 대해 직원들에게 개략적으로 설명할 기회를 가졌습니다. 팀의 모든 직원들이 그 일을 걱정하고, 관심을 가졌지요. 그들은 관련자의 입을 통해 무슨 일이 일어나고 있는지 듣고 싶어 합니다.

애덤 파 1999년 초에 당신은 페라리가 그리드 위에서 최고의 경주차를 선보이게 해주었습니다. 1999년에는 두 부분 모두에서 챔피언십을 획득하지는 못했지만 2000년, 2001년, 2002년, 2003년, 2004년에는 그렇게 했지요. 지금까지 두 부분의 월드 챔피언십 대회에서 5년 연속 우승한 최초의 팀이자 유일한 팀이 되었습니다. 이 시기는 어떤 시기였습니까?

로스 브런 이 시기는 우리가 우승을 달성하기 위해 극한까지 노력한 시기였습니다. 많은 문제가 있었지만 우리 팀은 훌륭한 태도로 문제를 다루었어요. 팀 전체에 활기가 넘쳤고 모든 것이 아주 원활하게 돌아가고 있었습니다. 우리는 매해 최상의 분위기를 유지했어요. 경주차를 완성했고, 경주차 개발을 위한 프로그램이 있었고, 곧이어 로리와 그의 팀이 다음 해 경주차 개발에 착수했지요. 우리는 이런 상태를 유지하기 위해 능력과 훈련을 강화하기 시작했고 직원들의 신뢰를 쌓았습니다.

 이 시기에 내가 정말 자랑스럽게 여긴 것들 중 하나는 경주차에 대한 엄청난 신뢰였습니다. 우리는 포뮬러 원 경주차로 할 수 있는 일을 실제로 구축했습니다. 우리는 53차례 연속으로 시상대에 올랐을 거예요. 나이절 스테프니는 신뢰를 매우 중요하게 여겼고, 우승의 여러 이유 중 하나가 바로 그였습니다. 사람들은 여전히 개인적인 관심이 필요하니까요. 모든 시스템이 갖추어져 있다 해도, 우리는 여전히 우리에게 관심을 보이는 사람들이 필요하지요. 그는 우리가 53차례 시상대에 올랐다는 사실을 매우 자랑스러워했고, 그 같은 연속 우승이 막을 내렸을 때 몹시 안타까워했습니다.

애덤 파 그 몇 해 동안 이룬 성공에서 무엇을 배웠습니까?

로스 브런 아주 좋은 질문입니다. 처음 한두 해 성공할 땐, 모두가 우리의 성공을 기뻐할 거라는 걸 기대하고 또 예상할 수 있습니다. '대단한데, 페라리가 이기고 있어. 포뮬러 원이 다시 재미있어지는 걸.' 그런데 이후에도 계속 우승을 거듭하면 사람들은 지루하다, 뻔하다, 스포츠를 망치고 있다면서 불평하기 시작합니다. 나는 이탈리아에 거주하는 열성적인 페라리 팬으로부터 놀라운 편지 한 통을 받았어요. 편지 내용은 이렇습니다. '당신이 내 일요일을 망쳐놓았소. 나는 매주 일요일마다 TV 앞에 앉아 있고, 당신은 레이스마다 승리를 거두고 있으니까. 당신이 지면 나는 실망할 테지만, 난 알지. 당신이 이길 거라는 걸. 몇 년 전에 페라리가 이겼다면, 나는 거리로 뛰쳐나가 친구들과 우승을 축하했을 거요. 그런데 지금은 당신이 내 일요일을 평범하게 만들었단 말이오.'

애덤 파 좋은 소식은, 그분은 지금 행복하겠네요.

로스 브런 더 진지하게 말하면, 처음엔 모두가 행복해 하지만 이내 태도가 바뀌어 우리를 파멸시키려 합니다. 나는 페라리가 모든 대회에서 우승을 휩쓰는 바람에 버니와 맥스가 겪은 문제에 공감합니다. 맥스는 우리가 단지 훌륭한 성과를 올리고 있을 뿐이라는 보다 실용적인 견해를 취했지만, 버니는 스포츠의 상업적인 측면에 대한 충격으로 골머리를 앓고 있었어요. 우리는 5년 동안 모든 레이스에서 우승했고 우리의 우승은 예측 가능한 일이 되었지요. 내 개인적인 생각으로는 제법 좋은 레이스가 진행되고 있었어요. 당시 상황은 사람들이 기억하는 것처럼 단순하지 않았습니다. 우리는 다른 팀들로부터 꽤 적절한 도전을 받기도 했어요. 그 도전의 정치적 측면을 다루고, 어떤 방식으로 양보할지 생각하면서 다른 사람들에게 어느 정도 기회를 허용해야 합니다. 우리가 모든 것에 담을 쌓는다면, 결국 사람들은 담을 무너뜨릴 테고 우리는 아무것도 남지 않을 겁니다. 그러므로 적당히 타협점을 찾고 바뀐 규정들을 받아들여야 해요. 나는 대부분의 규칙 변경에 전혀 개의치 않았습니다. 하나의 조직으로서 우리는 규칙 변경에 누구보다 잘 대처하리라는 걸 알았기 때문이지요.

우리를 위험에 빠뜨린 한 가지 규칙 변경은 한 세트의 타이어로 레이스를 달려야 한다는 2005년에 도입된 규칙이었습니다. 여러 시즌을 거치면서 우리는 단거리 레이스인 스프린트 레이스sprint race에 관한 철학을 발전시켜 여러 차례 피트 스톱을 수행했습니다. 브리지스톤Bridgestone(일본의 타이어 제조회사 – 옮긴이)은 부드럽고 접지력이 우수하며 수명이 짧은 타이어를 개발하고 있었어요. 우리는 작은 연료 탱크를 장착하는 경주차를 개발하고 있었고요. 우리는 이 접근 방식을 최대한 활용하고 있었고, 세 차례 혹은 심지어 네 차례의 피트 스톱으로 레이스를 하기로 했습니다. 우리는 이 방식을 밀고 나갔고, 우리 차 그리고 특히 우리 타이어는 모두 이 방식에 최적화 되었습니다.

그러던 어느 날 우리는 이런 기발한 논의가 이루어지고 있다는 말을 들었어요. '이 타이어들이 전부 낭비되고 버려지면 환경에 해롭지 않은가. 이제부터 연습용과 본선용 타이어를 각각 한 세트씩만 갖는 환경을 만들도록 하자.'고 말이지요.

애덤 파 맥스가 새 규칙을 의도적으로 도입했다고 생각하십니까? 당신의 경주차와 타이어가 스프린트 레이스를 중심으로 만들어졌기 때문에, 대대적인 개혁을 위해서는 새로운 규칙이 그가 휘두를 수 있는 가장 큰 스패너라는 걸 맥스가 알았을까요?

로스 브런 글쎄요, 이것은 맥스와 버니의 합작품이었습니다. 버니는 몰랐을 거예요. 맥스는 그 규칙이 어떤 영향을 미칠지 알았을 겁니다. 우리는 몹시 곤란해졌어요. 우리는 교체 없이 한 번에 주행하는 레이스용 타이어를 만들 고무 소재나 기술을 알지 못했습니다. 사실 다른 타이어 제조회사인 미쉐린은 브리지스톤과 다른 접근 방식을 취했고, 그들의 타이어는 레이스가 거듭될수록 점점 더 좋아졌습니다. 우리가 사용한 타이어는 금세 물러졌고 우리는 충분히 튼튼한 타이어를 만들지 못했어요. 그래서 우리는 2005년 기간 내내 거의 고전을 면치 못했지요. 우리는 그해 말에야 상황이 안정되기 시작했고 마침내 해결책을 찾기 시작했습니다. 레이스 시간을 버틸 경쟁력 있는 타이어를 만들지 못하는 이유를 알아내기 위해 튼튼한 브리지스톤 타이어 제작에 다시 한번 도전해야 했습니다. 연구 센터에서는 브리지스톤 이탈리아에서 일하는 엔지니어를 찾아 영입했고, 그에게 레이스 프로그램에서 높은 수준의 책임을 맡겼습니다. 이런 깊은 통합 과정은 이번에도 문제 해결에 도움이 되었습니다.

상황은 차츰 호전되었어요. 2006년에 우리는 챔피언십 대회에 도전했습니다. 물론 타이어 한 세트로 레이스를 하는 데에는 여전히 어려움을 겪고 있었지만, 우리는 경쟁력이 있었고 몇몇 레이스에서는 우승을 했어요. 그러니 우리는 이랬을 텐데, 우리는 이렇게 했어야 했는데 … 라는 식의 표현은 포뮬러 원에서 일종의 허풍이지요.

애덤 파 적절하지 않은 말이랄까요. …

로스 브런 적절하지 않은 말. 그래요, 그게 옳은 표현이겠군요. 일본에서는 아주 이례적으로 엔진이 고장 났습니다. 챔피언십 대회는 브라질에서 막바지 레이스를 향해 갔습니다. 미하엘은 엄청난 경쟁력으로 주말 내내 누구보다 빠른 속도를 자랑했어요. 그런데 예선전에서 연료 펌프가 고장이 나 10위로 레이스를 출발했지요. 미하엘은 어느 누구보다 빨랐기 때문에 경기장을 흥분시켰는데, 그때 르노 소속인 알론소의 팀 메이트 피시켈라Fisichella와 충돌해 타이어에 펑크가 났어요. 한 랩을 돌 때 펑크가 났기 때문에, 미하엘은 펑크가 난 채로 계속 서킷을 주행해야 했습니다. 모든 드라이버들이 미하엘보다 한 랩 앞서 달렸는데, 그는 피트에서 출발해 그들보다 뒤쳐진 와중에도 4위로 레이스를 마감했습니다. 미하엘은 대단히 멋진 레이스를 펼쳤습니다. 랩을 돌 때마다 속도가 점점 빨라졌어요.

이 경기를 마지막으로 미하엘은 은퇴했습니다. 그러나 내가 하려는 말은, 2006년에 우리는 다시 경쟁력을 갖추었다는 것입니다. 우리는 새로운 상황에 적응했습니다. 세계를 장악하던 그 시기에 내가 배운 것은 우리는 이런 저런 이유로 무너질 수 있다는 것입니다. 다른 팀들이 우리 직원을 빼내거나, 혹은 어쩌면 우리의 성공 이유에 대해 자기만족에 빠지거나, 한눈을 팔거나, 스포츠 정신에 득이 되지 않는다면서 모두가 우리를 비난하며 규칙을 바꾼다거나 하는 이유로 말입니다.

애덤 파 규칙을 바꾸는 과정은 어떻게 이루어졌으며, 당신은 어떻게 대항했습니까?

로스 브런 당시 국제자동차연맹 FIA의 기술 규정♦은 최소 실행일 18개월 전에 다수결에 의해 결정되어야 했습니다. 만장일치로 결정이 이루어지면 실행일이 앞당겨질 수도 있었지만, 한 팀에 의해 실행이 막힐 수도 있었어요. 그러나 타이어는 더 모호한 경기 운영 규정♦의 적용을 받았는데, 아마도 그 규정이 모터스포츠에서 팀의 경쟁력에 막대한 영향을 미칠 거라고 아무도 예상하지 못했기 때문이었을 겁니다. 아무튼 우리는 타이어에 관한 규칙 변경이 매우 심각한 위협이라는 걸 알았습니다. 그리고 이 규칙은 예고 없이 결정되어, 나는 기본적으로 기술적인 측면에서 싸웠습니다. 하지만 정치적인 측면에서도 우리는 이 규칙을 중지하도록 FIA에 요청했을 겁니다. 우리는 수동적인 자세로 대처하지 않았을 거예요. 하지만 우리가 항의하면 할수록 그들은 더 만족스러워했습니다.

문제는 이뿐만이 아니었어요. 특히 최강의 자리를 유지한 지 5년째 되던 해의 후반에 우리는 내내 두들겨 맞고 있었습니다. 이럴 때 사람들은 끊임없이 자신을 방어하고 문제를 회피하지요. 하지만 기술 규정은 내 책임의 일부였습니다. 나는 이렇게 생각했어요. '그들은 규칙에 따라 이것을 하길 바란다. 이것은 분명 우리를 겨냥하는 것이므로 진로를 약간 벗어나 우리가 다룰 수 있는 방식으로 이 일을 해결하자.' 역설적이게도 우리의 최악의 적은 바로 우리 자신이었습니다. 브리지스톤과 페라리의 관계가 너무 가까웠기 때문에 다른 팀들은 공정한 대우를 받지 못할 거라고 느끼고는 어디에서도 브리지스톤을 이용하지 않은 겁니다. 사실 브리지스톤과 처음으로 함께 한 주요 팀은 맥라렌이었지만, 우리는 대단히 훌륭한 협력 관계를 맺음으로써 맥라렌을 몰아냈습니다. 그러므로 어떤 면에서는 우리가 이런 환경을 만들었던 거예요. 우리가 브리지스톤을 거의 독점했다고 볼 수 있었기에 모두들 한 세트 타이어 규칙이 훌륭한 아이디어라고 생각했습니다.

애덤 파 변경 사항을 통과시키기 위해 FIA는 그 사항을 발의해야 했고, 팀들 중 과반수와 버니가 참여해야 했습니다. 그런 다음 이 사항은 F1 위원회, 그리고 페라리가 매우 강력한 영향력을 행사했던 세계 모터스포츠 위원회World Motor Sport Council에 전달되었지요. 그리고 어쨌든 콩코드 협정에서 페라리도 규정 변경에 거부권이 있었기 때문에 이론적으로 당신은 변경을 중단할 수 있었습니다. 하지만 당신은 거부권을 사용하지 않았지요.

로스 브런 아마도 나는 우리가 모터스포츠에 별 도움이 되지 않고 있다는 걸 무의식적으로 깊이 인식했던 것 같습니다. 우승은 우리의 책무였습니다. 우승은 우리의 존재 이유였어요. 하지만 우리가 하고 있는 일들 때문에 정작 모터스포츠가 더 나빠지고 있다면, 우리를 이길 상대가 아무도 없다면, 당신이라면 그런 상황을 받아들이면서 '챔피언십 타이틀을 몇 차례 차지할지' 결정할 수 있을까요? 그것은 의식적인 결정이 아니었습니다. 나는 '그들이 한 해 동안 우리를 망치려 들 테지만 …' 따위의 생각은 결코 하지 않았습니다. 하지만 그즈음 이런 의심이 들었습니다. '우리가 스포츠를 망치고 있는 게 아닐까?' 하고 말이지요.

애덤 파 루카와 장과 함께 자리에 앉아서 전략적으로 대화를 나눠본 적이 있으십니까? '이 일은 우리에게 아주 심각한 위협이다. 우리에게는 거부권이 있다. 우리는 이 일을 막을 수 있다.'고 말입니다.

로스 브런 나는 당시 우리에게 거부권이 있다는 걸 몰랐습니다. 우리는 거부권을 사용하지 않았고, 장도 거부권을 사용하지 않았을 거라고 생각합니다. 우리는 그것이 잘못이라는 걸 알았으니까요.

애덤 파 내 생각에 페라리는 2009년 후반에 거부권을 사용하려 했던 것 같습니다. FIA가 2010년 챔피언십 대회를 위한 규칙을 도입하지 못하도록 막기 위해서 말이죠.

로스 브런 나는 페라리 경력 후반까지도 거부권에 대해 몰랐습니다. 우리는 규칙 도입을 막기 위해 할 수 있는 최선을 다하자는 식의 대화를 나눴을 겁니다. 하지만 모터스포츠를 위해 새로운 규칙을 받아들여야 한다는 걸 무의식적으로 알고 있었는지도 몰라요. 한동안 모터스포츠를 장악하던 시기를 보내고 나면 이제는 스스로를 방어하기 시작하지요. 그런 일은 항상 자잘한 방식으로 일어납니다. 가령 어느 팀이 경쟁적으로 우위에 있다면, 다른 팀들은 그 팀을 제거하기 위해 규칙을 변경하려 할 겁니다. 내 역할 중 일부가 그런 것이었어요. 다른 팀에 유리한 방향으로 규칙이 전개되는 걸 보면, 나는 그 규칙을 반대 방향으로 되돌리려 했습니다. 내가 2013년 말 메르세데스를 떠날 무렵, 우리는 우리가 강력한 경쟁력을 갖게 되리라는 걸 알았어요. 그때 나는 토토 볼프*에게 말했습니다. '당신은 많은 도전을 받고 있다. 그리고 앞으로 받게 될 가장 큰 도전 중 하나는 정상의 자리를 정치적으로 유지하는 것이다.'라고요. 나는 그에게 이 문제를 어떻게 해결할지 지금부터 생각해야 한다고 말했습니다. 그의 머리 위로 포탄들이 터지기 시작할 거라고 말이죠.

아무튼 이렇게 모터스포츠를 완벽하게 장악하던 시기가 지나고, 2005년은 정말 힘든 해였습니다. 팀이 레이스에서 연승을 멈추고 나면 팀을 결집해야 합니다. 헝가리 레이스가 기억나는군요. 헝가리의 트랙은 타이어가 견디기에 무척 딱딱한 최악의 트랙이에요. 나는 무전을 통해 미하엘에게 말했어요. '차를 옆으로 빼. 다른 차들이 바싹 붙으려고 하잖아.' 그러자 미하엘이 말하더군요. '아니, 농담하지 마세요. 지금 장난해요? 이런 식이면 우린 계속 일 못해요.' 미하엘이 무선으로 이런 말을 하는 경우는 아주 드물었는데 그만큼 그는 무척 불만스러운 상태였습니다. 이것은 우리가 이미 한계에 이르렀다는 증거예요. 팀을 결집하기 힘든 해였습니다.

2005년에 그 모든 일을 겪는 동안 나는 나 자신의 위치에 대해 조금도 위협을 느끼지 않았습니다. 나는 계약이 보장되어 있다고 늘 확신해왔지만, 사실 내 계약 문제는 갱신될 때만 논의되었습니다. 나는 페라리가 다른 누군가와 접촉하고 있다고 느낀 적은 한 번도 없었습니다. 장을 전폭적으로 신뢰했지요. 그 점에서 루카를 깊이 신뢰했고 그를 해석할 수 있었습니다. 문제가 그렇게 심각했다면 내가 알았을 거예요.

2005년에는 우리의 성적 부진에 매우 구체적인 이유가 있다는 것이 도움이 되었습니다. 협력 관계와 통합에 대해 내가 누누이 말했는데도 불구하고, 브리지스톤에 레이싱 형태에 적합한 타이어가 없다는 것이 문제였습니다. 그러나 우리는 결코 브리지스톤을 비난하지 않았고 그것은 매우 중요했습니다. 그런 식으로 파트너를 비난하기 시작하면, 실제로는 그렇지 않은데도 우리가 그들을 재촉한다고 느낄 수도 있습니다. 그 시기에 브리지스톤은 언제나 '우리, 우리, 우리'였고 결코 '그들'이 아니었어요. 그리고 그것은 르노를 대하는 데 있어서 레드불의 약점이었지요. 레드불은 르노처럼 튼튼한 엔진 파트너가 없었다면 수차례의 챔피언십 타이틀 획득이 불가능했을 테지만, 그들은 르노의 공을 충분히 인정한 적이 없었습니다. 그리고 성적이 떨어진 후 압박을 받자 둘의 관계는 즉시 깨졌지요. 2005년에 나는 우리 모두가 다함께 파트너라는 걸 보여주기 위해 의식적으로 노력했고 모두가 그랬습니다. 우리 회사에는 차량 동역학 분야에 정통한 책임자가 있었습니다. 나는 그 사람을 잘 알았고 지금도 개인적으로 알고 지내는데, 나중에 그가 이런 말을 하더군요. 언론이 들썩이던 2005년에 우리가 용케도 팀을 결집했던 것이 그에게 가장 인상 깊었다고 말이에요. 그에게는 2005년에 팀을 결집하고, 2006년 레이스에서 여러 차례 우승을 하고, 2007년에 다시 챔피언십을 차지한 것이 이제까지의 모든 챔피언십을 제패한 것보다 더 큰 성과였습니다. 그것은 또 다른 우승이었지요. 나는 그 전 해에 팀을 떠났지만, 여전히 내 차였고 내 팀이었습니다. 2014년에 드라이빙 투어를 위해 이탈리아에 갔을 때, 챔피언십을 차지한 내 경주차들이 모두 페라리 박물관에 전시되어 있었어요. 나는 이 경주차들 앞에서 사진을 찍었습니다. 2007년 경주차도 포함되었는데, 그들은 그 차가 내 차이기 때문이라고 아주 정중하게 말하더군요.

애덤 파 2005년 새로운 타이어 규칙의 아이러니한 결과들 중 하나는 그 해 인디애나폴리스에서의 처참한 레이스였습니다. 그 레이스는 미국 포뮬러 원의 대의를 매우 심각하게 훼손시켰지요. 미쉐린 타이어는 서킷의 고속 경사 구간에서 안전하지 않았기 때문에 레이스에는 페라리와 브리지스톤 타이어를 사용하는 다른 두 팀만 참석했습니다. 서킷에 시케인chicane(자동차 속도를 줄이기 위한 이중 급커브길 - 옮긴이)을 설치하자는 의견이 있었지만 FIA가 허락하지 않았을 거예요. 그 레이스에 참가하기로 결정한 것에 대한 의견을 듣고 싶습니다.(2005년 포뮬러 원의 인디게이트Indy-Gate: 당시 포뮬러 원 팀들은 미쉐린과 브리지스톤 두 타이어 제조업체의 타이어를 선택해 사용했는데, 예선전에서 미쉐린 타이어가 터져 사고가 발생한다. 그러나 미쉐린 본사에서는 해결책을 내놓지 못하고 FIA에서는 규정대로 레이스를 진행하라고 촉구하자, 본선 레이스에서 미쉐린 타이어를 사용하는 팀들이 보이콧을 선언하고 브리지스톤 타이어를 사용하는 페라리, 조던, 미나르디 팀의 드라이버 여섯 명만 경기에 참가했다. - 옮긴이)

로스 브런 우리는 아무런 결정도 내리지 않았습니다. 그 시기에 우리는 계속되는 타이어 규칙 문제에 하도 시달려서 기분이 몹시 상해 있었어요. 그래서 한 세트 타이어 규칙의 가해자들에게 문제가 생겼을 때 딱히 동조하고 싶지 않았습니다. 포뮬러 원으로서는 끔찍한 일이었지요. 아마 우리는 어떤 해결책이든 제시되는 대로 따랐을 겁니다. 시케인을 설치하자는 말이 있었고, 솔직히 우리는 이 의견에 크게 반대하지 않았던 것 같아요. '다른 타이어 제조업체가 좋은 타이어를 만들고 있고, 인디Indy카 레이싱(자동차 경주 중 가장 빠른 속도로 달리는 세계 최고의 경주 - 옮긴이)에서도 안전한 타이어를 설계하는 것이 완벽하게 가능하다는 것이 입증된 마당에, 타이어 제조업체 한 곳에 맞추기 위해 시케인을 설치할 수는 없다.'고 말한 사람은 맥스였습니다. 맥스는 이 서킷이 시케인에 대해 안전성 승인을 받지 않았다는 사실도 우려했어요.

경주차에 대한 의견을 말하면, 만일 당신이 트랙의 특성 때문에 차에 이상이 생긴다는 걸 발견했다면, 포뮬러 원을 위해 트랙을 바꾸겠습니까? 모터스포츠를 위해 우리는 분명히 뭔가 다른 조치를 취했어야 했지만, 상황은 점점 악화되고 교착 상태에 빠져 원론적인 결정에 이르게 되었습니다. 그 주말에 페라리에서 우리는 잠시 뒤로 물러나 일이 진행되는 대로 두고 보았던 것 같습니다. 나는 그 일은 우리 손을 떠났다고 여겼어요. 그런 점에서 우리는 수동적이었지만, 우리에게 불리할 게 뻔한 해결책을 권장하지는 않았습니다.

애덤 파 당신의 철학은 이겨야 한다는 것이었지요. 그러고 보니 당신이 패배를 초래하는 일을 했다는 증거를 별로 본 적이 없군요.

로스 브런 경기 당일이 되면 이기기 위해 경기장에 나갑니다. 하지만 충분한 시간적 여유가 있다면, 무엇이 F1을 위하는 길인지에 대해 약간은 더 호의적인 견해를 갖게 되지요. 나는 가슴에 손을 얹고 진심으로 말할 수 있습니다. 18개월이라는 시간이 있었기에 모터스포츠를 위하는 길이 무엇인지 기꺼이 생각해볼 수 있었다고 말입니다. 당장 내일 일어날 일이었다면 그러기 어려웠을 거예요. 그것은 또한 우리의 대응 능력이기도 했습니다. 한 세트 타이어 규칙이 2년의 시간 뒤에 만들어졌다면, 우리는 덜 동요했을 테고, 해결책을 생각할 시간이 더 많았을 테고, 따라서 브리지스톤에게 더 공정했을 거예요. 그것이 차이를 만들지 여부는 또 다른 문제이며, 한창 논쟁에 휘말리기 전까지는 우리가 어디에 있는지 어떻게 대응해야 할지 알 수 없지요. 우리는 우리의 원래 실력을 회복하기 위해 브리지스톤에 모든 자원을 쏟아 부었습니다. 기간이 더 길었다면 우리가 그렇게 했을까요?

애덤 파 2006년 말, 내가 윌리엄스에 합류했을 때 당신은 막 페라리를 그만두었습니다. 2007년부터는 브리지스톤이 타이어 독점 공급 업체로 선정되어 모터스포츠 전체에 표준 타이어를 공급하게 되었지요. 짐작건대 이것은 당신에게 이로운 결정이었을 텐데, 실제로 도움이 되었습니까?

로스 브런 우리는 타이어 전쟁에서 싸우고 있다. 그리고 우리는 브리지스톤을 거의 독점하고 있다는 사고의 흐름이 있었을 겁니다. 그러나 당시 진행되고 있는 일에는 더 큰 그림이, 즉 큰 비용 문제가 있었습니다. 타이어 개발은 비용이 많이 드는 일이었고 우리는 매주 나와서 타이어를 테스트 했습니다.

페라리에서 배운 것들 중에서, 내가 준비되지 않은 것 한 가지가 바로 언론의 주목을 받는 것이었습니다. 이탈리아에는 세 가지 종교가 있는데 그중 하나가 축구이고 다른 하나가 페라리예요. 페라리 시절 초기에 한번은 공항에 갔었는데, 바닥을 청소하던 남자가 나를 세우더니 페라리 성적이 왜 그 모양이냐며 나를 질책하는 겁니다. 나중에 우리가 첫 번째 챔피언십을 획득해서 볼로냐 공항에 돌아왔을 땐 수천 명의 사람들이 페라리의 승리를 축하하기 위해 그곳에 모여 있었고요. 그건 대비할 수 있는 수준이 아니에요. 마라넬라 주변의 모든 커피바에는 기자들이 최신 소식을 알아내기 위해 하루 온종일 앉아 있었어요.

내가 합류했을 땐 모든 상급 관리자들은 팀에 관해 보도된 신문 내용을 알고 있어야 한다는 견해가 있었습니다. 매일 책상 위에 신문 스크랩이 철해져 놓여 있곤 했지요. 그 두께가 1인치쯤 됐을 테고, 레이스가 있는 주말에는 2인치, 특별히 논란거리가 많은 주말에는 3인치쯤 됐을 거예요. 내가 그곳에서 일하던 초기엔 모두들 커피를 마시며 기사 스크랩을 읽느라 오전 한두 시간 동안은 제대로 일을 할 수가 없었어요. 나는 이건 어처구니없는 짓이다, 머릿속을 온통 언론으로 가득 채우다니 제정신이 아니다, 라고 말했고 이런 분위기를 중단시켰습니다. 그건 일종의 제스처였어요. 사람들은 여전히 자신이 원하면 정보를 얻을 수 있었지만, 나는 우리가 직원들에게 잘못된 메시지를 보내고 있다고 생각했습니다. 언론을 무시할 수는 없지만, 그건 해당 부서에서 해결할 문제이지 회사 전체가 나설 일은 아니라는 겁니다. 직원들에게 메시지를 전달할 필요는 있지만, 그 출처가 언론이 되어서는 안 되는 거지요.

애덤 파 페라리를 떠나기로 결정한 본질적인 이유는 무엇이었습니까? 당시 당신은 불과 52세였는데요. 그만둔 이유가 무엇입니까?

로스 브런 여러 가지 요인이 있었습니다. 나는 페라리에서 일하기 좋은 기간은 10년이라는 견해를 갖고 있었어요. 나는 페라리에서 훌륭하고 만족스러운 지위에 있었고, 성공했고, 모두와 좋은 관계를 맺었습니다. 나는 회사가 발전하고 있을 때 떠나야 한다고 생각했고, 우리는 2006년에 거의 우승에 가까운 성적을 거둔 뒤 2007년에 곧바로 우승했습니다. 2004년 말에 나는 루카와 장에게 2006년 말에 그만두겠다고 말했어요. 다른 곳으로 옮길 시기, 새로운 도전을 마주할 때였지요. 두 딸이 결혼해서 곧 손자들을 보게 될 예정이라는 이유도 있었고요. 당시 진이 이곳저곳으로 끌려 다니고 있었거든요. 나는 이탈리아를 사랑했지만 영국이 그리워지고 있었습니다. '이제 대략 10년이 다 되어가는군요.'라고 말하며 충분한 시간을 두고 퇴직을 통보하고 '내가 없어도 돌아가는 조직을 만들자.'고 의견을 제시하는 게 좋을 것 같았습니다.

떠나는 게 아쉽지는 않았습니다. 장과 루카는 내 마음을 바꾸도록 설득하기 위해 많은 애를 썼지만 그들의 설득은 이치에 닿지 않았어요. 승계 계획을 세우기가 조금 힘들었습니다. 마지막 두 해 동안의 도전은 나에게 대단한 것이었는데 그래서 더 노력을 기울였습니다. 무엇보다 나는 내가 할 수 있는 가능한 최고의 위치에 페라리를 남겨두고 떠나기 위해, 고개를 높이 들고 당당하게 떠나기 위해 더욱 페라리에 전념했습니다. 송별회는 굉장했어요. 그리고 정말 좋았던 건 내가 다시 돌아왔을 때 나를 기쁘게 맞아주었다는 것입니다. 2014년에 돌아왔을 때, 루카는 내 친구들 모두를 위해 성대한 순회를 돌았지요. 나는 기계공들과 엔지니어들과 만났고 우리는 눈물을 흘리며 멋진 추억을 나누었습니다.

애덤 파 승계 계획에 대해 이야기하고 싶습니다. 당신은 챔피언십 대회 우승 경주차를 남겨두고 페라리를 떠났습니다. 팀의 월드 챔피언십 우승 가능성을 유지하기 위한 적절한 구조와 인력도 남겨두었습니까?

로스 브런 나는 떠날 때 내가 생각해둔 최적의 구조를 확인했습니다. 당시 세 명의 핵심 인물이 있었어요. 알도 코스타, 나이절 스테프니, 마리오 알몬도Mario Almondo는 모두 그 시기에 내 오른팔들이었지요. 로리도 전보다 회사에 시간을 덜 쏟게 되었어요. 아이가 아직 어렸거든요. 우리는 구조를 만들었습니다. 스테파노는 총감독이 될 예정이었습니다. 장이 일반 자동차 분야로 옮겨가서 스테파노가 총감독이 되는 것이 더 확실했지요. 승계 계획은 마련되어 있었습니다. 문제는 승계 계획이 어떠해야 하는가에 대한 내 견해였습니다. 사실 내가 떠날 때 이 계획도 바뀌었고, 견해도 바뀌었으며, 내가 예상한 구조로 전개되지도 않았습니다. 직원들 사이에 내부적인 갈등도 있었어요. 내가 재직했을 땐 그들에게 확고한 지도자가 있었으니까요. 나는 회사를 나온 뒤에도 여전히 리더십이 작동할 거라고 생각했지만 그렇지 않았습니다. 다들 너무 오랜 기간 동일한 수준에서 함께 일해왔기 때문이지요. 알도, 마리오, 그밖에 다른 사람들 사이에서 내부 갈등이 시작되었습니다. 그 결과 알도가 그만두게 되었어요. 나이절 스테프니는 자신이 더 높은 지위를 얻지 못해 불만이었고요. 그는 감당하기 어려운 사람이었어요. 내가 어찌어찌 그를 다루었지만 이제 그는 어디로 튈지 모르는 사람이 되었습니다.

그들을 하나로 뭉치게 해준 결속력은 내가 그만두자 사라졌습니다. 내가 그걸 예상할 수 있었는지는 모르겠어요. 그만둘 무렵 나는 승계 계획을 마련하고 2주간 자리를 비웠는데, 그 사이에 그들은 우리가 합의한 내용을 바꿔버렸습니다. 내가 그만두면 어떤 일이 일어날지 이런 식으로 조짐이 드러나기 시작한 거지요. 일단 회사를 그만두면 그만둔 당사자는 승계 계획을 실행할 수 없습니다. 자연스럽게 질서를 찾아갈 거라는 내 기대는 내가 떠난 후에 제대로 충족되지 않았던 것 같아요. 회사는 계획대로 돌아가지 않았습니다. 이제 알도, 마리오, 나이절 스테파노는 더 이상 그곳에 없습니다.

나는 제임스 앨리슨James Allison이 장차 훌륭한 기술 감독이 될 가능성이 있다고 생각합니다. 지금 페라리 직원들과 대화하면서 알 수 있는 분명한 사실은 그가 직원들의 존경을 받고 있고, 매우 헌신적이고 열정적이며, 포용력이 아주 넓다는 거예요. 어떤 면에서 그는 나하고 비슷한 유형이지요. 어쩌면 나만큼 팀 외부에서 정치적으로 적극적이지 않을 수도 있지만, 그건 시대와 나이가 그러니까요.

페라리 상황을 반영하는 흥미로운 일이 있는데요. 제임스를 영입한 뒤 곧이어 그들은 에이드리언 뉴이에게 레드불을 나와서 페라리에 합류하도록 설득했습니다. 이 일로 제임스는 크게 화를 냈지요. 그에게 정확한 메시지를 전하지 않음으로써 그의 신뢰를 깨뜨린 겁니다. 그리고 나는 이것이 페라리의 현재를 어느 정도 반영한다고 생각합니다. 지금의 페라리는 내가 몸담았을 때처럼 견고하고 냉철하며 자신만만하지 않아요. 하지만 나는 그들이 제임스에게 신뢰를 얻길 바랍니다. 그래야 성공할 수 있을 거예요. 엔지니어들과 함께 뛰어다니기엔 프로그램들이 너무 길어요. 일관성이 필요하지요.

2006년 말 안식 기간을 맞았을 때 나는 아내와 세계 여행을 하고 싶었습니다. 알다시피 포뮬러 원에서 우리는 전 세계를 여행하지만 공항과 호텔, 서킷 외에는 아무것도 보지 않지요. 하지만 나는 여전히 F1에 대한 열정과 에너지로 가득했습니다. 나는 루카와 장 토드가 여름에 만나자고 했던 말에 동의한 터라, 2007년 6월인가 7월에 그들을 만났습니다. 그때 나는 페라리로 돌아갈 의향은 있지만 내가 맡기에 적당한 자리는 총감독뿐일 거라고 말했습니다. 하지만 마음이 조금 불편했어요. 스테파노 도메니칼리Stefano Domenicali는 좋은 친구이고 이 역할을 맡기 위해 대기하고 있었으니까요. 결국 우리는 이 일을 더 이상 거론하지 않기로 서로 결정했습니다.

그 사이 닉 프라이(혼다 F1 팀 CEO)가 나에게 계속 전화를 걸어왔어요. 사실 그는 내가 페라리에 있을 때에도 전화를 했었습니다. 하지만 그 해 가을은 통화를 해도 될 것 같았어요. 당시 혼다를 보면, 그들은 필요한 것을 모두 갖추었지만 점수를 얻지 못했어요. 나는 그들이 가진 시설을 잘 알고 있었고 닉은 대단히 설득력이 있어서, 결국 나는 그를 만나러 갔고 단숨에 일을 마무리 지었습니다.

우리는 이사회를 만나기 위해 이틀 동안 일본을 여행했습니다.

1년 뒤인 2008년 11월에 우리는 혼다의 결정에 큰 충격을 받았습니다. 그 사이에 아무런 낌새도 알아차리지 못했거든요. 우리는 분위기가 암울하다는 걸 알았습니다. 닉과 나는 잉글랜드 슬라우의 한 호텔에 가서 혼다 모터스포츠 사장을 만나라는 이상한 초대를 받았습니다. 사장은 방에 혼자 있더군요. 그는 확실히 매우 감정적인 사람이었는데, 언짢은 표정으로 곧장 이렇게 말하는 겁니다. '여러분 죄송합니다. 계획을 중단해야겠습니다.' 우리는 잠시 후에야 이 말을 이해했지요. 내가 말했어요. '우리가 어떻게 하면 됩니까? 무엇을 하길 원하시나요?' '나와 함께 가시겠습니까?' 그래서 우리는 아주 긴 테이블이 있는 방으로 들어갔습니다. 그곳에는 팀을 폐쇄하기 위해 모인 전체 변호인단 외에 여러 사람들이 있었어요. 잠시 후 우리는 팀 인사담당자와 우리 측 법무이사, 재무이사와 연락을 취했고, 그들이 모두 슬로우에 도착한 뒤에 회의를 시작했습니다.

팀의 직원 수대로 따라야 할 협의 과정이 있었는데, 누가 브래클리 사람인지 누가 혼다에서 온 사람인지 구별이 되지 않았습니다. 하지만 우리는 이 전문가 집단 앞에 있었고, 그들은 우리에게 '당신들은 돌아가서 불 끄고 모든 직원을 집에 보내라.'고 말하는 겁니다. 그러자 우리 팀 인사담당자가 '그럴 수 없다. 우리는 이 과정을 거칠 거다. 당신들은 전 직원에게 3개월 전에 통보하고 협의 과정을 거쳐야 한다.'고 말했습니다.

덕분에 우리는 잠시나마 한숨 돌릴 수 있었지만, 자금을 지출해도 좋다는 의미는 아니었습니다. 우리가 얻은 첫 번째 성과 중 하나는 혼다를 설득한 것이었습니다. 우리가 팀을 매각할 수도 있지만 계속해서 자동차를 디자인할 수 있는 능력을 보유해야 하며, 그것을 중단할 경우 혼다는 아무것도 얻지 못할 게 분명하다고 말입니다. 그들은 팀을 매각할 수 있을 거라고 믿지 않았지만, 우리가 겨울을 견디고, 팀의 명맥을 유지하기 위해 제작과 디자인 과정 전체를 진행할 수 있도록 우리에게 200만 파운드를 지급했습니다.

우리가 인수자를 찾는다는 사실이 널리 알려지자 기회주의자들이 밀려들었습니다. 닉과 나는 이런 사람들과 논의하고 협상하느라 많은 시간을 보냈고, 그러는 동안 진지한 선택안이 거의 없다는 사실이 점점 분명해졌습니다. 이 일은 크리스마스이브에 정점을 찍었습니다. 그날 한 남자가 커다란 전용 헬리콥터를 타고 도착했어요. 짐작건대 그리스의 해상 왕족 출신 같더군요. 그는 자신의 계획을 상의하기 위해 닉과 나를 비싼 음식점으로 데리고 갔습니다. 우리는 전 세계 왕족의 대부분을 알고 있는 재키 스튜어트에게 이 남자가 누구인지 알아봐줄 수 있겠냐고 부탁했습니다. 결국 이 남자는 실존하지 않는 인물이고 신분을 속였다는 사실이 밝혀졌어요. 그는 지금 아일랜드 은행들에서 수백만 달러를 빼낸 뒤 사기죄로 수감 중입니다. 우리는 포츠머스 축구 클럽을 소유한 러시아의 상류층도 만났습니다. 이런 종류의 사람들을 만나고 있었어요. 우리는 포뮬러 원을 상어가 우글거리는 바다에 빗대어 이야기하는데, 이건 다른 종류의 상어였지요.

이런 사람들을 만나느라 좌절감만 깊어지던 어느 날, 마침내 우리가 직접 인수해야겠다는 생각을 하기 시작했습니다. 직접 인수할 경우 필요한 자금에 대해 계획을 세우기 시작했어요. 팀을 폐쇄할 경우 혼다가 지불해야 할 비용 대비 우리가 경영권을 갖기 위해 혼다에게 요구해야 할 금액과 책임, 위험, 가능성 등에 대해서 말입니다. 우리는 계획을 세웠고, 이 계획이 실행 가능하다는 것을 혼다 이 사회에 납득시켰습니다. 혼다는 정확하고 윤리적인 회사입니다. 그들은 3년 계약으로 나를 데려와서 1년 만에 팀 전체를 폐쇄해야 하는 현실에 난처해했지요. 우리의 설득으로 혼다가 동요하자, 우리는 혼다에게 한쪽 방향을 선택할 경우 x의 비용이 들고, 다른 쪽 방향을 선택할 경우 y의 비용이 들며, 팀은 계속 존속하리라는 걸 보여주었습니다.

그 시기에 몹시 뿌듯했던 건 팀원들의 태도였습니다. 우리는 모든 직원에게 이렇게 설명해야 했어요. '괴로운 사실이지만 우리는 혼다의 결정에 따라야 합니다. 하지만 우리가 이후 3개월 동안 온 힘을 기울여 일하지 않는다면, 우리는 매각할 게 아무것도 없을 테고 지금 당장 회사 문을 닫는 것이 나을 겁니다.' 직원들의 태도는 매우 훌륭했습니다. 그토록 어려운 상황 속에서 그들의 헌신적인 모습을 보고 있노라니 정말 뿌듯하더군요. 우리는 3개월의 시간 동안 회사에 헌신했습니다. 만일 그 당시 우리가 계획대로 해내지 못해서 팀을 매각할 수 없었다면 전 직원이 해고수당을 받았을 거예요. 그랬다면 모두가 조금 편했겠지요. 하지만 그들은 그 이상의 다른 방법을 선택했습니다. 사람들이 전진하거나 후퇴하는 모습을 보는 일은 흥미로웠습니다. 한두 사람은 불확실한 상황을 극복하려 하지 않았고, 나머지 사람들은 이런 상황을 즐겼습니다. 됭케르크 정신 Dunkirk spirit 으로 말이지요. 그 시기에 직원들은 통제할 방법이 없는 것들은 무시하면서 정말 훌륭하게 일을 해냈습니다. 우리가 앞으로 나갈 방향에 대해 논의를 이끌기 위해 모인 그룹에는 작업 현장에서 일하는 팀원들도 일부 포함되어 있었다는 걸 덧붙여야겠군요.

우리는 또한 혼다 엔진을 대체할 엔진을 선택해야 했습니다. 메르세데스와 페라리에 문의했지요. 페라리 엔진은 전년도 버전이었을 거예요. 우리 경주차에는 전혀 맞지 않았지요. 메르세데스는 그해 버전의 엔진을 제공했는데 우리 차에 훨씬 적합했고, 그들은 우리와 같은 지역에 있었습니다. 마틴 휘트마시, 론 데니스◆, 노르베르트 하우Norbert Haug는 우리에게 지원을 아끼지 않았습니다. 우리가 일을 진행하기 시작했을 때, 메르세데스는 우리가 디자인에 착수할 수 있도록 도면을 제공했습니다. 하지만 우리가 팀을 인수하자 노르베르트가 와서, 메르세데스 이사회의 우려가 있으니 우리가 전체 시즌에 대한 비용을 선불로 지불해야만 일을 진행할 수 있다고 말하더군요. 그래서 우리는 그에게 약 800만 유로를 지불했습니다. '알겠습니다. 내일 지불하지요.' 나는 그렇게 말했습니다. 그리고 그 자리에서 모든 일이 해결되었어요.

우리는 2009년 시즌을 위해 테스트를 시작했을 때, 우리 경주차가 챔피언십 우승 가능성이 있다는 걸 알았습니다. 우리는 2009년 첫 테스트에는 참가하지 않아서 다른 팀 기록만 살펴보고 있었어요. 썩 인상적인 기록은 보이지 않았지만 현장에 있지 않으면 결코 알 수 없지요. 우리는 우리에게 부족한 점이 무엇인지, 두 번째 테스트에서 다른 팀과 함께 할 때 우리가 얼마나 현실을 직시하게 될지 확인하는 데 무척 관심이 많았습니다. 테스트가 시작되자 예상대로 우리의 기록은 아주 좋았습니다. 평균 연료량으로 말이지요. 대체로 내 방침은 기록표를 실제보다 돋보이기 위해 테스트를 가볍게 다루어서는 안 된다는 것이었습니다. 테스트할 때 누군가를 혼란스럽게 만들겠다는 전술적인 목적으로 테스트에서 기록을 향상시키는 것도 아주 특이한 경우겠지만, 늘 하던 방식에서 벗어나는 것은 결코 내 방침이 아니었습니다.

우리는 초기에 여러 차례 작은 충돌을 겪었는데, 모두 앞에서 언급한 기회주의자들 때문이었습니다. 그 후에 일어난 충돌은 리처드 브랜슨Richard Branson과 버니를 상대로 한 것이었습니다. 우리 팀 평판이 좋아지자 리처드는 팀을 후원하겠다며 우리에게 접근하더군요. 하지만 우리가 혼다와 계약을 맺기 전, 그는 우리를 제치고 팀을 매수하려 했어요. 조금 유감스럽기는 해도 우리는 관계를 유지하긴 했습니다. 리처드는 에이드리언 레이너드Adrian Reynard와 공모했어요. 둘은 친한 친구 사이였지요. 나는 에이드리언이 혼다 사장에게 쓴 편지를 어딘가에 보관하고 있습니다. 우리는 책임감 있는 소유주가 될 수 없을 테고, 책임감 있는 소유주로는 리처드가 훨씬 자격이 있다는 걸 혼다는 명심해야 한다는 내용이었어요. 혼다 사장은 친절하게도 나에게 그 편지를 주면서 '좋을 대로 이용하라.'고 말하더군요. 그는 에이드리언이 어떤 인물인지 알았고, 나와 에이드리언에 대해 평을 달리했습니다.

리처드 브랜슨은 팀 인수에 관한 제안을 논의하기 위해 런던 회의에 혼다 사람들을 초대했습니다. 그는 내가 그 사실을 알고 있다는 걸 몰랐지만, 혼다 직원이 나에게 계약이 이루어질 수 있으니 같이 가서 협상을 도와달라고 부탁했지요. 물론 나는 동의했습니다. 리처드의 직원들이 나를 보고 깜짝 놀라더군요. 이제 일이 어떻게 진행될지 알았던 겁니다. 그러나 리처드는 네커섬Necker Island에 있었기 때문에 화상으로 연결되었습니다. 비디오 스크린에는 그의 모습이 보였지만 그는 우리 측을 볼 수 없었고 그 자리에 누가 있는지 몰랐어요. 그는 회의에 누가 참석했는지 묻지 않고 곧장 혼다 직원들을 설득하려 들었습니다. '로스와 그밖에 경영진들은 우리와 좋은 관계를 맺고 있으니, 우리를 위해 팀을 운영해 달라고 그들을 설득할 수 있으리라 확신합니다.' 그래서 내가 말했지요. '리처드, 우리 관계는 방금 한 걸음 후퇴했습니다.' '지금 말하는 사람은 누구지요?' 그가 말했어요. '로스요, 지금 이곳에 와 있습니다.'

그게 혼다였습니다. 그들은 나에게 대단히 개방적이었고, 나를 신뢰했으며, 나에게 편지를 주었고, 버니가 그들에게 접근했을 때 나에게 연락했습니다. 그 다음에 일어난 작은 충돌은 버니가 팀을 인수하려고 시도한 것이었습니다. 혼다는 모든 제안을 고려해야 했어요. 버니의 제안은 우리의 제안만큼 매력적이지 않았습니다. 리처드의 제안도 마찬가지였지요. 우리는 제안서를 혼다에 등기로 보낸 상태였고, 마감일이 되었을 때에도 여전히 최고의 제안서로 테이블에 놓여 있었습니다.

이윽고 우리는 본격적인 활동을 시작했습니다.

2009년에 나에게 가장 좋았던 일은 지난해에 시상대에 오르지 못했던 사람들이 이제는 레이스에서 우승을 하고 있다는 것이었습니다. 그들이 다른 모든 사람들만큼 훌륭하다는 걸 그들에게 입증시킨 것이 내 보상의 일부였어요. 우리는 그 해 겨울의 절망, 그리고 레이스에서 우승의 기쁨, 두 차례의 챔피언십 타이틀이라는 극적인 대조를 경험했습니다. 전문 도박사들이 상황을 따라잡느라 시간이 걸리는 동안 테스트를 보고 내기를 걸어 몇 파운드를 딴 사람들도 있었어요. 그런 일들도 축하의 이유에서 빠질 수 없었지요.

팀을 메르세데스에 매각하자는 생각은 그 해 중반부터 커져갔습니다. 노르베르트가 이 일의 강력한 설계자였어요. 그는 메르세데스가 자기 팀을 소유하길 늘 꿈꾸었지요. 그 한 해 동안 거래가 진전되어 사실상 확정된 셈이나 다름없었습니다. 그리고 메르세데스에게 최악의 상황이 닥쳤습니다. 메르세데스는 수년 동안 맥라렌과 함께해왔는데, 이제 맥라렌이 자체적으로 일반 자동차 제조업체가 될 계획을 세웠던 거예요. 그로 인해 메르세데스는 어려움에 처하게 되었고, 맥라렌의 일반 자동차용 엔진을 공급하지 않기로 했습니다. 맥라렌의 일반 자동차는 메르세데스를 불안하게 하고, 브런 GP는 챔피언십 대회 우승팀이 되고, 우리는 정상적으로 팀 소유주가 되기 어려운 상황에서 괜찮은 제안을 하나 받았는데, 그것은 메르세데스에게도 좋은 거래였고 우리에게도 좋은 거래였습니다. 모든 것이 모두를 위해 도움이 되었던 겁니다.

나는 매입 조건 중 하나로 3년간 일을 계속하기로 계약에 합의했습니다. 이 일은 나중에 자세하게 이야기하겠지만, 우리에게 2010년과 2011년은 그리 좋지 못했어요. 2012년에 우리는 몇 차례 레이스에서 우승했고, 2013년에는 챔피언십 타이틀을 위해 싸워 과거의 성적을 만회하기 시작했습니다. 하지만 우리 팀에는 필요한 추진력이 없었어요. 확실히 처음에는 그랬습니다. 나는 2013년 말 내 59세 생일이 가까울 무렵, 모터스포츠 업계에 몸담은 지 거의 40년 만에 메르세데스 GP와 포뮬러 원에서 은퇴했습니다.

제2부

포뮬러 원 전략

들어가며

포뮬러 원 전략에 대한 토론의 틀을 잡기 위해, 로스와 나는 전략에 관한 가장 초기 작품인 《손자병법》을 살펴보는 것으로 시작했다. 제2부는 《손자병법》에서 발견한 흥미로운 교훈, 그리고 그것에 상응하는 내용들을 중점적으로 다룬다. 《손자병법》의 인용문은 라이어널 자일스Lionel Giles의 고전 번역본을 약간 각색했다. (본문의 《손자병법》 인용문은 저자의 영어 각색을 번역한 것으로 원서와는 약간 다를 수 있다. – 옮긴이)

《손자병법》은 전쟁이 아닌 전략에 관해 책으로, 싸움에 의지하는 사람은 패배한 사람임을 여러 가지 방법을 동원해 증명한다. 《손자병법》 〈제3편〉의 이 구절은 다음과 같이 설명한다.

> 손자가 말하였다: 실제 병법에서 최고로 여기는 것은 적국을 온전히 점령하는 것이다. 적국을 파괴하고 무너뜨리는 것은 썩 바람직하지 않은 방법이다. 또한 적의 군대를 말살하기보다는 전체를 생포하는 것이 더 바람직하다. … 그러므로 어느 전투에서든 싸워 이기는 것은 최고의 탁월함이 아니다. 최고의 탁월함은 싸우지 않고 적의 저항을 무너뜨리는 것이다.
> 이처럼 최고의 병법은 적의 계략을 무너뜨리는 것이고, 차선책은 적의 동맹을 막는 것이다. …
> 그러므로 지략이 좋은 지도자는 싸우지 않고 적의 병력을 진압한다. 그는 포위하지 않고 적의 도시를 함락하고, 전장에서 장황한 작전을 펼치지 않고 적의 왕국을 전복한다. 그의 군대는 조금도 손

상되지 않은 채 제국의 지배권을 다투며, 따라서 단 한 명의 병사도 잃지 않고 완벽한 승리를 차지할 것이다.

포뮬러 원에서와 마찬가지로 최고의 전략가는 전장에 나가기 전에 승리했다. 긴박한 레이싱을 좋아하는 사람이라면 그런 우승은 너무 쉬워 보인다며 실망할 수도 있겠다. 그러나 우승이 쉬워 보이는 경지에 도달하는 방법에 관심 있다면, 모터스포츠가 지금까지 발명된 그 어떤 스포츠보다 복잡하고 미묘하다는 것을 알게 될 것이다. 그리고 이 분야와 상관 없던 내가 경기 성적과 재정 상황 모두에서 고전하던 윌리엄스에 합류했을 때, 나는 '우리를 온전히 지키며 세계 무대에서 경쟁하기 위해' 필요한 모든 것을 다해야 한다고 생각했다. 재정적으로 안전한 팀은 다시 한번 경쟁력을 갖추길 희망할 수 있지만(윌리엄스가 그랬던 것처럼), 파산한 팀은 우승할 수 없다.

《손자병법》은 전국시대로 알려진 B.C. 500년에서 B.C. 300년 사이에 중국에서 쓰였다. 전국시대라는 명칭에서 알 수 있듯이 이 시기는 중국을 하나로 통일하기 위해 각각의 나라들이 서로 다투며 정치적, 군사적으로 끊임없이 경쟁하던, 그리고 끊임없이 발전하던 시기이다. 《손자병법》이 쓰인 배경은 정치적 전략과 군사 작전이 인접한 이웃 국가에서 먼 국가로 이동함에 따라, 점차 먼 곳의 국가들이 외부의 실존적 위협에 끊임없이 직면하는 상황이었다. 병력은 기껏해야 3만 명이었다가 10만 명으로, 어쩌면 그 이상으로 증가했다. 기술도 달라졌다. 쇠뇌가 등장했고, 전차는 쓸모없어졌으며, 보병이 주력으로 부상한 한편, 제철 기술의 도입으로 새로운 무기와 갑옷을 대량 생산할 수 있었다. 군사 작전은 시간과 공간을 가리지 않게 되었다. 승리를 거둔 나라가 중국을 하나로 통일한 B.C. 221년까지, 250여 차례의 주요 전투가 치러지는 동안 148개 나라가 사라졌다. 이 같은 확대 양상은 전쟁에만 국한되지 않으며, 포뮬러 원에서도 볼 수 있다. 포뮬러 원에서는 우승을 향한 치열한 경쟁으로 인해 그 누구보다 정교한 기술을 갖추고 그 어느 때보다 많은 지출을 하도록 팀들을 몰아댄다. 그러나 이처럼 높은 비용을 치르고도 성공하지 못할 경우 더욱 엄청난 결과를 초래하게 된다.

이 시기 중국 각 나라들의 성공은 내부와 외부의 전략이 효과적으로 작용한 덕분이었다. 내부적으로는 자국을 강화하기 위해 개혁을 추진한 나라들은 그 나라에 필요한 군사적 역량을 유지할 수 있었다. 외부적으로는 위험을 최소화하고 제한된 자원을 최대한 활용하기 위해 가차 없는 전략이 필요했다. 이 두 전략은 서로를 강화했다. 재정적 개혁은 확장 비용을 조달하기 위해 더 많은 재원을 만들어내는 한편, 행정적 개혁은 국가가 더 큰 군대를 육성, 관리하고, 전쟁을 위해 더 많은 국가 자원을 동원하며, 장거리 작전에서 병참 문제를 완화하도록 허용한다. 포뮬러 원도 이와 유사하다. 팀이 자금을 확보하고 그 재원을 효율적으로 투자할수록 트랙 위에서 더욱 경쟁력을 발휘할 수 있다.

그러므로 전략의 중요한 측면은 경쟁적 위치를 최대화할 뿐 아니라 전쟁 자체의 비용과 위험을 최소화하기 위해 자신의 국가를 어떻게 다스려야 하는가에 대한 정치적 차원이다. 이 접근 방식은 진나라에 의해 완성되었으며, 진나라는 결국 경쟁에서 승리해 중국을 통일하는 데 성공했다. 진시황제는 자신의 병마용과 함께 묻혔다. 진나라는 대단히 포괄적인 자국 강화 개혁과 대단히 무자비한 전략과 전술을 추구해 승리했다. 진나라가 제일 처음 개혁을 시도한 국가는 아니었지만, B.C. 350년경에 처음 개혁을 시작한 이후 군대와 민간 모두에 광범위한 개혁을 시행했다. 동시에 진나라는 상대국끼리 서로 반목하게 하고 백성들의 알력을 선동하면서 마침내 충분히 우위를 확립했을 때 비로소 싸움을 시작하는 정책을 추구했다. 거짓과 속임수를 이용하는 것은 물론이고 부패한 왕과 관리들을 매수하며 왕과 지휘관 사이에 불화의 씨를 심는 등 방법에는 제한이 없었다. 그리고 이 방법은 모두《손자병법》에서 권하는 전술들이었다.

전략의 세 가지 차원

포뮬러 원에서 전략의 목표는 이기는 것이다. 우승은 기술적 우위를 증명하고, 상금과 후원금 형태로 경제적 이익을 가져다준다. 그리고 우승은 스포츠의 미래에 대한 기술적, 상업적 협상에 사용할 수 있는 정치적 영향력을 우승자에게 제공하기도 한다. 한편 우승하기 위해 팀은 정치적, 경제적, 기술적 역량을 극대화해야 한다. 그러므로 이것이 전략의 세 가지 차원이다.

이것은 궁극적으로 군사적 목표보다는 정치적, 경제적 목표를 추구하기 위해 정치적, 경제적, 기술적 역량을 동원해야 했던 전국시대 중국의 전략에도 똑같이 해당된다. 그러므로 전략은 병력뿐 아니라 양측의 정치적 경제적 역량과 그밖에 잠재적인 참가국의 상황을 고려해야 한다. 이제《손자병법》이 경제적 차원에서 시작해 정치적 차원으로 전환하면서 이런 차원들을 어떻게 설명하는지 살펴보자.

《손자병법》은 그들이 전쟁터에 있든, 장거리 군사 작전을 지원하든, 전쟁이 한 나라와 그 백성에게 미치는 경제적 영향을 광범위하고 정확하게 이야기한다.

본국에서 먼 곳에 군대를 유지하면 국고가 고갈된다. 먼 곳의 군대를 유지하는 데 큰 비용을 들이게 되면 백성은 궁핍해지기 마련이다. 그런가 하면 군대가 가까이에 주둔하면 물가가 올라가고, 물가가 올라가면 백성의 재산이 마른다. 집안은 거덜이 나고 수입의 7할이 낭비된다. 한편 정부가 지출하는 비용은 총 수익의 6할에 이를 것이다. 〈제2편〉

우리는 앞에서 전국시대는 대부분 보병이 주력이 되며 점차 그 수가 증가하는 대군들, 새로운 장비 배치, 다른 나라 영토 한가운데에서 이루어지는 군사 행동이 특징이라고 이야기했다. 그러므로 전쟁의 경제적 영향이 점차 증가하는 동안 전쟁 자금 조달은 전략적으로 피할 수 없는 요소가 되었다. 《손자병법》에서 거듭 말하듯 잘못된 판단은 결국 국가의 소멸로 이어졌다. 그러나 효율적 병참은 단순히 올바르게 정비되어야 할 요소가 아니라, 공격적으로 이용될 수도 있다. 《손자병법》은 '현명한 지휘관은 적의 영토에서 식량을 조달하기 위해 최선을 다한다. 적의 식량 1종을 소비하는 것은 우리가 식량 20종을 얻는 것과 맞먹는다. …'고 조언한다.

《손자병법》의 정치적 차원은 세 가지 과제를 제시한다. 첫 번째는 내적인 과제이다. 정치 지도자와 군대 지휘관(일반적으로 같은 사람이 아니었다)은 백성과 군사에게 도덕적으로 올바르게 행동해야 그들의 충성을 얻어 그들이 잘 싸우게 할 수 있다. 두 번째 과제는 이 지도자와 지휘관이 적에게는 매우 무자비하게 행동해야 하며 여기에는 한계가 없다는 것이다. 세 번째 과제는 익히 알려진 것으로, 지도자와 지휘관은 누가 무엇에 책임이 있는지에 대해 의견이 일치해야 한다.

두 번째 항목에서 《손자병법》은 적의 군대보다 동맹국 공격을 더 우선한다. 여기에는 정치적인 조언도 담겨 있다. '이웃 나라 통치자들의 의도를 알지 못한다면, 그들과 예비적인 동맹을 맺을 수 없다. … 전쟁을 수행하는 일은 적의 계획을 면밀히 파악하는 것이 관건이다.'

세 번째 항목에서 《손자병법》은 이상적인 지휘관을 지혜, 신뢰, 자비심, 용기, 규율, 이 다섯 가지 단어로 설명한다. 일단 지휘관으로 임명되면 자신의 판단을 따라야 하며, 자신만큼 상황을 판단하지 못하는 통치자의 명령을 결코 따르지 않는다.

> 싸움이 승리로 끝날 거라고 확신한다면, 통치자가 금지한다 해도 싸워야 한다. 싸움이 승리로 끝날 것 같지 않다면, 통치자의 명령이 있다 해도 싸워서는 안 된다. 명예를 탐하지 않고 전진하고, 수치를 두려워하지 않고 후퇴하며, 오직 나라를 지키고 군주를 위해 헌신할 것만을 생각하는 장군은 왕국의 보배다. 〈제3편〉

지휘관이 통치자의 명령이 아닌 자신의 판단을 따라야 하는 것처럼, 통치자는 지휘관에게 부여한 권위를 존중해야 한다. 《손자병법》은 통치자가 자기 군대를 혼란스럽게 하고, 병사들의 신임을 잃고, 이웃나라의 침략을 자초하는 세 가지 방법을 이야기한다. 적절하지 않은 때에 전진이나 후퇴를 명령하는 것, 군대의 행정에 간섭하는 것, 군사의 임무에 간섭하는 것. '지휘관이 유능하고 통치자가 간섭하지 않는 쪽이 승리를 차지할 것이다.'

지혜로운 지휘관은 사실을 냉철하게 평가한다. 통치자와 지휘관 모두에게 감정은 전략적 효율과 정반대되는 것으로 그 결과는 대단히 심각하다.

> 현명한 통치자는 훨씬 앞을 내다보며 계획을 세우고, 훌륭한 장군은 자신의 자원을 개발한다. 이점이 보이지 않으면 움직이지 않고, 득이 없으면 병력을 사용하지 않으며, 사태가 중하지 않으면 싸우지 않는다. 통치자는 단순히 자신의 분노를 해소하기 위해 전장에 병력을 투입해서는 안 되며, 장군은 단순히 홧김에 전투를 벌여서는 안 된다. 이익이 된다면 전진하되 그렇지 않다면 그 자리에 머문다. 화는 시간이 지나면 기쁨으로 바뀔 수 있고, 괴로움은 만족으로 이어질 수 있다. 그러나 한번 무너진 왕국은 다시는 회복될 수 없고, 죽은 자 또한 다시 살아날 수 없다. 그러므로 현명한 통치자는 신중하고, 훌륭한 장군은 조심성이 많다. 이것이 나라를 평화로이, 군대를 온전하게 유지하는 방법이다. 〈제12편〉

요컨대, 통치자와 지휘관은 (일단 임명되면) 둘 다 방침을 따르고 침착하고 냉철한 기질로 올바른 판단력을 발휘해야 한다. 지휘관은 결과에 관계없이 지도자로서 책임을 받아들여야 하고, 통치자는 간섭하고자 하는 유혹을 뿌리치고 위임의 결과를 받아들여야 한다.

로스 브런 당신 논문의 이 부분에서 매우 흥미로운 내용은 전투는 최후의 수단이며, 전투를 피하기 위한 활동들, 이를테면 간첩 활동, 스파이 활동, 정보 수집 등 모든 활동들이 가장 중요하다는 것입니다. 또한 내부의 지도자와 외부의 지휘관 사이에서 주장하는 바가 완전히 대조적인 것도요. 이런 내용들은 어느 정도 아는 사실이지만, 이렇게 잘 해설된 글을 읽는 건 무척 흥미롭고, 훌륭한 지도자의 자질에 관해 아주 깊은 인상을 받았습니다. 훌륭한 지휘관은 그의 활동에 권한이 주어져야 하고 간섭을 받아서는 안 된다는 매우 중요한 지적도 흥미로웠습니다. 황제든 누구든 최고 지도자는 지휘관에게 권한을 부여할 준비가 되어 있어야 하고 지휘관이 계속 권한을 유지하도록 해야 합니다.

애덤 파 예를 들어 마지막 항목에서는 당신이 어느 제조업체가 소유한 팀의 총감독이었을 때와 유사한 점들이 보입니다. 책임과 권한 소재가 명확하게 기술되어야 하지요. 사람들이 그 부분을 간섭하기 시작하면 제대로 임무를 수행할 수 없습니다. 이 주제가 이토록 오랜 역사가 있고, 당신 말대로 이 책에 담긴 견해들과 직접적으로 관련이 있다는 사실이 흥미롭습니다.

로스 브런 네, 예나 지금이나 달라진 게 아무것도 없어요.

애덤 파 그래서 지금도 이 책을 읽는 것이겠지요.

로스 브런 그렇습니다.

애덤 파 그리고 아무것도 달라진 게 없는 이유가, 사람은 변하지 않고 이건 모두 사람에 관한 것이니까요.

로스 브런 그렇습니다.

애덤 파 그러므로 우리가 가장 먼저 할 일 중 하나는 전략이란 무엇인가에 대한 실질적인 정의를 제시하는 것입니다. 이 대화의 취지는 약간의 가설로 시작한 다음, 당신의 경험 그리고 어쩌면 내 경험에서 비롯한 증거를 이용하여 이 가설을 실용적으로 개선하는 방법이 무엇일지 이야기하는 것이라고 생각합니다. 우리는 '전략이란 무엇인가? 전략의 의미가 무엇이라고 생각하는가?'라는 질문으로 시작할 수 있을 것입니다. 포뮬러 원 세계에서 사람들은 전략이라는 단어를 경기 전략 등 다양한 맥락에서 사용하지요. 당신이 나름대로 생각하고 있는 전략의 정의가 있습니까?

로스 브런 네, 내게는 전략이 있고 철학이 있어요. 당신이 내게 읽어준 구절들이 여러 가지 방식으로 이것을 설명하고 있습니다. 포뮬러 원에서 전략은 일반적으로 경기 전략을 말하지만, 경기 전략은 사실상 게임 플레이입니다. 일종의 체스 게임 같은 거지요. 약간의 허세, 틀린 예측 같은 것들이 있지만 사실상 게임 플레이예요. 사람들은 모든 수치를 종합해서 경기가 어떤 식으로 전개될지 최대한 예측하려 합니다. 그리고 무엇보다 이상적인 모델에 따라 머릿속으로 시나

리오 A, 시나리오 B, 시나리오 C를 구상해 놓습니다. 문제가 발생할 경우 완벽한 해결 방법은 없을지라도, 그 문제에 대해 생각해보면서 트랙의 모든 랩을 자세히 설계하는 거지요. 이번 랩에서 세이프티 카_{safety car}(트랙에 위험한 상황이 발생했을 때 위험요소를 정리하거나 상황을 판단하기 위해 투입하는 차량. 세이프티 카가 선언되면 트랙의 모든 구간에서 추월이 금지되며, 모든 경주용 자동차는 세이프티 카 뒤에서 순서대로 달려야 한다. - 옮긴이)가 선언된다면, 이번 랩에서 비가 온다면 어떻게 대처해야 할까? 그리고 이런 모든 상황들이 완벽하게 설계될 수 있습니다. 물론 레이스에서는 예기치 않은 일들이 일어납니다. 알다시피 두 드라이버가 충돌하기 시작하면 계획에 없던 결정을 내려 상황에 대처해야 할 수도 있어요. 이런 상황이 발생할 수 있다는 것을 드라이버들에게 미리 이야기할 수 있지만, 그들은 사람이라 막상 실제 상황에 부딪치면 생각한 대로 반응하지 못하지요.

　이런 일들은 레이스에서 예기치 못한 변수들입니다. 레이스에는 비교적 예측 가능한 변수들의 전체 수치가 있어서 이 모든 변수들을 종합해 그 수를 분석해서 마침내 경기가 어떤 식으로 전개될지 그림을 그려볼 수 있습니다. 그리고 이것이 가장 단순한 의미에서의 전략이지요. 하지만 더 깊이 들어가서, 가지고 있는 예산과 기술팀, 현행 규칙에 대한 정치적 영향력, 장차 예상되는 상황 전개에 따라 자신을 최고의 자리에 위치시키려는 전략은 성공을 위해 그 못지않게, 아니 사실상 그보다 훨씬 중요합니다. 드라이버가 레이스에서 펼치는 모습은 최종 단계예요. 드라이버가 원하지 않는 것은 레이스를 망치는 것이지요. 당신에게는 최고의 경주차가 있고, 따라서 최고의 경주차로 반드시 우승할 수 있는 전략을 세웁니다. 간혹 당신이 영리하게 레이스를 진행하는 동안 누군가가 점수를 놓쳤다면, 최고의 경주차가 아니더라도 레이스에서 이길 수 있고 이 경우 정말 재미있는 경기가 펼쳐지지요. 하지만 대개의 경우 그때쯤엔 이미 모든 일이 끝나 있습니다. 그러므로 전략에 앞선 전략 — 내 말이 무슨 의미인지 아시리라 생각합니다 — 이 가장 중요합니다.

애덤 파 중국 이야기로 돌아가면, 《손자병법》은 이 점에서 상당히 반직관적입니다. 책에서는 과거의 가장 위대했던 장군들보다 더 위대해지길 열망하면 실제로 그들보다 더 열등해진다고 말합니다. 정말 위대한 장군들은 끔찍한 전투에서 구사일생으로 간신히 승리한 사람들이 아니라, 아무도 기억조차 하지 못할 만큼 아주 쉽게 전투를 치른 사람들이기 때문이지요. 그러므로 최고의 장군들보다 더 위대한 사람이 되려 할 경우, 실제로 시도하려는 것은 무시무시한 전투, 그러니까 간신히 이기는 전투를 치르는 것입니다. 이것은 실력 없는 장군에 대한 정의예요. 물론 오늘날 모터스포츠는 트랙 위에서 경쟁을 펼치기 때문에 무척 쉬워 보인다는 잠재적인 단점이 있습니다. 그러나 경쟁자의 관점에서는 그것이 핵심이 아니에요. 그러므로 레이스를 하러 갈 때쯤엔 '이미 모든 일이 끝나 있었다.'고 당신이 말할 때, 그 말은 아마도 페라리 시절과 브런 GP의 시즌 전반기의 한창 절정기 시절에는 레이스 결과가 거의 기정사실이었다는 의미인 것 같습니다. 하지만 그 승리는 승리를 얻기까지 큰 싸움이 없어서가 아니라, 당신이 만반의 준비를 했기 때문이지요.

로스 브런 좋은 비교라고 생각합니다. 알다시피 우리가 몇 차례 챔피언십 대회에서 우승했을 때 사람들이 와서 이렇게 말하곤 했어요. '이번 경기가 쉬워서 쉽게 이긴 거잖아.' 사람들은 결과 이면의 모든 노력과 준비, 긴장과 감정을 알지 못했지요. 우리는 우리가 만든 경주차와 팀으로 우승해야 했으니까요. 목표를 달성하고 가능성을 실현해야 한다는 엄청난 압력도 있고요. 패배의 문턱에서 승리를 이끌어낸다면 정말 재미있겠지만 …

애덤 파 … 그렇지만 그런 식으로는 챔피언십 타이틀을 획득할 수 없지요. 현장에서 최악의 경주차로 챔피언십을 차지할 수 있는 사람은 아무도 없습니다.

로스 브런 그럼요, 그건 불가능합니다.

애덤 파 기본적으로 거의 최고의 차를 가져야 하지요. 하지만 오늘날의 규칙과 당시의 규칙을 비교해서 살펴보면 흥미로울 것 같군요. 당신이 페라리와, 그리고 미하엘과 장과 함께 레이싱을 하던 당시엔 타이어 전쟁이 있었고, 엔진 개발이 완벽하게 자유로웠으며, 공기역학 개발을 위한 윈드 터널과 전산 유체 역학computational fluid dynamics(컴퓨터 시뮬레이션과 같은 수치 해석을 이용하여 유체의 움직임을 예측하고 모사하는 학문)을 무제한 이용할 수 있었습니다. 원하는 것은 무엇이든 할 수 있었지요. 이론적으로 팀은 매 시즌마다 새로운 모습을 보여줄 수 있었습니다. 자금이 충분하고 무엇을 하고 있는지 알고 있다면, '처음부터 시작하겠다.'라고 말할 수 있었던 거지요. 하지만 오늘날은 그럴 수가 없어요. 엔진은 승인 받아야 하고, 타이어 전쟁은 없으며, 테스트는 제한되고, 공기역학조차 제한되어 있기 때문에 오늘날 레이스에 도전하려면 구조적으로 적절한 위상에 있어야 하고, 올바른 엔진 규칙 등을 익혀야 하며, 그런 다음 레이스에 참가할 수 있는 가능성이 있다고 말할 수 있습니다. 우리는 레드불이 이전의 엔진 방식으로 4년 연속 월드 챔피언십을 획득하는 걸 보았습니다. 만일 엔진이 변경되지 않았다면 레드불은 여전히 우승을 차지할 거예요. 엔진 변경으로 메르세데스는 더 나은 종합적인 대책을 개발할 기회를 얻었습니다. 그리고 지금은 다른 팀들이 이기기가 아주 어려워졌지요. 불가능하진 않지만 어려워졌습니다.

로스 브런 바로 이 지점에서 철학이 시작된다고 생각합니다. 당신 말이 맞아요. 2000년대 초반에는 개발을 위한 다양한 기회들이 많았고, 따라서 팀이 어디에 노력을 집중해야 하는지 아는 것이 매우 중요했습니다. 그것은 흥미로운 전략적 양상이었는데 왜냐하면 …

애덤 파 왜냐하면 모든 것을 다 할 수 없으니까. …

로스 브런 그렇습니다. 그 시기에 우리에게 분명한 사실은 타이어가 엄청난 영향력을 줄 수 있다는 것이었습니다. 알다시피 윈드 터널에서 몇 주, 몇 달씩 보내서 한 랩당 0.5초를 앞당겼다면, 새 타이어 하나만으로 0.5초를 앞당길 수 있었지요. 우리는 브리지스톤에서 타이어 개발에 많은 노력을 쏟아 부었습니다. 브리지스톤에서 최고의 팀이 되었지요. 솔직히 말하면, 우리는 최고의 타이어를 갖기 위해 팀과 브리지스톤의 강점들을 모두 이용할 수 있는 기술적 구조를 브리지스톤에 강요했습니다. 브리지스톤은 조금은 주저하면서도 기꺼이 응했고요. 그러니까 그들은 약간 망설였지만 우리가 고집을 부렸습니다. 그렇게 해서 우리는 결코 타이어만 단독으로 개발하지 않았습니다. 브리지스톤에는 페라리 엔지니어들이 있었고, 페라리에는 브리지스톤 엔지니어들이 일하고 있었습니다. 그리고 타이어만 따로 취급하지 않도록, 타이어 디자이너와 제작자를 자동차 디자인 프로세스에 통합했습니다. 나는 브리지스톤을 환영하고 그들에게 이렇게 말할 수 있으려면 철학이 매우 중요하다고 생각합니다. '당신들은 타이어 공급업체가 아니며 우리와 한 팀입니다. 우리는 하나입니다. 그리고 타이어가 매우 중요하기 때문에 우리는 할 수 있는 모든 것을 이 관계 안에 쏟아 부을 것입니다. 여러분이 원하는 모든 것을, 회사 내에서 여러분이 접할 수 있는 모든 정보를 공유할 수 있습니다. 그리고 여러분도 우리에게 그렇게 해주십시오.' 그리고 확실히 그 과정에서 일부 영역들이 더 강화될 수 있었습니다. 예를 들어, 타이어의 구조적 분석이 썩 훌륭한 편이 아니었는데, 우리는 그 부분에 많은 도움을 줄 수 있었어요. 이렇게 이 기간에 우리는 투자 대비 가장 큰 이익이 있는 곳이 어디인지 알게 되었습니다.

애덤 파 이 통합 팀에 대해 자세히 이야기하고 싶습니다. 외부에서 보기에 당신은 기술 감독으로서, 미하엘은 핵심 드라이버로서 중심 역할을 했으니까요. 특히 미하엘의 테스트와 기술적 이해력이 중요했다는데요. 이 점에서 드라이버들이 중요한 역할을 했습니까?

로스 브런 그랬다고 생각합니다. 그즈음 데이터 수집과 분석 수준이 상당히 높아서 많은 도움이 되었습니다. 그러나 분석 후에, 우리가 타이어를 가지고 어디로 향해야 할지, 무엇이 필요한지에 대한 토론이 이어졌고 여기에 미하엘이 깊이 관여했습니다. 그 시기에 루벤스의 성적도 좋았어요. 하지만 미하엘은 팀과 협력하기 위해 끊임없이 노력하고 능력을 쌓았습니다. 가령 무슨 일이 생겨서 갑자기 타이어 테스트를 해야 하고 브리지스톤에 테스트할 새 타이어가 있다고 합시다. 나는 미하엘에게 전화를 걸어 이렇게 말할 겁니다. '내일 이리로 올 수 있나?' '그럼요. 몇 시에요?' 미하엘은 조금도 주저하지 않고 이렇게 말할 거예요. 다른 사람들에게 전화를 걸면 이런 대답을 듣기 일쑤였습니다. '이런, 내일은 우리 아이들을 보러 가려고 해요. 생일이거든요.' 기타 등등. 미하엘과는 이런 식의 대화를 해본 적이 없었어요. 미하엘은 우리가 하는 부탁이 중요한 일이라는 걸 알았으니까요. 다른 사람들에게는 부탁하는 이유를 설명해야 했지요.

애덤 파 2003년에 내가 그의 팀에 합류하기 전에 프랭크 윌리엄스에게 '미하엘과 다른 사람들과의 차이가 무엇입니까?'라고 물었습니다. 그러자 세 가지 차이점이 있다고 말하더군요. 그는 무엇보다 미하엘의 지능과 기술적 이해력을 들었습니다. 두 번째는 그의 체력. 세 번째는 그는 차 안에 있는 것 자체를 좋아한다더군요.

로스 브런 그렇습니다. 아주 잘 요약한 것 같군요.

애덤 파 그렇다면 아마도 그는 차 안에 있길 원했겠군요?

로스 브런 네, 그는 차에 있는 걸 정말 좋아했어요. 경주를 사랑했지요.

애덤 파 비록 타이어를 테스트하는 일이라 하더라도 말이지요. 당신이 이런 말을 들은 적이 있는지 모르겠는데, 패트릭 헤드가 언젠가 내게 재미있는 이야기를 했습니다. 부다페스트인지 모나코인지 어려운 서킷에서였어요. 당시엔 무전이 암호화되어 외부에서는 들을 수가 없는데, 뭐가 잘못됐는지 갑자기 미하엘과 당신이 무전으로 나누는 대화가 모두에게 들린 거예요. 미하엘이 선두에 있었고, 랩을 돌 때마다 가장 빠른 기록을 세우고 있어서 예선전 때처럼 모든 랩의 타이밍 화면에 보라색으로 표시가 되었습니다. 그때 패트릭은 '로스, 나하고 레이스를 같이 돌아줘요.'라는 미하엘의 말을 듣고 깜짝 놀랐다고 합니다. 패트릭은 마치 당신들 둘이 모닥불 앞 안락의자에 나란히 앉아 수다를 떠는 것 같았다고 말하더군요. 그러는 동안 미하엘은 대부분의 사람들이 상상도 하지 못할 속도로 경주차를 몰고 있었던 거지요. 모든 섹터에 보라, 보라, 보라로 색깔이 표시되었고요. 이때 상황을 아실 텐데요, 미하엘이 그렇게 할 수 있었던 이유가 무엇이라고 생각하시나요?

로스 브런 네, 미하엘은 대단히 재능이 많지만, 신체적 컨디션이 중요하다는 것도 잘 알고 있었습니다. 그는 체력에 대한 욕심이 아주 컸어요. 드라이버들은 스스로 강한 동기부여를 갖지 않는 한 체력 유지를 위해 팀이 시키는 대로 끌려가는 경향이 있습니다. 하지만 그는 자기 동기부여가 엄청났어요. 자신이 이 방면에서 누구보다 잘하고 있다는 걸 알고 있었고요. 그렇다고 체력에 대해 자만한 게 아니라 신체적인 측면을 사랑했습니다. 그는 굉장한 체력을 얻기 위한 자기 나름의 체계적인 방법이 있었습니다. 그만큼 훌륭한 자발적 훈련 체계를 갖춘 데다 재능이 타고난 선수이기도 했지요. 그래서 그는 경주차를 운전할 때 사실상 육체적으로 큰 부담이 없었습니다. 그는 차 안에 있는 동안에도 우리가 지금처럼 대화를 나누는 것과 똑같이 이야기를 했어요. 물론 예선전에서 랩을 돌 때 신중해야 했고, 적절하지 않은 때에 그에게 말을 걸었다간 호되게 싫은 소리를 들었을 겁니다. 그런 반응이 나오는 건 아주 당연해요. 레이스에서 나는 늘 그가 트랙의 어느 지점에 있는지 고려하려 했는데, 그게 현명했으니까요. 하지만 다른 드라이버들은 대화에 주의가 산만해져서 속도가 느려지거나, 그들에게 무전을 하면 숨을 헐떡이며 틈틈이 말을 뱉으려 애쓰느라 호흡이 몹시 가빴어요. 하지만 그는 한 번도 그러지 않았습니다. 최상의 체력 상태 덕분인지 레이스가 끝난 뒤에도 땀을 그렇게 많이 흘리는 것 같지 않았어요. 그는 이 모두가 훌륭한 드라이버가 되기 위해 자신이 해야 할 일의 일부라고 생각했습니다. 그리고 당신 논문 내용으로 돌아가면, 적을 약화시키고, 상대의 자신감을 약화시키기 위한 목적도 일부 있었던 것 같습니다. 미하엘이 먼저 시상대에 도착하고 다른 드라이버들이 따라 올라가던 날들을 기억하실 거예요. 드라이버 두 명은 제대로 일어서지도 못하는데 미하엘은 펄쩍펄쩍 뛰어다녔지요. 아마 그들은 미하엘을 보고 대충 이런 생각을 했을 거예요. '세상에, 우리가 경쟁하는 이 인간 대체 뭐지?' 그는 거대한 이동식 체육관에서 온갖 테스트를 시도했어요. 그 중 절반은 상대 드라이버들에게 손가락 두 개를 들어 올려 약 올리는 것이었지요. '나는 테스트만 하는 게 아니야. 밤엔 체육관에 가서 운동도 하지.'라는 의미로요.

애덤 파 네, 모두가 그걸 알고 있었으니까요. 예를 들어, 2003년인가 2004년에 나는 프랭크와 대화하면서 그에게 미하엘을 그토록 훌륭하게 평가하는 이유를 물었습니다. 그는 자신의 드라이버인 랄프 슈마허Ralf Schumacher와 후안 파블로 몬토야Juan Pablo Montoya에 대해 이렇게 이야기하더군요. '미하엘이 하루에 체육관에서 보내는 시간만큼만 랄프와 후안 파블로가 일주일 동안 체육관에서 시간을 보내면 소원이 없겠네.' 물론 요즘에도 순수한 재능이 있는 사람이 있을 수 있지요. 하지만 그런 재능이 있더라도 체력은 도움이 됩니다. 요즘 드라이버들을 보면 10년 전, 20년 전보다 훨씬 체력이 좋지만, 그들 가운데 사실상 슈마허의 수준까지 체력을 끌어올린 사람은 거의 없어요. 그들도 체육관에 가고 사이클링이든 뭐든 하겠지만, 비록 그것이 세계 챔피언이 되기 위한 과정임을 안다 해도 반드시 해야 하는 것으로 여기지는 않습니다.

로스 브런 네, 대부분 게으르지요. 어떤 면에서 여기에는 나도 포함되고요. 인간은 종종 가장 편한 길을 선택하기 마련이고 스스로 충분하다고 여기는 만큼만 해요. 그 점에서 나 역시 죄책감을 느낍니다. 나는 주로 마감 기한과 목표에 의해 가장 잘 움직이는 사람입니다. 나는 과제가 주어지는 것이 좋아요. 그래야 열심히 움직이는 사람이라는 걸 스스로 알거든요. 만일 마감 기한이 없다면 나는 … 내가 사무실에서 일하는 방식 가운데 하나는 일주일간의 회의 일정을 계획하는 것이었습니다. 그렇게 하지 않으면 …

애덤 파 … 그렇게 하지 않으면 낚시라도 하러 가시나요?

로스 브런 그렇게까지 하지는 않겠지요! 하지만 한 주가 어영부영 지나갈 거라는 걸 알았습니다. 나는 시간을 적절하게 사용하기 위해 일주일을 아주 엄격하게 구성해야 했어요. 기술 검토가 다가오고 있다는 것을 알아야 그것에 대비하기 위해 작업을 수행하는 식이었지요.

애덤 파 그렇다면 당신은 스스로를 기본적으로 게으른 사람이라고 여기나요?

로스 브런 네, 아마 그럴 겁니다. 네, 맞아요. 나는 편안한 생활이 좋아요. 일단 그렇다고 해두죠 … 그렇지만 나 자신을 좀 더 옹호할 필요가 있을 것도 같군요!

애덤 파 네, 확실히 당신은 게으른 사람이 아니에요. 그런데 우리가 이 논의를 하는 목적이 사람들이 미하엘 슈마허와 함께 일한 당신의 경험에 관심을 가져서만은 아니에요. 중요한 건, 사람들이 이 논의를 통해 무엇을 얻을 수 있는가 하는 것이지요. 그리고 내 질문 목록의 요점 중 하나는, 전략은 연구할 수 있는 것인가, 하는 것입니다. 전략을 배울 수 있을까요? 2500년 전에 글을 쓴 사람들은 전략은 공부할 수 있고 공부해야 하는 어떤 것이라고 믿었습니다. 만일 당신이 군대를 지휘하길 원한다면, 당신은 사람들을 성공적인 지휘관으로 만드는 일에 전념해야 할 겁니다. 아무튼 당신이 말하고자 하는 바가, 사람은 본래 대단히 게으르므로 스스로 자신의 능력을 최대한 발휘하려면 생활을 체계적으로 만들어야한다는 것이라면 이는 중요한 교훈일 겁니다.

로스 브런 그렇다고 생각합니다.

애덤 파 사람들은 미하엘 슈마허나 당신을 보고 이렇게 말합니다. '이 사람들은 세계 챔피언들이잖아. 나는 절대로 그들처럼 할 수 없을 거야. 그들이 그렇게 할 수 있었던 건 순전히 재능 덕분이지.' 하지만 당신이 하려는 말은 이런 말이 아닐 거예요. 챔피언십은 재능만으로 획득되는 것이 아니잖아요? 체계가 필요하고 훈련이 필요하지요.

로스 브런 그렇습니다. 체계와 훈련은 내 삶에서 매우 중요한 부분이에요. 미하엘의 삶에서도 매우 중요하고요. 어떤 면에서 그의 삶은 한층 더 힘든 도전이었습니다. 그는 시간의 90퍼센트는 자신이 직접 관리했습니다. 자신을 위해 조직된 환경에 있는 시간은 10퍼센트에 불과했어요. 알다시피 우리는 레이스에 출전했고 그는 사전 준비회의, 평가회의 등 온갖 회의에 참석해야 했기 때문에 레이스가 있는 주말은 일정이 매우 체계적이었습니다. 하지만 레이스가 없는 막간 열흘 동안은 테스트나 그밖에 팀 활동이 없는 한 그는 스스로를 단련해야 했을 거예요. 그는 아침에 일어나서 앞에 놓인 훈련 프로그램을 시작하고 그것을 반드시 달성해야 했습니다. 그리고 프로그램

대로 아주 잘 해냈어요. 좋은 지적이라고 생각합니다. 자신이 게으르다는 걸 스스로 인식한다면, 그런 구조를 만들고 그것에 전념해서 그대로 실천하는 것이 매우 중요합니다.

　내가 프랭크를 위해 일한 지 얼마 되지 않았을 때 — 그런데 이건 프랭크를 비난하려는 게 아니라 그의 놀라운 통찰력을 말하려는 것입니다 — 어느 날 그를 만나려고 기다리고 있는데 그가 들어와 공장 주변을 돌면서 이렇게 말하는 겁니다. '자, 오늘의 공장 견학을 마쳤습니다. 또 하나의 일이 완료됐군요.' 우리는 모두 그가 돌아다니길 좋아하기 때문에 공장 주변을 거니는 거라고 생각했습니다. 어느 정도는 그러기도 했고요. 그런데 그는 공장에 자기 모습을 보일 필요가 있다는 걸 알았고, 그 사실은 내가 경력을 이어가는 내내 나에게 각인되었어요. 그리고 나는 내 개인비서, 내 모든 개인비서들에게 이렇게 말하곤 했습니다. '내가 공장을 둘러보는 시간을 반드시 마련하십시오. 나에게 꼭 상기시키고 공장 견학 일정을 잡으세요.' 그리고 이 관계는 성공을 하고 좋은 팀을 얻는 데 나에게 아주 중요한 부분이 되었습니다.

애덤 파 그런데 그건 당신이 관심이 없어서가 아니라, 바쁘고 늘 뭔가 일이 생기기 때문이지요. 윌리엄스에서 일했을 때 나는 이런 방식으로 출근했습니다. 매일 아침 차를 몰고 주차장으로 들어가서 공기역학 사무실 건물 앞에 주차한 다음 내 사무실로 걸어가거나, 아니면 새로 지은 윈드 터널로 들어간 다음 기존의 윈드 터널로 들어가 공기역학 부서와 복합재료 부서를 지나서 기계 공장을 거쳐 내 사무실로 올라갔어요. 이렇게 하면 매일 아침 출근해서 제일 먼저 공기역학팀과 이야기를 하고, 지나가는 길에 마주치는 다른 팀들과 이야기하는 것으로 처음 45분을 보낼 수 있지요. 일단 내 사무실에 도착하고 나면 그렇게 하기가 정말 힘들어요. 하루가 시작되고 갑자기 이런저런 일들이 생기니까요. 그래서 루틴을 정해야 합니다. 그 일을 할 충분한 관심이 없어서가 아니었어요. 오히려 관심이 있었기 때문이지요. 하지만 그런 체계를 만들지 않으면 그렇게 하게 되지 않습니다.

로스 브런 관심은 있지만 어떤 날은 눈코 뜰 새 없이 바빠서 하지 않는 편이 좋을 때도 있는 것 같습니다. 하지만 사업상 직무에 중요하기 때문에, 팀과의 관계 때문에 하게 되지요.

애덤 파 화제를 조금 바꿔보겠습니다. 지금까지 당신이 이야기한 내용을 요약하면, 포뮬러 원에서 전략이라는 말이 가장 자주 사용되는 영역이 레이스 전략이라는 사실과, 규칙이 최소한 중립적이 되도록 레이스 출전 직전에도 전략을 세운다는 당신의 철학에 대해 이야기했습니다. 당신에게는 적절한 예산이 있었고 적당한 팀과 드라이버 등이 있었습니다. 군사 이론가들은 전략에는 세 가지 요소가 있다는 말로 이 개념을 발전시켰습니다. 하나는 정치적 요소입니다. 두 번째는 경제적 요소이고, 세 번째는 전문적 기술 혹은 기술 혁신적 요소, 즉 돈, 사람, 기술적 능력입니다. 팀의 경제적 측면은 어떤가요? 포뮬러 원에서 돈은 얼마나 중요합니까?

로스 브런 대단히 중요합니다. 돈은 결정적인 요소예요. 그건 확실하게 말할 수 있는데, 포뮬러 원에서 막대한 예산을 들이고도 큰 성공을 거두지 못하는 예는 상당히 많지만, 막대한 예산을 들이지 않고 성공하는 사람은 거의 없습니다. 사람들에게는 브런 GP 이야기가 간혹 동화처럼 강조되지만, 사실상 혼다가 철수하기 전에 수억 파운드의 혼다 자금이 그 프로젝트에 투입되었습니다. 그 프로젝트의 진정한 탄생은 상당한 자원이 있던 시절 혼다의 지휘 아래에 이루어졌어요.

애덤 파 그렇다면 포뮬러 원의 성공에서 돈은 필요조건이지만 충분조건은 아니라는 말씀이군요?

로스 브런 그렇습니다. 돈이 성공을 보장하지는 않지만 필수 요소입니다.

애덤 파 이 사실을 뒤집을 수 있을까요? 몇몇 팀들이 있는데, 아마도 가장 잘 알려진 예로는 상상할 수 없는 어마어마한 자금을 투자한 도요타를 들 수 있을 것입니다. 가령 그들이 연간 수억 달러의 자금을 장기간에 걸쳐 투입한 혼다와 비슷한 수준의 자금을 투입했다고 하더라도, 사실상 레이스에서 우승을 했을 것 같지는 않은데 …

로스 브런 그럼요, 그들은 우승하지 못했어요.

애덤 파 그렇다면 이 결과를 어떻게 설명하시겠습니까? 왜 자금만으로 충분하지 않았을까요?

로스 브런 도요타에서 일했던 내 친한 친구에게 들은 이야기입니다. 그 친구가 도요타 경영진과 만나서 '우리 팀에 필요한 건 로스 브런이나 그와 비슷한 사람이다. 우리는 포뮬러 원에서 성공해 그 세계를 잘 아는 사람이 필요하다.'라고 말했답니다. 그러자 경영진들이 '아니다, 그건 도요타 방식이 아니다. 우리는 성공을 수입하지 않는다. 우리는 성공을 낳는다.'라고 반응했다더군요. 그리고 나는 그것이 그들의 실패 요인 중 하나라고 생각합니다. 도요타 팀의 경영진 조직을 살펴보면 포뮬러 원 경험이 없을 겁니다. 그리고 팀이 포뮬러 원에서 성공할 수 있는 방법을 이해하려면 몇 가지 참고 자료가 필요합니다. 지금까지 아무도 생각한 적 없는 다른 방법들이 있을 수도 있겠지요. 어쩌면 성공으로 이어지는 다른 철학이 있을지도 모릅니다. 그러나 성공하기 위해 반드시 취해야 할 확실한 접근 방법이 있다는 걸 지금까지의 역사를 통해 알 수 있습니다. 그리고 도요타는 실패했어요. 도요타는 기술뿐만이 아니라, 정치적인 경험도 없었습니다. 그들은 정치적으로 너무 약했어요. 그들은 늘 승산이 없는 팀이었습니다. 당신도 나도 이 사실을 알고 있지요. 그들은 수차례 전략 회의에서 사실상 단 한 번도 강한 존재감을 발휘한 적이 없었습니다. 포뮬러 원의 향후 방향, 기술 규정, 재정적 양상 등을 결정하는 포뮬러 원의 정치적 회의들에서 도요타는 전혀 영향력 있는 팀이 아니었고, 이 과정에 충분히 관여하지도 않았습니다. 그들은 포뮬러 원에서 거의 피상적인 존재 같았어요. 그들이 고용한 사람들은 이런 회의들에 참석하지 않았습니다. 그들은 그 환경에 익숙하지 않은 배경과 경력을 지닌 사람들을 고용했습니다.

애덤 파 그러니까 당시 세계에서 가장 성공한 회사인 도요타가 자동차 제작에 그토록 성공했지만 그 방식을 포뮬러 원 환경에서는 적용할 수 없었다는 말이로군요. 그들은 도요타의 생산 시스템 논리나 리더십 유형, 인력 투자 방식을 포뮬러 원에 적용할 수 없었습니다. 따라서 그들의 방식이 전혀 효과가 없었다고 말할 수 있을 텐데요. 포뮬러 원에서는 외부 세계의 논리가 적용되지 않는데, 그 반대는 적용되는 이유는 무엇일까요? 외부 세계가 포뮬러 원으로부터 배울 수 있는 이유는 무엇일까요?

로스 브런 나는 그 핵심적인 이유를 압니다. 내가 페라리에 있을 때 흥미로운 사실들 중 하나는 대규모 산업 기반이 있는 회사에 다닌 게 아마도 처음이라는 것이었습니다. 나는 윌리엄스에서 일했고 베네통에서도 일했는데 두 팀이 아주 비슷했어요. 베네통은 스웨트셔츠와 스웨터를 만들었어요. 프랭크와 패트릭은 독립적인 엔지니어링 회사였지요. 그러나 이들은 자동차 제조업체와 실질적인 관련이 없는 작고 단출한 조직이었어요. 포드가 엔진을 제공했고 우리가 포드를 약간 활용했기 때문에, 나는 베네통이 포드와 함께 할 작은 가능성을 보았습니다. 그러나 내가 페라리에서 알게 된 사실은 자동차 산업의 일부 방법론이 레이스 산업의 성공에도 적용되고 있었다는 것입니다. 예를 들어 품질관리는 내가 이전에 경험했던 어느 곳보다 페라리가 훨씬 훌륭했습니다. 그때까지 내가 경험한 품질관리는 주로 '그것이 제작된 후 도면과 맞는지 확인하기 위해 측정하고 검토하는 일'이었습니다. 그런데 페라리에서의 품질관리는 그보다 더 철저했어요. 즉 그들이 사용하는 재료와 프로세스, 그리고 아마도 궁극적으로 측정할 수 없는 것들이 제대로 수행되고 있는지 확인하기 위해 공급업체에서 품질 평가를 했습니다. 이처럼 페라리는 자동차 산업은 물론 항공우주 산업에서도 포뮬러 원이 적용하고 배워야 할 것들이 많다는 걸 나에게 가르쳐주었습니다. 그러나 이 과정이 도요타에서는 전혀 일어나지 않았던 것 같습니다. 그들은 늘 자신들이 아는 지식을 취해 그것이 포뮬러 원에 적합할 거라고 가정했지만, 그렇지 않았어요. 그리고 포뮬러 원에 진출했을 때 그들은 모터스포츠를 검토하면서 '이 세계는 어떤 세계일까? 이 분야는 우리가 잘하고 있는 분야와 다른가? 이 환경에서 성공하려면 무엇을 조정해야 하는가?'와 같은 의문을 갖는 사람들을 고용하지 않았습니다. 그들은 기존 환경을 위한 그들의 철학과 접근 방식을 다른 환경에 적용하기 위해 노력했습니다. 이것은 바퀴 넷 달린 자동차에 대한 이야기지만, 거의 모든 분야에 공통적으로 해당합니다!

애덤 파 그것이 혼다로 이어지는군요. 당신은 윌리엄스 시기에 혼다와 함께 일했는데, 1980년대 후반 당시 혼다는 터보 엔진으로 엄청난 성공을 거두었지요. 이후 당신은 혼다 GP에서 함께 일했고, 그때 그들이 확실히 경쟁력 없는 엔진을 갖고 있을 때였습니다. 이제 놀랍게도 그들이 다시 돌아와 아주 힘든 시간을 보내고 있습니다. 그리고 흥미롭게도 그들이 늘 입버릇처럼 하는 말 중 하나는 우리는 다른 사람의 경험을 받아들이지 않겠다는 것이에요. 기본적으로 그들은 당신이 도요타에서 경험한 것과 동일한 접근 방식을 사용한다고 생각하십니까? 그들이 당신을 영입했나요?

로스 브런 맞습니다. 그들이 나를 영입했고, 나는 그들이 자신들의 접근 방식을 바꾸어야 한다는 깨달음에서 그렇게 했다고 생각합니다. 성공한 포뮬러 원 팀의 전형적인 모델상과 내가 인식하는 — 내가 그렇게 경험이 많은 사람은 아니지만 — 성공한 일본 회사의 전형적인 모델상의 차이를 보면 이 이상 차이가 클 수도 없을 겁니다. 따라서 포뮬러 원 팀을 소유한 일본 회사에서 일하는 것이 힘든 이유는 두 환경이 거의 극단적으로 다르기 때문일 것입니다. 포뮬러 원 팀과 레이싱이라는 다소 혼란스러운 환경에서 일본 기업의 규율과 철학, 장점을 활용하기 위해 이 둘의 조화를 이루려면 어떻게 해야 할까요? 혼다가 윌리엄스와 맥라렌의 엔진 공급업체였을 땐 이 레이스 팀들의 영향력이 충분히 컸기에 성공할 수 있었습니다. 모든 정치적 타협은 레이스 팀들이 담당했지요. 당시에 혼다는 오로지 엔진 공급업체일 뿐이어서 포뮬러 원의 책략에 관여할 필요가 없었어요. 레이스 팀이 그들을 대신해 모든 걸 관리했고, 엔진 공급업체로서 권리가 필요하면 대신 권리를 옹호했기 때문에 그들은 그럴 필요가 없었습니다. 도요타와 혼다가 각자 자기 팀을 갖게 되었을 때, 이들은 그런 측면에서 고전했던 것 같습니다.

애덤 파 오늘날(2016년 당시) 맥라렌-혼다의 관계를 보면 둘 다 차대와 엔진을 통합한 그룹을 가지고 있다고 말할 수 있을 것 같습니다. 그들은 유명한 '사이즈 제로 size zero (흡기 설계 소형화, 배기 설계 소형화, 터보 과급기 소형화 등 엔진룸의 사이즈를 줄이고 우월한 공기역학적 성능 달성을 목표로 한다는 철학 - 옮긴이)' 개념이 방향을 잡아가고 있어서 겉에서 보이는 외형은 맥라렌과 유사합니다. 여기에 어떤 패턴이 있을까요? 아니면 상황마다 다른 건가요?

로스 브런 확실하게 말할 수 있는 예는 별로 없지만, 내가 2007년 혼다에 다닐 때 나는 왜 이 회사가 제대로 돌아가지 않는지, 이유가 무엇인지 이해하기 위해 노력할 필요가 있었습니다. 혼다 팀에는 우리가 앞에서 필수적이라고 말한 막대한 예산과 역시나 필수적인 좋은 시설이 있었고, 내가 아는 몇몇 팀원들은 매우 훌륭했어요. 그런데도 이 팀은 고전을 면치 못하고 있었지요. 나는 그 원인이 매우 이질적인 구조에 있다는 걸 확인했습니다. 엔진 그룹은 일본에서, 차대 그룹은 브래클리에서 각각 독자적으로 개발하고 있었는데, 둘의 관계는 무너졌고, 둘 사이를 연결하는 다리는 없었습니다. 기술팀들은 성공에 이르지 못한 책임을 서로의 탓으로 돌리기 위해 툭하면 싸움을 벌일 만큼 상황이 악화되었고요. 내가 혼다에 합류했을 때 나는 좋은 지위에 있었고 페라리의 성공적인 구조에 대해 알고 있었습니다. 나는 그 구조가 어떻게 작동하는지 알았고, 엔진이 어떤 역할을 하는지 알았으며, 팀이 어떻게 기능하는지, 그것이 왜 성공의 요인이 되는지 알았습니다. 나는 그들에게 가서 이렇게 말할 수 있었습니다. '사실상 우리 모두 현실을 직시해야 한다. 현재로서는 엔진도 차대도 충분히 훌륭하다고 말할 수 없다. 어떻게 해야 이것을 다시 통합할 수 있겠는가?' 그리고 진전이 있었습니다. 일본의 엔진 그룹 경영진들은 아주 오랫동안 자리를 지켜온 터라 우리는 그들을 교체했습니다. 차대 그룹 경영진도 교체했습니다. 우리는 새로운 사람들을 모아서 팀을 꾸리고 일에 착수하기 시작했습니다. 우리는 브래클리에서 엔진 동력계engine dynamometer (엔진에서 발생되는 최대 마력을 생산하거나 세부 조정을 바로잡아 주며 엔진에 의해 발생되는 동력을 측정하는 장치 - 옮긴이)를 설치하고 있었습니다. 브래클리에서 동력 엔진과 차대 매핑 등 온갖 형태의 작업을 시작할 수 있으리라는 생각에서였어요. 모두를 한 팀으로 모으기 위해 많은 일들이 일어났습니다.

애덤 파 잠깐 화제를 돌려 한 가지 묻고 싶은 게 있습니다. 당신은 사람을 교체한 사례를 이야기했는데요. 보통 두 시기에 사람을 교체하게 됩니다. 하나는 초반에, 다른 하나는 일이 잘 풀리지 않는 경우 후반에 말이지요. 당신의 접근 방식은 어느 쪽입니까?

로스 브런 가능하면 후자를 선택하고 싶군요. 나는 팀을 이해하는 데 1년, 팀을 수정하는 데 1년이 걸리고, 그런 다음 3년차부터는 성공을 시작해야 한다는 철학을 가지고 있었습니다. 이것은 내가 마음속으로 생각한 기간들이었어요. 사람들에 대한 첫인상은 매우 중요하지만, 때로는 첫인상이 틀리기도 합니다. 어떤 사람들은 매우 서툴고 까다로울 수 있지만, 그들을 이해하기 시작하면 그들이 팀에 엄청난 기여를 할 수 있다는 걸 발견하게 됩니다. 그들에게는 모서리 몇 군데만 다듬어주면 돼요. 그런가 하면 매우 친절하고 다정하며 협조적인 사람들이 팀에 별로 헌신적이지 않은 경우도 있습니다. 그들을 이해하는 데에도 시간이 필요해요. 그러므로 첫인상이 언제나 가장 중요한 건 아닙니다. 나는 언제나 조직의 작동 방식을 받아들이고 이해하기 위해 시간을 할애하는 것을 선호했습니다. 사람들에게 기대하는 바를 말하기 위해 시간을 들일 수도 있지요. 그들이 무엇을 위해 이곳에 있는지 그들의 생각을 이해하고, 그들이 무엇을 위해 이곳에 있는지 내가 생각하는 바와 그것을 조율해야 합니다. 대개는 그러기가 쉽지 않지만요.

애덤 파 일부 축구팀의 최고경영자와 감독들은 다른 곳으로 옮길 때 수석 코치를 데리고 갑니다. 당신은 다른 곳으로 옮길 때 데리고 가는 사람이 있나요? 아니면 거의 모든 사람을 데리고 갑니까?

로스 브런 베네통에서 페라리로 옮길 때 로리 번이 함께 왔는데, 그건 정말 중요한 부분이었습니다. 마라넬로에는 페라리 디자인 사무소가 없었기 때문에 우리는 상당한 난관을 겪었어요. 페라리는 영국에 디자인 사무소를 두었지만 현직 기술 감독 존 버나드가 운영하고 있었기 때문에 마라넬로로 옮기기가 쉽지 않았습니다. 나는 1996년 겨울에 페라리에 합류했고, 1997년 시즌을 위해 우리가 준비한 차는 존이 디자인한 것이어서 우리는 이 문제에 대해 서로 협력했습니다. 그런데 그 해에 존이 팀을 떠나 독립했어요. 그는 퇴직금의 일부로 디자인 시설을 받아 나가서 다른 조직들을 위해 일하기 시작했습니다. 따라서 우리는 디자인팀을 만들어야 했고 마라넬로에 사무소를 세우고 싶었습니다. 이 일에서 로리는 매우 중요했고, 그가 없었다면 우리는 그런 환경에서 성공할 수 없었을 거예요. 우리는 베네통에서 오랫동안 함께 일했기 때문에 내가 어떤 일들은 일일이 챙기지 않아도 처리될 거라는 걸 알았습니다. 이처럼 내가 데리고 가는 사람들에 대해 말하자면, 페라리에서 로리는 정말 중요한 존재였습니다. 혼다로 옮겼을 땐 내가 기억하기로는 아무도 데리고 가지 않았어요. 하지만 그곳에서 많은 사람들을 알게 되었고 그들과 함께 일하는 것이 즐겁고 좋았습니다.

애덤 파 당신이 합류하기 전 약 21년의 시즌 동안 페라리는 성공에 이르지 못했는데요. 그 이유로 마라넬로에 디자인 사무소를 두지 않은 것과 같은 요인들에 얼마나 많은 책임을 돌릴 수 있을까요?

로스 브런 네, 당시 페라리가 영국에 차대 디자인 사무실을 둔다는 것은 엔진과 차대를 제작하는 팀의 분리를 의미했기 때문에 이 요인에 상당히 많은 책임을 돌릴 수 있습니다. 나는 팀은 통합되어야 하고 자동차의 모든 측면을 포함해야 한다고 생각합니다. 나에게 자동차는 타이어, 차대, 엔진 등등이 포함된 것이에요. 자동차는 하나입니다. 그래서 페라리에서 처음으로 완전히 통합된 고유의 엔진 패키지를 보유할 기회를 갖는 것이 나에게는 무척 매력적이었지요. 그들은 자체적으로 엔진과 차대를 함께 만들었습니다. 그 이상 바람직할 수 있을까요? 직원들은 차대에 책임이 있을 뿐 아니라 동력 전달 장치를 포함해 자동차 전체 설계 과정에 관여하고 있으며, 이것이 바로 내가 참여하고 싶었던 일입니다. 나는 늘 엔진에 관심이 있었습니다. 베네통이 코스워스와 손잡았을 때 우리는 엔진 설계에 얼마간 참여했어요. 베네통이 르노와 손잡았을 땐 전처럼 참여하지 못했는데, 르노가 윌리엄스와 오랫동안 관계를 맺어온 터라 우리는 이미 디자인이 완성된 커스터머 엔진을 사용하면 되었기 때문이에요. 그러니 전체 과정에 참여할 수 있는 페라리보다 더 좋은 곳이 있었을까요?

애덤 파 당신은 메르세데스 아래에서 팀을 재구축하기 시작했을 때, 페라리에서 나온 알도 코스타를 영입했습니다.

로스 브런 네. 알도는 정말이지 하늘이 내린 선물이었습니다. 나는 언제나 알도를 좋게 평가했어요. 그는 매우 훌륭한 디자인 엔지니어입니다. 그는 페라리의 로리 밑에서 두각을 나타냈지요. 로리는 매우 독창적이지만, 본인 스스로 인정한 바에 따르면 이따금 조금… 네, 그는 꽤 독창적입니다, 일단 그렇게 말해두죠. 그리고 알도는 현실성, 실용주의, 업무 완성도, 그리고 정해진 마감일 숙지 등에서 로리와 함께 완벽한 균형을 이루었습니다. 그렇게 로리와 알도는 잘 협력하며 지냈는데 페라리에 어려움이 닥치자 그들은 결국 알도를 내쫓았고, 그 일은 저에게 뜻밖의 선물이 되었습니다. 얼마 지나지 않아 알도는 차츰 잉글랜드로 고개를 돌리며 포뮬러 원 팀 활동에 다시 관심을 갖기 시작했어요.

당신 논문과 관련해서 말하면, 모든 것에서 관계는 정말 중요합니다. 알도가 메르세데스에 합류했던 이유 중 일부는 내가 그곳에 있었기 때문입니다. 의지할 수 있는 사람, 그리고 내 희망이지만 수년간 신뢰했던 사람이 그곳에 있었기 때문이지요. 아무튼 그때 나는 알도에게 이렇게 말했어요. '첫째, 알도, 이제 우리는 함께 일하게 될 거야. 둘째, 장담할 순 없지만 우리는 이 일을 하고 싶어 한다는 걸 알아. 그밖에 다른 건 모르겠어.' 그는 다 큰 성인이기에 100퍼센트 완벽한 상황은 없다는 걸 알아요. 하지만 그는 내가 과장해서 말하지 않는다는 걸 알았고, 내가 그에게 하는 말은 진실이라는 걸 알았으며, 나를 신뢰했어요. 나 역시 그를 신뢰하고요. 그렇게 그곳에서 관계를 다졌습니다. 우리가 다룰 요점이 또 한 가지 있는데요. 엔지니어링 팀을 만들 때 관계는 필수이고, 포뮬러 원 내부에서 얻는 평판 또한 필수라는 것입니다. 그는 일하기 좋은 사람인가? 라는 평판 말입니다. 나는 일하기 좋은 사람이 되기 위해 항상 노력했어요. 알다시피 직업적인 측면에서 일하기 좋은 사람 — 단지 맥주 한잔 같이 하기 좋은 사람일 뿐만 아니라 직업적인 측면에서도 좋은 사람 — 이 될 수 있다면 최고의 사람들을 끌어들일 수 있을 거예요. 밖으로 나가서 좋은 사람들과 이야기하다 보면 팀에 합류하자고 그들을 설득할 기회도 만들 수 있지요. 약속을 자주 어기고 올바른 평판을 얻지 못한다면, 탄탄하고 성공적인 엔지니어링팀을 만들기가 훨씬 어려울 겁니다.

애덤 파 논문의 해당 구절에 대해 당신이 말한 요점들 중 하나는 내부 지도자와 외부 지도자 사이에는 함축적인 차이가 있다는 것입니다. 내부 지도자는 내가 대접 받고 싶은 방식 대로 남을 대접하라는 중국의 미덕을 보여주는 사람입니다. 그리고 이것은 내적으로 좋은 지도력의 핵심 가치이지요. 외부적으로는 어떨까요? 모두 같은 팀에 소속되어 같은 목표를 성취하기 위해 노력하는 내부와 달리, 포뮬러 원의 — 그리고 사회의 다른 분야도 — 외부를 보면 그렇지 않으니까요. 그러니까 결국 월드 챔피언십 대회에서는 오직 한 사람만 우승하게 됩니다. 한 명의 드라이버, 한 개의 팀이 우승을 차지하지요. 그리고 포뮬러 원에서 우승하려면 아주 냉혹해야 합니다. 그렇다면 이 틀을 어떻게 짜야 할까요? 어디에 선을 그어야 할지, 이 경쟁적 환경에 어떻게 접근해야 할지 생각한 적이 있습니까?

로스 브런 네. 이런 비유가 적절할지 모르겠지만 당신의 논문에서 분명하게 와 닿는 내용은, 전쟁에 나가야 한다면 어떤 면에서 실패했다는 것입니다. 포뮬러 원에서 우리는 그런 사치를 누릴 수 없어요. 우리는 레이스를 해야 하고 '전쟁에 나가야' 하니까요. 레이스를 하고 상대를 이기는 것이 포뮬러 원의 핵심이고, 그것이 결국 월드 챔피언십 대회의 우승으로 이어지기 때문에 우리는 이 싸움을 피할 수 없습니다. 우리는 나가서 전투를 치러야 합니다. 그러나 전투에 참전해서 계속 싸울 때 나는 몇 가지 중요한 원칙이 있다고 생각합니다. 한 가지 원칙은 내 경쟁자들에 대한 존중입니다. 그들이 나를 좌절시키고 짜증나게 할 수도 있었지만 나는 언제나 그들을 존중했습니다. 나는 항상 어떤 부분은 그들이 나보다 더 잘 할 수 있다고 생각했고, 그들에게 무엇을 배울 수 있을지, 그것을 어떻게 고려 대상에 넣을 수 있을지 자문했습니다. 범위가 넓을 수도 있는데 대략 이런 내용입니다. 그들에게 더 좋은 인력, 더 좋은 설비, 더 많은 예산이 있는가? 그들이 나보다 더 잘하는 것은 무엇인가? 나는 내 역량을 향상시킬 사람을 고용할 수 있다면, 그들은 어떤 사람들을 고용하고 있는가?

애덤 파 그래서 당신은 그들에게서 누군가를 훔쳐오기도 하나요?

로스 브런 네, 그들에게서 누군가를 훔치기도 합니다!

또 한 가지 원칙은 조금 특이한데, 나는 언제나 레이스를 마치고 나면 누군가와 와인 한잔을 할 수 있기를 바랍니다. 나는 레이스가 끝난 뒤에도 격렬한 전투가 계속되길 원하지 않아요. 나는 내 경쟁자에게 존중 받고 나 역시 내 경쟁자를 존중하고 싶습니다. 그리고 주로 공항에서 그들을 볼 수 있기를, 그래서 큰 저의를 품지 않고 함께 와인 한잔을 마실 수 있기를 바랍니다. 거기에 무슨 다른 측면이 있겠습니까?

애덤 파 저, 아직 언급하지 않은 원칙이 있습니다.

로스 브런 뭐지요?

애덤 파 포뮬러 원에는 어떤 '선線'이 있습니까? 혹은 '모든 것이 공정'합니까 …?

로스 브런 선이 있습니다. 포뮬러 원에는 선이 있어요. 그것은 당신이 언제든 그럴 준비가 되어 있는 것이며 스스로 그 선을 만듭니다. 나는 고의적으로 부정행위를 한 적이 없다는 것에 늘 안심했습니다. 내가 본의 아니게 부정행위를 했을지도 모르고 그래서 어쩌다 보니 불상사가 일어났을지는 모르지만 의도적으로 한 적은 결코 단 한번도 없었어요. 솔직히 나는 운이 좋을 때가 있으면 그렇지 않을 때가 있다는 견해를 가졌습니다. 의도치 않게 경주차가 불법이라는 걸 알게 됐지만 들키지 않은 경우, 담당자를 찾아가서 '저기요, 우리 차가 레이스 규정에 위배된다는 걸 방금 알게 됐습니다.'라고 말할 사람은 아마 한 사람도 없을 겁니다. 자신의 운에 감사하고 어떻게 된 일인지 알아낸 다음 다시는 그런 일이 일어나지 않도록 하겠지요. 모든 팀이 마찬가지일 거예요.

애덤 파 그러니까 말하자면, 당신은 의도적인 상황이 전혀 없었고, 의도가 전혀 없었기 때문에 걸린 적이 있을 수 없었겠군요.

로스 브런 자신이 속이려는 의도가 있는지 여부를 스스로 알았다면 결과를 받아들여야 합니다. 나는 결코 의도적으로 속인 적이 없었기 때문에, 만일 무언가가 규칙에 위배된다는 것이 확인된다면 그것은 우리의 과실 때문이었습니다. 무슨 말이냐 하면, 1999년 어느 레이스에서 차체의 일부인 바지 보드_{barge board}(경주차의 앞쪽에서 측면으로 향하는 공기의 흐름을 유도하는 장치 - 옮긴이)가 불법으로 판명된 일이 있었습니다. 디자인 엔지니어의 착오로 설치된 것이었지요. 당신은 그가 그렇게 설치하길 의도했으니 다분히 의도적이라고 주장할 수 있겠지만, 우리 중 누구도 바지 보드가 설치된 걸 몰랐습니다. 우리 중 누구도 차에 바지 보드가 설치된 걸 알아채지 못했고, 심사며 검사 과정이며 온갖 조사를 수행한 사람들은 그의 이해에서 오류를 발견할 수 없었습니다.

애덤 파 그런데 그 일은 정말 흥미로운 경우입니다. 당신이 손을 번쩍 들고 '그 바지 보드는 불법이다.'라고 말한 상황이니 말입니다. 그도 그럴 것이 궁극적으로 그 결정은 당신 손에서 내려졌고, FIA의 독립적인 항소 법원 판결은 바지 보드가 불법이 아니거나 혹은 충분치 않은 …

로스 브런 글쎄요, 그 결정은 내 손에서 나온 게 아니었습니다. 이것은 재미있는 철학적 양상인데, 성격상 나는 그런 상황에서 입을 다

물기 때문입니다. 그저 고개를 숙이고 입을 다문 채 무슨 일이 일어나고 있는지 이해하는 거지요. 하지만 그 레이스 이후 페라리 내부에서는 솔직하게 말하라는 엄청난 압박이 있었습니다. 그리고 뭔가를 말한다는 건 내가 보기에 잘못이었어요. 그럴 필요가 없었으니까요.

애덤 파 그러니까 이 경우엔 '꼼짝없이 걸려들었다'는 말씀이로군요.

로스 브런 그렇습니다.

애덤 파 그렇다면 곤란한 질문을 드려야겠습니다. 당시에 당신은 성격상 '우리가 실수했다'고 말할 수 없었다는 건가요?

로스 브런 그렇습니다.

애덤 파 그렇다면 당신은 성격상 '무슨 일이 일어나는지 두고 봅시다.'라고 말했겠군요.

로스 브런 내 성격상 이렇게 말했을 겁니다. '어떻게 된 일인지 도무지 이해가 되지 않으니, 우리가 가서 무슨 상황인지 알아봅시다.'라고 말이에요. 나는 로리에게 전화를 걸어 '어떻게 된 일이야?'라고 물었어요. 도면을 검토하러 갔는데 세상에, 디자인에 오류가, 착오가 있는 겁니다. 그리고 어떻게 된 일인지 그것이 통과된 거예요. 당신이 도면을 본다면 '대체 어떻게 이런 일이 있을 수 있지?'라고 생각할 겁니다. 온갖 일들이 일어난다는 걸 우리 모두 알지요. 이것은 구멍이 숭숭 뚫린 스위스 치즈에 비유할 수 있을 거예요. 스위스 치즈로 벽을 세워 모든 구멍이 줄지어 늘어서 있는데 화살이 이 구멍 사이로 날아가는 거지요.

애덤 파 논의를 계속하기 위해, 당신이 경주차를 보고 오류가 있음을 확인했다고 가정해 보겠습니다. 일단 당신이 검사를 해서 잘못이 있었음을 확실하게 알았다면, 그래도 당신은 성격상 아무 말도 하지 않았을까요? 아니면 '이런, 우리가 실수했군. 우리는 규칙에 위배되는 차를 만들었어.'라고 말했을까요?

로스 브런 내 성격상 처음엔 아무 말도 하지 않았을 거예요. 상황을 통제하기 위해서 말이지요. 그렇다고 나중에 '우리는 이제 분석을 마쳤고 이제 이해했다. 상황은 보는 바와 같다.'라고 말할 거라는 의미는 아닙니다. 왜냐하면 레이스가 끝난 직후에 경주차가 갖고 있는 오류에 대한 의견을 말하게 되면 우리는 어떻게 할지 몰라 허둥지둥 반응할 텐데, 나는 그러기가 싫어요. 그러므로 내 삶의 목표는 공황 상태에 빠질 가능성을 없애기 위해 항상 노력하는 것입니다. 그리고 이런 상황이 발생하면 우리는 공황 상태에서 반응하게 되고, 그런 식의 충동적인 진술이나 결정 등은 종종 나중에 발목을 잡기 때문에 나는 우리가, 그리고 내가 그런 진술을 하지 않길 바랐습니다.

애덤 파 하지만 당신은 그렇게 진술했고 공교롭게도 그것은 사실이었습니다.

로스 브런 그렇습니다.

애덤 파 맞습니까? 하지만 결국 FIA는 아무런 조치를 취하지 않았지요.

로스 브런 그 다음에 일어난 일은, 이런 상황이면 으레 그러듯이 규정을 검토하지요. 정황을 이해하기 위해 규정을 철저하게 검토합니다. 그리고 이러한 규정들을 검토하면서 우리는 규칙 위반이 아니었음을 제시할 수 있는 해석을 발견했습니다. 그것은 결코 그 규정에 대한 고의적인 실수가 아니었고, 결코 …

애덤 파 '규정에 대한 고의적인 실수'라고요. …

로스 브런 그렇습니다. 이 견해로 다시 돌아가 봅시다! 나는 규정이 어떤 식으로 적용되는지 모두가 알고 있었다고 생각합니다. 그러나 이 일은 나에게 흥미로운 교훈이었는데, 결국 항소 법원에 가면 규정의 용어를 해석할 자격을 갖춘 사람들 앞에 앉게 되기 때문이지요. 그리고 역사적으로 규정은 어떤 특정한 방식으로 적용된다고 가정되었을 수 있으므로 규정의 문구, 규정의 의도, 그리고 규정의 적용은 다를 수도 있습니다. 우리는 평평한 바닥의 허용오차에 대한 설명은 바닥의 평탄도뿐 아니라 바닥의 수직 너비에도 적용된다고 항소 법원을 납득시켰어요. 허용오차가 있고 그것은 표면에서 5밀리미터 내외라고 되어 있었다고 말이지요. 그래서 우리는 '이 표면의 평탄도에 표면의 수직 모서리도 포함됩니까?'라고 물었습니다. 이것은 미묘한 지점이었지만, 우리는 5밀리미터 내외가 수직면뿐 아니라

수평면에도 해석될 수 있다는 논거를 제시했습니다. 이것은 하나의 논거였고 이 논거는 받아들여졌습니다.

애덤 파 당신의 아이디어였습니까?

로스 브런 그 아이디어는 내가 의장을 맡은 어느 회의에서 나왔습니다. 당시에 밝혀진 내용은 FIA가 평평한 바지 보드와 평평하지 않은 바지 보드가 설치된 윈드 터널 테스트를 목격하고, 우리가 취했던 조치에 의해 성능이 향상된 바가 없음을 확인했다는 것이었습니다. 돌이켜보면 그 테스트는 다소 부차적인 것이었지만, 항소 법원에 갔을 때 단지 우리의 실수일 뿐 성능을 향상시키려는 의도는 없었다고 말할 수 있는 근거를 보여주기 위해서였습니다. 이 내용을 입증하는 자리에 FIA의 고문인 피터 라이트Peter Wright가 왔어요. 나는 기회를 봐서 그에게 질문했습니다. '이 원칙에 대해 어떻게 생각하십니까? 이 해석이 적용될 수 있다는 원칙 말입니다. 여기에 테이블이 있고, 이것은 테이블의 평면도일뿐 아니라 너비의 평면도이기도 하지 않습니까?' 문제해결을 위한 상상력이 풍부한 엔지니어인 그는 이렇게 답했습니다. '오, 그런 것 같군요. 당신이 이 논거에 확신을 갖는 이유를 알겠어요. 이 원칙이 수년 동안 적용되어온 방식에 익숙하지 않은 상태에서 법정이나 청문회에 왔다면 그렇게 해석할 수 있겠군요. 당신이 판사이고 이 논거를 제시 받는다면 말입니다. 네, 그렇게 해석될 수도 있겠어요.'

애덤 파 한 가지 사례가 더 있습니다. 2003년에 내가 프랭크의 사무실을 방문했을 때였습니다. 당시 윌리엄스가 챔피언십을 두고 페라리와 싸우고 있었는데, 레이스가 끝날 무렵 갑자기 FIA에서 윌리엄에게 징계를 내리는 겁니다. 미쉐린 타이어의 접지면이 너무 넓다는 게 이유였지요. 프랭크는 '당신은 변호사니까 내게 이 문제에 대해 조언해주시오.'라고 말했고, 팀 변호사인 존 힐리John Healey에게 규정을 가져오라고 했습니다. 그리고 어떤 부분의 규정은 '레이스를 시작할 때 X가 되어야 한다.'는 문구를 사용하고, 어떤 부분의 규정은 'X가 되어야 하지만, 레이스 내내 혹은 주말 내내 혹은 기타 등등 그래야 한다.'는 문구를 사용하더군요. 이 경우에는 '레이스를 시작할 때'라는 문구가 사용되었어요. 그래서 내가 말했지요. '저, 프랭크, 나는 이 분야의 전문가가 아니지만 내가 봐도 여기에 아주 강력한 근거가 있는 것 같습니다. 레이스 초반에 타이어 너비를 측정해서 규정에 저촉되지 않으면 괜찮아요. 레이스 내내 혹은 레이스가 끝날 때 준수해야 하는 규정도 있는데 여기에는 해당하지 않습니다.' 그런 다음 '일단 밀고 나가는 게 좋겠습니다.'라고 말했지만, 그는 그러지 않았어요. 그리고 그 일은 2003년 챔피언십 대회에 중요한 영향을 미쳤고, 사실상 윌리엄스가 우승 경쟁을 벌인 마지막 대회였습니다. 나는 결승전을 위해 스즈카에 갔는데, 그때라도 윌리엄스는 챔피언십을 차지할 가능성이 있었지만 그렇게 되지 않았고 페라리가 우승했지요. 이런 경우 대개는 다른 팀에 불리한 FIA의 해석을 두고 '이 해석이 옳다고 생각하지는 않지만 결과에 매우 만족한다.'라고 생각할 수 있습니다. 그런 경우가 있었습니까?

로스 브런 있었을 겁니다. 그리고 주사위가 어떻게 떨어지느냐에 대한 내 문제로 다시 돌아가면, 때로는 그런 방식으로 판결을 받을 때도 있지만 그렇지 않을 때도 있습니다. 1944년, 최저 차고minimum ride height를 제한하기 위해 차 아래에 나무판자를 처음 끼워 넣었을 때, 판자의 두께는 10밀리미터이며, 9밀리미터 이하로 마모되어서는 안 되고, 혹시 훼손되면 측정하지 말고 무게를 재서 무게가 원래 무게의 90퍼센트이면 계속해서 사용할 수 있다는 규정이 있었습니다. 벨기에 스파에서 우리는 이미 판자 앞부분을 상당 부분 마모시킨 데다 세게 부딪치기까지 해서 판자가 상당히 훼손되었어요. 그런데 미하엘이 연석을 넘어가는 바람에 판자가 부서졌지요. 그래서 우리가 말했어요. '판자가 훼손되어 무게를 측정해야 한다. 규정에는 판자가 훼손되어 더 이상 측정할 수 없으면 무게를 재라고 나와 있다.' 그런데 FIA는 이렇게 답하는 겁니다. '아니다, 우리는 둘 다 할 거다.' 결국 우리는 그 레이스에서 패했습니다. 나에게 그 일은 아주 분명했습니다. 판자는 9밀리미터 이상 마모되어서는 안 되지만 훼손된 경우 더 이상 측정하지 않고 무게를 재야 한다고 규칙에 나와 있었어요. 그런데 규칙에 나온 내용과 다르게 해석된 겁니다. 그래서 나는 우승이 코앞에 있었고 쉽게 결정 날 거라고 생각한 경기에서 지고 말았습니다.

애덤 파 이제 2009년 브런 GP의 해에 대두되었던 '규칙의 의도' 혹은 '규칙의 정신'이라고도 표현할 수 있는 문제로 돌아가 보겠습니다. 우리는 '더블 디퓨저' 사건 때문에 모두 파리에 있었습니다. 이 사건의 흥미로운 양상은 규칙의 정신 혹은 의도가 무엇인지에 대해 중점적으로 다루어졌다는 것이에요. 그리고 우리는 이 주제를 매우 재미있게 여겼습니다. 당시 프랭크 더니는 '포뮬러 원의 정신은 똑똑한 사람이 어리석은 사람을 이기는 것이다.'라고 말했던 것 같습니다. 그건 그렇고 철학적인 문제는, 사람들은 자동차를 보지만 훌륭한 포뮬러 원 디자이너들은 자동차를 보지 않고 규칙을 본다는 것입니다. 그리고 그들은 규칙들을 보고 이것, 이것, 이것을 할 수 있겠다, 라고 말하는 거죠. 사륜구동 차를 제작할 수 있고 규칙이 그걸 허용한다면 그 차를 만들어야 합니다. 사륜구동 차를 만들 의도가 없었다고 생각하는 것과 무관하게 말이지요. 문제는 규칙 안에서 할 수 있느냐 없느냐입니다. 그러므로 철학적인 질문은 규칙의 의도가 중요한가? 하는 것입니다.

로스 브런 아니오, 나는 의도가 중요하다고 생각하지 않습니다. 하지만 조금 거슬러 올라가서 이렇게 말할 수 있을 거예요. 내 원칙은 무엇이었는가? 내가 참가했을 때 내가 적용한 원칙들은 무엇이었는가? 라고 말이지요. 내 원칙은 결코 의도적으로 속임수를 쓰지 않는다는 것이었습니다. 그래서 결코 의도적으로 경주차에 어떤 조치를 취하지 않았고, 내 엔지니어들에게도 의도적으로 속임수를 쓰도록 부추기지 않았어요. 여기에는 측정할 수 없는 것들도 전부 포함됩니다. 일부 규정에는 측정하기에 극히 까다로운 요구사항들이 있으며, 알다시피 FIA는 그런 요구사항들을 일일이 확인할 능력이 없습니다.

애덤 파 그래서 당신 말은 사실상 들키지 않는다 해도 …

로스 브런 들키지 않는다 해도 속임수를 쓰지 않습니다. 우리는 규정에 대해 가능한 가장 설득력 있고 가장 경쟁력 있는 해석을 합니다. 그러려면 FIA 기술 대표와 협상해서 우리의 주장, 규정에 대한 우리의 해석이 신빙성이 있다고 그들을 설득할 수 있는 정치적 환경을 되찾아야 합니다. 우리는 레이스 회의 관계자들의 의견이 다를 수 있기 때문에 이 과정이 그렇게 간단하지 않다는 걸 알지만, 기술 대표들을 당신 편으로 만드는 건 언제나 바람직합니다. 그렇기 때문에 규정에 대한 대단히 경쟁력 있는 해석이 언제나 매우 중요하지요.

어떤 일을 들키지 않는다면 … 들키지 않는다는 말은 적절치 않군요. 어쩐지 벌써부터 죄책감이 느껴지는 것 같지 않나요? 하지만 자동차 디자인에서 불법으로 간주되거나 불법이라고 주장되는 측면이 있다는 사실이 밝혀진다면, 그런 경우 FIA의 기술 고문들과 사전에 이 문제를 논의한 것이 항소 법원에서 변호할 근거가 됩니다. 큰 실수를 했다는 걸 알게 되어 처벌을 받고 항소를 해도 소용이 없는 경우들이 있습니다. 하지만 사람들이 한번 덤벼볼까 하고 생각만 한다면, 나는 실제로 덤볐을 거예요. 나는 이것을 게임의 일부로 여기기 때문이지요. 바지 보드 사건에서 나는 한번 해볼 만한 가치가 있다고 생각했습니다. 어떤 경우는 져서는 안 되는 때에 논쟁에서 졌다는 걸 인정할 때가 있었습니다. 마찬가지로 '흠, 이거 일이 흥미진진하게 돌아가는군.' 하고 생각하는 상황에서 이길 때도 있었을 테지요. 나는 그런 경우를 경쟁의 일부로 여깁니다. 항소심에 가서 판사들에게 훌륭한 논거를 갖고 설득하는 능력은 그 과정의 일부입니다. 덤벼들어서 항소심 판결의 옳고 그름을 따져야 합니다.

애덤 파 다시 말하지만, 우리가 더 넓은 세계를 본다면 어떨까요. 내가 포뮬러 원에 들어와서 크게 눈에 띄는 점들 중 하나는 선이 존재한다는 이 개념이 내가 이전에 속했던 기업 세계와 상당히 다르다는 것입니다. 알다시피 제대로 운영되는 기업에는 선이 있다고 해도 평소에는 전혀 보이지 않습니다. 상황을 한계까지 밀어붙이는 지경에 이르지 못하도록 행동 기준과 준수할 규정, 그리고 통제 과정이 있으니까요. 기업은 그런 식으로 움직이지 않습니다. 알다시피 독점규제법, 환경법, 안전 관련 법 안에서 한계 상황까지 갈 수가 없지요. 예를 들어, 폭스바겐 사람들이 소프트웨어를 조작해, 테스트 기간에는 배기가스를 줄이고 도로에서는 더 나은 연비를 위해 배기가스를 증가시킨다고 합시다. 포뮬러 원 세계에서는 완벽하게 괜찮다고 하겠지요. 테스트가 실험을 위한 것이라면 테스트에 응할 수 있지만, 트랙에서 일어나는 일은 문제가 다릅니다. 다른 사람들이 해야 할 과제를 당신이 대신 할 의무는 없지만, 당신의 인생철학 혹은 포뮬러 원의 철학이 기업 세계에서 어떻게 적용되는지 묻고 싶습니다. 기업에서 적용이 될까요? 그럴 수 있을까요?

로스 브런 나는 우리 분야가 상당히 어렵다고 생각합니다. 극한의 경쟁 속에 있는 우리 분야에서 그것이 어떻게 관련되는지 알기는 어려운데…

애덤 파 그렇다면 다른 예를 들어보겠습니다. 세금을 예로 들어보지요. 요즘 기업의 세금 납부가 중요한 문제인데요. 기업에서는 '우리는 납부해야 할 세금을 전부 납부한다.'고 말합니다. 구글, 아마존, 스타벅스 등을 보면 공교롭게도 영국에서는 그런 일이 거의 0에 가

갑습니다. 이것이 바로 법은 법일 뿐이라는 경우에 해당하지요. 그들이 법에 저촉되지 않을 수도 있지만, 사람들은 대기업은 가치를 창출하는 곳에 세금을 납부해야 한다고 기대하고 예상하며, 만일 그들이 20억 파운드의 매출액이 발생해 수익이 생겼는데 한 푼도 납부하지 않는 것은 용납되지 않을 것입니다. 이 같은 문제에 대해 당신은 어떤 입장입니까?

로스 브런 이 예가 더 적절군요. 내 견해는 기업은 잘못한 게 없다는 것입니다. 엄밀하게 말하면요. 기업들은 각자의 판단에 따라 홍보를 하고 브랜드를 이미지화할 수 있어요. 조세 규칙으로 비용이 증가하거나 이익이 감소하면 조세 규칙을 수정할 필요가 있지요. 세금의 도덕적인 수준을 정할 방법은 없어요. 모두가 세금을 충분히 납부하고 있다고 확신하게 되는 지점은 어디쯤일까요? 이건 도덕에 관한 문제가 아닙니다. 홍보에 관한 문제일지 몰라도요. 그리고 그 지점은 그들이 판단하겠지요. 그들은 이렇게 결정할지도 모릅니다. '우리가 세금을 납부하고 싶은 걸 보니 실제로 이익이 좀 나려나보군.' 그러나 나는 기업의 철학보다는 규제 과정에 책임이 있다고 생각합니다. 기업은 서로 경쟁해야 하고, 따라서 납세 의무를 회피함으로써 더 많은 돈을 지역에 투자하고 더 많은 사람을 고용할 수 있으니까요. 더 많은 엔지니어를 고용할 수도 있고요. 잠깐 주제에서 벗어난 이야기를 하자면, 우리는 이 모든 과정에서 기업이 나라에 들여오는 돈을 잊어서는 안 됩니다. 구글이 고용하는 엔지니어가 몇 명인지 모르겠지만, 수천 명까지는 아니더라도 수백 명은 될 테니까요. 이처럼 기업들은 수천 명의 직원을 고용합니다. 기업들은 국가 보험과 세금을 전부 지불하고 있어요. 그리고 직원들의 급여가 우리 경제에서 사용되고 있고요. 나는 수정이 필요한 것은 기업의 태도가 아니라 규제 과정이라고 생각합니다. 기업에는 홍보 문제가 있지요.

애덤 파 글쎄요, 이런 접근 방식으로 공정한 경쟁의 장이 만들어질지 잘 모르겠군요. 하지만 당신이 말하려는 요점은, 그리 놀랄 것도 없이, 당신의 철학은 규칙을 살펴보고 이 규칙 아래에서 최선을 다하자는 것이지요. 그리고 포뮬러 원에서 늘 일어나는 일이듯 누군가 규칙을 바꾸길 원하면 바꾸면 되는 것이고요.

로스 브런 그것이 중요한 점이라고 생각합니다. 나는 규칙에 의해 어느 한 팀이 다른 팀에 비해 혜택을 입지 않도록 적정한 기간에 걸쳐 규칙이 변경되는 한, 규칙을 변경하는 것에 결코 반대하지 않았습니다. 어쩌면 경쟁적인 성격 탓에, 성적을 위해 무언가를 바꾸려고 로비했을지도 모르지요. 이렇게 누군가가 내가 전혀 동의하지 않는 해석을 취해서 경쟁적인 이득을 얻었다면, 나는 규칙을 바꾸기 위해 로비하는 것이 완벽하게 정당하다고 생각했을 겁니다.

애덤 파 실제 사례를 들어보겠습니다. 포뮬러 원은 규칙 변경이 경쟁자의 경쟁력에도 영향을 미치는, 세계에서 거의 유일한 스포츠입니다. 어쩌면 아메리카 컵 America's Cup(국제 요트 경기 - 옮긴이)이 여기에 해당될 수도 있겠군요. 축구에서는 골문의 크기나 경기장의 길이, 오프사이드 규칙 등을 바꿀 수 있을 테지만, 모든 선수들이 동일한 위치에 있습니다. 하지만 포뮬러 원은 그렇지 않아요. 당신은 규칙을 변경하면 다른 무엇보다도 누가 우승하는지에 영향을 미친다고 주장할 수 있었고, 규칙을 변경함으로써 누가 득이 되고 누가 실이 될지 정확히 알았기 때문에 규칙을 변경하도록 권장하거나 변경해서는 안 된다고 만류한 경우가 많았을 것입니다.

로스 브런 네, 어느 정도는 그랬지만, 그보다 나는 우리 팀 위치가 더 염려됐습니다. 하지만 틀림없이 당신도 이런 과정에서 다르지 않았을 거예요.

애덤 파 네, 최근까지 모두가 이런 과정에 동참했지요. 모터스포츠를 주관하는 새로운 콩코드 협정에 대해 놀라운 점은 규칙 제정에 모든 팀이 참여하지는 않는다는 것으로, 나라면 이 부분이 상당히 미심쩍다고 생각했을 겁니다.

로스 브런 그렇습니다. 그리고 이 부분은 실패하고 있지 않습니까? 지금 그들은 규칙 변경에 진전을 이루기 위해 상당히 고전하고 있는 것 같은데, 그 이유 중 일부는 모든 팀이 참여하지 않아 혼란이 야기되고 그것이 영향을 미치기 때문입니다. 나는 그 점이 큰 실수라고 늘 생각했습니다. 나는 항상 규칙 변경을 일종의 기회로 여겼기 때문에 규칙 변경에 불만을 가져본 적은 없습니다.

애덤 파 하지만 이 변경 사항이 당신에게 유리하지 않다면 어떻게 하시겠습니까? 예를 들어, 1994년 시즌에서 액티브 라이드 서스펜션이 금지되었을 때 말입니다.

로스 브런 당시 내가 속한 베네통은 시스템이 훌륭했습니다. 그래서 그 시스템을 빼앗겼을 땐 무척 답답했어요.

애덤 파 패트릭 말로는 프랭크가 회의에서 액티브 라이드 금지에 동의해 패트릭이 크게 화를 냈다더군요.

로스 브런 상상이 됩니다. 둘이 맞지 않았을 거예요. 기술 규정 변경에 동의하는 팀의 총감독들에게는 이런 점이 문제였습니다. 플라비오가 이 일에 대한 이해가 전혀 없어서 우리의 조언에 의지해야 했다는 것이 어떤 면에서 나에게는 다행이었어요. 이해를 못했기 때문에 몇 가지 실수도 했지만요. 장 토드는 총감독 회의에서 기술적 논의나 결정을 할 땐 아예 관여하지 않았습니다. 그는 내가 결정해야 한다고 고집했지요.

애덤 파 나는 항상 플라비오가 상당히 영리한 사람이라고 생각했습니다. 2008년에서 2009년에 플라비오는 우리가 장비 일체를 가지고 다녀야 했기 때문에 연료 재급유는 자금 낭비라고 늘 불평했어요. 아무튼 우리는 내부 논의 끝에 연료 재급유 금지 조항에 동의했는데, 윌리엄스가 2011년 말에 르노 엔진으로 갈아탔을 때 우리는 그들이 실제로 연료 효율이 매우 높은 엔진을 가지고 있다는 걸 알게 되었습니다. 플라비오도 그 사실을 알았을 텐데, 당시엔 '아, 그래서 그가 이걸 그렇게 밀어붙이고 있구나.'라고 생각한 사람이 우리를 포함해서 그리 많지 않았던 것 같습니다. 하지만 내 느낌으로 그는 상당히 영리했던 것 같아요. …

로스 브런 나에게 규칙은 게임의 일부입니다. 규정을 만드는 데에 참가자들의 발언권이 크다는 점에서 역시나 이것은 포뮬러 원을 특별하게 만들지요. 당신이 나중에 규정을 결정하는 과정을 경험하게 된다면, 틀림없이 의식적으로든 무의식적으로든 자신의 입장을 염두에 두게 될 겁니다. 그건 어쩔 수 없어요. 하지만 규칙이 3년 혹은 2년 뒤에 시행된다는 걸 알면 포뮬러 원을 위해 무엇이 최선인지에 대해 보다 균형 잡힌 견해를 갖게 될 거예요. 규칙이 다음 해에 시행되면 '가만, 내 차에는 이런저런 것이 장착되어 있는데.' 따위를 생각하게 될 테니까요. 시행 시기는 매우 중요했고, 나는 항상 규칙 변경을 기회로 보았습니다. 나는 사람들이 '이런, 규칙을 또 바꾸려는 거야.'라고 말하는 걸 듣는 게 늘 좋았어요. 그럴 때마다 이렇게 생각하곤 했지요. '좋았어, 이 규칙을 어떻게 이용해먹을까?'

애덤 파 소속 팀의 재원이 충분하고, 엔지니어링 부서가 훌륭하며, 당신 말처럼 엔진팀과 차대팀이 통합되어 있다면 규칙이 바뀐다 해도 별로 두려울 게 없을 겁니다.

로스 브런 아니오, 누구나 이 변화를 환영할 거예요.

애덤 파 그 시점에 유력한 위치가 아니라면 특히 그렇겠군요. 만약 당신이 레드불과 르노에 소속되어 있고 챔피언십 대회에서 4연승을 달리는 중에 누군가가 엔진 규격을 변경하기로 결정한다면 더욱 곤란할 겁니다. 크리스천 호너*는 새로 변경된 엔진 규칙이 아무런 이익이 되지 않았기 때문에 이 규칙에 반대하기 위해 죽기 살기로 싸었습니다. 그리고 결국 그에게는 큰 재앙이 되었지요.

로스 브런 그리고 우리에게는 기회가 되었고요. 우리는 엔진 규정이 바뀌길 간절히 원했어요.

애덤 파 물론입니다. 하지만 당신이 당시 레드불 총감독이었다면 어땠을까요?

로스 브런 나는 페라리에서의 경험이 있기 때문에 새로운 엔진을 개발하는 초기 단계에 르노와 손잡고 더 많은 성과를 얻기 위해 노력했을 것 같습니다.

애덤 파 앞의 질문으로 돌아가서, 일단 규정이 변경된 후에 당신은 어떻게 대응했을까요? 상정된 변경 사항들에 대해 어떻게 조치를 취했을까요? 규정 변경을 막기 위해 싸웠을까요?

로스 브런 네, 그런 경우엔 아마도 그랬을 겁니다.

애덤 파 그리고 당신은 '그 규정은 비용이 많이 들 것이다.'라고 주장했을 겁니다. 실제로 그랬고요. 그리고 당신은 V8 엔진은 훌륭하다, 이 엔진은 상당히 괜찮은 것 같다, 이 엔진은 소리도 좋고, 나름대로 연료 효율이 상당히 좋다고 말했을 거예요. 우리에게는 에너지 회수 장치가 있었지요. 당신은 '보시오, 여기에 작지만 대단한 패키지가 있는데 규정을 변경하는 건 비용만 더 들 뿐입니다.'라며 성공적으로 주장할 수 있었습니다. 물론 사람들은 이 주장에 반박하려 했지만 이길 수 없었어요.

로스 브런 기억하시겠지만 르노가 규정 변경 배후의 주동자였습니다. 역설적인 아니 얄궂은 상황이지요. 그들은 보다 적절한 엔진을 원했기 때문에 그것이 논점이었어요.

애덤 파 하지만 규정 변경 이후에 일어난 일을 돌아보면, 당신은 레드불과 르노의 협업이 제대로 이루어지지 않은 것이 그들 실패의 주요 요인이었다고 생각하는 것 같습니다.

로스 브런 그건 아주 중요한 문제였습니다. 새 엔진으로 2014년에 처음 레이스에 참가할 때까지 축적된 그 기간 동안 메르세데스 소속인 우리가 분명하게 알게 된 사실 중 하나는, 우리가 FIA에 엔진 규정에 대한 해석이나 유권해석◆을 요청할 때마다 매번, 명백히, 우리가 첫 번째 요청자였다는 것이었습니다. 이로써 나는 우리가 다른 엔진 제조업체에 비해 게임에서 앞서 있다는 걸 알았습니다. 모두들 시간이 충분하다고 생각하는 것처럼 보인 그때 우리는 엔진 프로젝트 초기부터 작업에 들어갔습니다. 그들은 이 일을 잘해낼 기회가 충분하다고 생각했습니다. 그러나 메르세데스에서 우리는 시간이 부족하리라는 걸 알았어요. 그래서 일찍 작업을 시작하는 것이 아주 중요했지요. 당시 메르세데스의 고성능 엔진팀 감독이었던 토마스 푸어 Thomas Fuhr 같은 사람들이 이 모든 일의 기초를 노련하게 다졌습니다. 모든 예산이 제대로 책정되었는지 확인하고, 모든 일이 제대로 돌아가는지 확인하며, 일찌감치 작업을 밀어붙이는 등 모든 일을 말이지요.

우리가 나중에 시작하게 될 한 가지는 프로젝트 관리 방식에 대한 철학입니다. 그리고 얼마간 교차하는 시간이 있기 마련인데, 새 프로젝트와 현재의 작업을 완전히 분리할 수 없으므로 그 시간 동안 나는 2014년 규칙 변경을 위한 신차 개발과 같은 프로젝트를 위해 설치한 각 팀들을 항상 신뢰했습니다. 그렇게 해서 2014년 신차 개발을 위해 제프 윌리스Geoff Willis가 차대팀 프로젝트 팀장으로, 앤디 코웰Andy Cowell이 엔진 프로젝트 팀장으로 고용되었으며 그들은 아주 초기 단계부터 이 프로젝트에 전념했습니다. 엔진과 차대의 협업이 제대로 이루어지려면 엔진뿐만 아니라 차대도 동시에 디자인해야 하기 때문이지요. 그리고 새로운 규정에 따른 완성차를 디자인해야 하고 필요한 사항이 무엇인지 알아야 합니다. 차대와 엔진의 구성, 냉각 방식 등 그밖에 모든 것들을 점검해야 하지요. 그리고 냉각 장치를 최적에 배치한 덕분에 우리는 엔진에 터빈과 압축기 각각의 독특한 디자인을 시도할 수 있었습니다. 재미있는 사실은, 스테파노 도메니칼리의 말에 따르면 페라리도 이 개념을 고려했었지만 한참을 미루다가 결국 엔진 디자인에 통합하지 못했다는 겁니다.

애덤 파 시간은 내 논문에서 다루는 소재인데요, 전략에 관한 책들의 핵심 원칙 중 하나는 시간은 대단히 중요하지만 동시에 역설적이라는 것입니다. 그리고 시간이 절대적으로 중요한 분야로 포뮬러 원만한 데가 없지요. 어떤 시즌에서는 어찌나 대단한 기세로 진전이 이루어졌던지, 마지막 레이스에서 가장 느린 차가 첫 번째 레이스에서 가장 빠른 차보다 더 빠른 때도 있었습니다. 첫 번째 레이스와 마지막 레이스의 간격은 6개월이었지요. 이처럼 한편으로는 시간이 결정적으로 중요하지만, 다른 한편으로는 지나치게 서둘러서는 안 되고, 공황 상태에서 반응해서도 안 되며, 생각하고 준비하는 데 시간을 들여야 합니다. 당신도 말했듯이 가령 새로운 팀에서 모두를 알게 되는 데 1년, 분위기를 정리하는 데 1년, 우승하기 시작하는 데 1년이 걸리지요. 하지만 포뮬러 원에서는 그렇게 참을성 있는 사람이 많지 않습니다. 당신은 시간을 어떻게 이해하고 이용하십니까?

로스 브런 시간을 낭비해서는 안 됩니다. 아무리 체계적인 계획을 세운다 하더라도, 그것에 시간을 낭비해서는 안 됩니다. 우리가 앞에서 논의한 게으름에 대한 내용으로 돌아가 보겠습니다. 내가 항상 강력한 구조가 필요했던 이유는 게으름 때문이에요. '내가 게으름의 의미를 잘못 알고 있나?'라고 생각한 때가 있었어요. 예를 하나 들지요. 내가 혼다를 인수했을 때였습니다. 나는 2007년 말에 팀에 합류해서 2008년을 위해 경주차 제작에 최선의 노력을 기울였는데, 내가 혼다에서 도착할 무렵 이미 디자인이 완성되었고 시스템도 잘 돌아가고 있었습니다. 나는 약간의 영향을 미칠 수 있었고 실제로 그 경주차로 점수를 획득해 지난해보다 훨씬 좋은 성적을 거두었습니다. 하지만 우승 가능성은 적었어요. 나는 이사회에 이렇게 말했습니다. '첫해는 예년과 같을 겁니다. 두 번째 해에는 새로운 규정이 적용될 터이므로 그것에 초점을 맞추어야 합니다. 나는 내가 가진 자원을 활용해야 하고 최대한 자원을 구축할 테지만, 우리가 2년차에 성공하기 위해서는 자원을 사용해야 합니다.' 앞에서 언급한 나의 이상적인 3개년 계획은 새로운 규정 도입으로 인해 제대로 시행되지 못했지만 무시할 수는 없었습니다.

혼다가 철수했을 때 나는 그 상황을 되돌아보며 평범한 한 해가 철수 결정에 어떤 영향을 미쳤을까 생각했습니다. 2008년은 평범한 해였습니다. 2007년에는 오르지 못했던 시상대에 뜻밖에도 두 번이나 올랐지만요. 그러나 내가 2008년에 더 많은 노력을 기울여서 우리가 레이스에서 우승했다면, 혼다가 모터스포츠 세계에서 철수하겠다는 결정은 달라졌을지도 모르겠습니다. 지금 막 당시 일을 되돌아 보니, 당시 내가 아는 지식으로 과연 다른 결정을 내렸을지 확신이 서지 않는군요. 하지만 이것은 시간이라는 것의 흥미로운 측면이었습니다. 자원의 사용 방식 등에 대해서도요. 그러나 통상적인 상황에서 쉽게 예측할 수 있는 것을 말하자면, 레이스에서 우승하는 경주차들은 레이스에 우승하기 직전 겨울에 디자인되지 않는다는 것입니다. 이런 경주차들은 성공적인 제작에 필요한 디자인과 엔지니어링을 개발하기 위해 수년간 노력한 끝에 나온 결과물이에요. 당신이 성공한 팀에 소속되어 있다면, 때때로 그 지식을 새로운 팀에 얼마간 이식하거나 혹은 최소한 승진할 수 있겠지요. 그러나 기반 시설이 자리 잡는 데는 어느 정도 시간이 걸립니다. 가령 훌륭한 드라이버 모의실험 장치가 갖추어지지 않은 팀에 간다면, 당신이 그것을 구축해야 합니다. 당신이 간 팀에 좋은 윈드 터널이나 CFD$_{\text{computational fluid dynamics}}$(전산유체역학) 장치가 갖추어지지 않았다면, 당신은 스위치를 돌리는 즉시 최고 수준의 설비를 갖추기 어렵습니다. 당신이 간 팀의 수석 공기역학자가 능력이 없다면, 능력 있는 사람을 찾아 그를 시스템에 투입하는 일련의 과정에 6개월 혹은 12개월

이 걸릴 겁니다. 시간이 걸리는 일들이 있어요.

　아마도 메르세데스처럼 조직을 확립하고 경쟁력을 크게 개선하고 싶다면, 장차 새로운 규정과 새로운 엔진에 사용할 수 있는 자원을 만들기 위해 전념해야 합니다. 그리고 때로는 그로 인한 고통을 감수해야 해요. 예를 들어, 2013년에 2주간의 의무적인 여름 휴식기까지 우리는 챔피언십을 위해 싸우고 있었지만 가능성은 매우 희박했습니다. 휴식을 마치고 돌아오니 레드불이 앞서 나가더군요. 레드불은 그들의 경주차로 커다란 진전을 이루었는데 …

애덤 파 아니, 그들은 아주 상쾌한 휴식기를 보냈지요!

로스 브런 맞습니다. 우리는 더 이상 동등한 수준이 아니었고, 그들과의 격차가 0.5초 벌어졌어요. 그 이유는 내가 여름 휴식기가 시작되기 몇 달 전 모두에게 이렇게 말했기 때문입니다. '나는 우리가 이번 챔피언십 대회에서 우승할 수 있을 거라고 생각하지 않는다. 나는 포기하지 않겠지만, 우리는 더 장기적인 목표에 중점을 두어야 한다.'고 말입니다. 그렇게 해서 그 해 여름 우리는 신차 개발을 위해 모든 노력을 총동원했습니다. 엔진과 차에 주력했어요. 누구나 기회를 얻기 위해 자원을 사용하지요. 그리고 메르세데스는 이제 두 차례 월드 챔피언십 대회에서 우승했고, 그러한 방식으로 자원을 투입하면서 '우리가 원하는 위치는 어디인가?'라는 비전을 갖기로 결정한 것을 바탕으로 세 번째 우승을 향해 가고 있습니다.

　현재 당면한 문제 위에 계속 자원을 쌓아 올리는 한편 자원의 일부를 미래에 투입하도록 허용하지 않는다면, 결코 그런 미래를 갖지 못할 것입니다.

애덤 파 대형 팀에서조차 실적에 대한 압박 때문에 그것은 그리 간단한 일이 아닙니다. 독립 팀에서는 성과를 올리지 않으면 후원자를 잃기 때문에 치명적일 수 있고요. 당신 말을 들으니 당신 팀이 2009년 월드 챔피언십 대회에서 두 차례 우승했고, 지난 두 시즌인 2014년과 2015년에 다시 주목할 만한 위치에 올랐다는 사실이 떠오르는군요. 그 사이에 3년이라는 공백이 있었는데요. 그 3년 동안 메르세데스는 포뮬러 원에 있었습니다. 성적이 꾸준히 나아졌다는 것이 맞는 말인지 모르겠지만, 당신 말대로 메르세데스는 2013년 상반기가 되어서야 챔피언십 경쟁자가 되었습니다.

로스 브런 우리는 2010, 2011, 2012년을 불모지에서 보냈습니다. 2010년에 우리가 어려움을 겪은 이유는 2009년에 다음 해에 필요한 것을 할 자원이 없었기 때문입니다. 그 다음 2011년과 2012년에는 그러니까 정치적 혹은 이데올로기적 이유들을 위한 자원이 없었기 때문에 꽤나 힘들었습니다. 메르세데스는 팀을 인수한 뒤 자금을 투자하지 않아도 팀을 운영할 수 있다고 확신했습니다. 충분한 후원을 받을 테고, 팀들 간의 자원 제한 협정Resource Restriction Agreement은 우리가 포뮬러 원이라는 새로운 세계에 완벽하게 적합하다는 것을 의미할 테니까요. 그러나 페라리와 레드불은 자원 제한 협정에 조금도 관심이 없다는 것이 분명해졌습니다. 그리고 우리도 상당히 비싼 드라이버들에 투자했지요. 토토 볼프가 합류했을 때, 그가 한 좋은 일들 중 하나는 이사회가 현실을 직시하게 만든 것입니다. 아마 그가 합류하기 얼마 전이었을 거예요. 이사회는 윌리엄스와 메르세데스의 예산을 비교했어요. 순익은 거의 비슷했지만, 우리는 비싼 드라이버들을 데리고 있었습니다. 따라서 사실상 윌리엄스에 비해 엔지니어링과 차에 훨씬 적은 비용을 지출하던 셈이었지요.

2010년에 내가 처음 제출한 예산안은 2900만 파운드가 삭감되었고 그로 인해 나는 기분이 상했습니다. 이처럼 불모지에서 몇 년을 보내야 했던 원인은 팀의 구조 변화, 팀이 원하거나 필요로 하는 위치에 대한 확신 부족, 필요한 헌신의 수준 미달, 그리고 팀의 추진력 상실 때문이었습니다. 그러던 2011년 말과 2012년 초 그 해 겨울에 이사회와 몇 차례 거친 논의가 오갔습니다. 메르세데스는 철수를 생각하고 있었지만, 다행히도 이후 반대 방향으로 논의가 흘러 우리가 필요한 것을 얻기 위한 자금을 투입했어요. 그렇게 해서 제프 윌리스가 합류했고 알도 코스타가 합류했습니다. 우리는 윈드 터널 모델을 40퍼센트에서 시작해 50퍼센트까지 구축했습니다. 신선한 자극이 생겼지요. 우리는 말했어요. '좋아, 한번 해보지 뭐. 그러다 안되면 어쩔 수 없고.' 하지만 그 과정에서 그들은 나에 대한 신뢰를 잃었던 것 같습니다. 그들은 그밖에 필요한 것이 무엇인지 알아보기 위해 이리저리 찾아다니기 시작했고, 나 역시 환멸을 느끼게 되었습니다. 서로가 마찬가지였을 거예요. 결국 나는 팀을 떠나게 됐지만, 내 생각에 …

애덤 파 당신이 팀을 떠난 때가 …

로스 브런 … 2013년 말이었습니다.

애덤 파 당신이 내게 전화했던 걸 기억하시는지 …

로스 브런 … 기억합니다. 하고 말고요. …

애덤 파 … 2013년에 당신이 전화로 어떻게 하면 좋을지 상의했지요. 나는 이렇게 말했고요. '가지 마세요. 당신이 이만큼 팀을 만들어 놓았잖아요. 당신은 새로운 팀, 새로운 엔진과 함께 그리고 루이스 해밀턴과 함께 2014년 월드 챔피언십 대회에서 우승할 거예요. …'

로스 브런 그랬지요.

애덤 파 … 그리고 다른 사람들이 공을 인정받게 될 거라고도 말했습니다. …

로스 브런 맞습니다.

애덤 파 그리고 나를 놀라게 만든 한 가지가 있는데, 당신도 그걸 알고 있었다는 것입니다. 틀림없이 뭔가 아주 좋은 방안을 갖고 있었겠지요.

로스 브런 그 당시 나는 감정적으로 지쳤던 것 같습니다. 사람들이 그처럼 나를 깎아내린 상황을 겪어본 적이 없었어요. 책에서 찾아볼 땐 재미있는 일이지요. 나는 가는 곳마다 자주 격한 토론을 벌이곤 했지만 항상 지지를 받았습니다. 베네통, 페라리, 혼다 등 모든 팀이 나를 지지했고, 내 마음대로 내 팀을 운영하면서 굳이 누구에게 일일이 답변하지 않아도 되었어요.

애덤 파 그 결과 다소 오만해졌다고 생각하시나요?

로스 브런 그랬을지도 모르죠. 포기하고 싶지 않은 어떤 독립성을 누렸다는 의미에서 오만하다고 정의할 수 있을 것 같습니다. 팀 안에서의 특정한 지위나 책임을 누구와도 공유하고 싶지 않았다는 의미에서 말이에요.

애덤 파 많은 사람들에게 일어나는 일이지요. 결국 감정적으로 고갈되는 순간이 있는데, 어쩌면 나도 결국 그런 이유로 그만둔 것 같습니다. '왜 이런 상황을 참아야 하는지 더 이상 모르겠다. 그럴 필요가 없다.'라는 감정이 드는 거지요. 한편으로 그런 이유가 있었고, 또 다른 한편으로는 늘 협잡에 휘말리는 상황에 신물이 났어요. 포뮬러 원은 그런 것에 능하지요. 하지만 정치, 공직, 기업 분야에서 일하는 많은 사람들도 같은 경험을 합니다. 할 수 있다면 지금 다른 방식으로 하고 싶은 일이 있습니까?

로스 브런 당시를 돌이켜보면 나는 신선한 경험을 하고 있었습니다. 나는 회사의 일부를 메르세데스에 매각했습니다. 절반은 아바르~Aabar~(아부다비 투자 그룹)의 소유이고 절반은 메르세데스의 소유였는데, 머지않아 그들 사이가 곤란해지기 시작했다는 점에서 매각 후에 더 골치 아파졌어요. 아바르는 재정 위기를 겪는 메르세데스를 지원해 재정적으로 큰 도움을 주었지만 요구사항이 아주 많았습니다. 그러자 관계가 악화되기 시작했고 그것이 팀 전체에 영향을 미쳤지요.

우리는 이사회에서 한 표를 얻었고, 아바르 임원들은 우리에게 이쪽 방향으로 가라고 로비하고 있고, 메르세데스는 우리에게 반대 방향으로 가라고 로비하고 있는 상황이라, 우리는 중간에 끼어 있었습니다. 하지만 사실상 우리는 아바르와는 미래가 없었기 때문에 메르세데스가 우리의 미래라는 걸 알고 있었습니다. 메르세데스에는 엔진과 잠재력이 있었어요. 이것이 꽤 오랫동안 상황을 복잡하게 만들었지요. 우리는 추경 예산 요구를 주주들 사이에 확산시키는 데 어려움을 겪었습니다. 우리는 여전히 23퍼센트의 주식을 보유했고 지불할 돈도 있었습니다. 이런 종류의 포뮬러 원 팀은 전통적인 의미에서 이익이 나지 않아요. 이런 팀은 성공할 경우 소유주들에게 이미지와 제품의 브랜딩을 제공하겠지요. 그리고 이미지와 브랜딩은 주식의 일부만 보유한 우리에게는 아무런 관련이 없습니다.

나는 이런 일들이 어떻게 끝날지 깊이 생각해본 적이 없어서, 그 몇 년 동안 정신이 혼란해졌습니다. 노르베르트 하우는 메르세데스 모터스포츠 사장이었는데, 매우 훌륭한 의도를 가진 사람이었지만 당연히도 이사회와 팀 사이에 끼어 있었어요. 그는 이사회에 그들이 이 팀을 인수할 수 있으며 장차 비용이 한 푼도 들지 않을 거라고 말했습니다. 그리고 나는 그와는 다른 입장에서 말하고 있었지요. '자, 훨씬 크게 투자하십시오. 그렇지 않으면 우리는 아무런 성과를 얻지 못할 겁니다.' 나는 노르베르트의 입장을 존중하기 위해 그를 통해 일하고 있었는데 …

돌이켜보면 애초에 나는 주식 구조를 훨씬 명확하게 했어야 했습니다. 우리는 가진 주식을 모두 팔았어야 했어요. 가지고 있는 일부 주식으로 어떻게 해야 할지 모르는 어중간한 입장이 되지 말았어야 했어요. 최종 주가는 상당한 기간 동안 팀의 결과에 영향을 미쳤는데 충분히 그럴 만합니다. 그 방식에는 딱히 문제가 없습니다. 하지만 돌이켜 생각하면 주식 매각에 대해서는 다른 방식으로 했을 거예요. 나는 이 일이 어떻게 끝날지 깨닫기에는 충분한 경험이 없었습니다. 메르세데스가 팀을 완전히 인수했더라면 더 효율적이었겠지요. 결국엔 그렇게 했지만요. 그리고 나는 더 강력한 태도를 취해서 이것이 우리가 해야 할 일이라는 걸 이사회에 아주 분명하게 밝혔어야 했습니다.

애덤 파 이사회와는 접촉했습니까?

로스 브런 네. 사실 나는 우리가 최종적으로 마지막 주식을 전부 매각할 때까지 메르세데스 GP 이사직에 있었습니다. 또한 우리는 다임러의 주요 이사들에게 접촉했고, 그들 중 몇 명은 두 이사회 모두 속해 있었어요. 그리고 메르세데스의 CEO 디터 체체◆는 자주 이사회에 와서 진행 상황을 듣곤 했어요.

애덤 파 고전의 전략가들이 강조하는 것들 중 하나는 동맹을 조직하는 것이었습니다. 당신은 적절한 인재들과 동맹을 맺는 데 시간을 할애했습니까?

로스 브런 아니오. 그 점에서는 실패했습니다. 그런 환경에서 제대로 동맹을 맺지 못했어요.

애덤 파 내가 보기엔, 가령 페라리에서 당신은 그 일을 대단히 잘 해 냈는데요.

로스 브런 그랬지요. 그곳엔 장 토드가 있었고, 건너편엔 루카 디 몬테체몰로가 있었으며, 소규모 집단이었다는 점에서 어려울 게 없었으니까요.

애덤 파 하지만 장과 루카는 함께 일하기에 아주 편한 사람이라고는 할 수 없어서 관계를 쌓기까지 과정이 있었을 텐데요. 당신은 의식적으로 그들과 관계를 맺었나요, 아니면 다른 사람들이 먼저 관계를 맺자고 시도했나요? 혹시 장이 시도했나요? 외부에서는 장, 로리, 미하엘, 그리고 어쩌면 루카도 함께, 당신이 정치적으로 보호 받을 수 있는 일종의 방탄 집단을 보유했다고 생각하고 있습니다. 아무도 당신을 건드릴 수 없다, 아무도 당신을 깎아내릴 수 없다, 당신은 공동전선을 펼쳤다. 이것이 당신에 대한 인식입니다.

로스 브런 이러한 인식의 핵심은 언제나 신뢰인 것 같습니다. 그리고 우리는 서로를 신뢰했어요.

애덤 파 당신은 의식적으로 그랬나요? 그들이 당신에게 접근하게 했나요, 아니면 단순히 그런 식으로 관계가 발전했나요?

로스 브런 그런 식으로 발전했습니다. 하지만 나에 대한 신뢰는 언제나 매우 중요했어요. 누군가 나를 노골적으로 대하는 건 상관없습니다. 내가 좋아하지 않는 건 솔직하지 않은 사람이죠. …

애덤 파 중요한 건 '나에게는 신뢰가 중요하다.'고 말하지 않을 사람이 지구상에 단 한 사람도 없다는 겁니다. 모두가 말은 그렇게 해요. 다른 점은, 당신은 페라리에서 매우 효율적으로 일할 수 있는 사람들을 모아들였거나 그 모임에 속했다는 겁니다. 페라리가 상당히 정치적인 집단임에도 불구하고 말이지요. 확실히 당신이 페라리에 있던 기간 전후에는 그런 분위기여서, 사람들은 페라리가 트랙에서 기대만큼 효과를 발휘하지 못하는 이유 중 하나가 정치 때문이라고들 말하곤 했지요. 그런데 당신이 페라리에 재직한 기간 동안 당신은 이 소수의 사람들과 함께 다른 방식으로 접근했습니다.

그러므로 문제는 당신에게 신뢰가 중요한지 여부가 아니라, 성공할 수 있는 그런 환경을 어떻게 조성하느냐 하는 것입니다. 당신은 페라리에서는 그렇게 했지만, 확실히 메르세데스에서는 그러지 않았어요. 메르세데스가 계속해서 크게 성공했는데도 말입니다. 그리고 대체로 당신이 그처럼 사람들을 모았다는 사실에 아무도 이의를 제기하지 않았을 텐데도요. 당신이 그 자리에 없기 때문에 득점 기록에 당신 이름이 없어요. 이건 너무 억울한 일입니다. 성공과 실패를 잔인하게 구분하면, 당신이 메르세데스에서 했던 행동과 페라리에서 했던 행동에는 차이가 있습니다. 당신은 그저 하던 대로 했을 수도 있어요. 그것이 어느 땐 효과가 있고 어느 땐 효과가 없을 뿐이지요. 때로는 운과 타이밍이 맞아 떨어지기도 하고, 여기에는 아무런 문제가 없습니다. 나폴레옹도 말했잖아요. 좋은 장군보다 운 좋은 장군을 달라고 말입니다. 그건 아무래도 상관없지만, 우리가 관심을 갖는 것은, 제대로 할 수 있을 땐 밀고 나가고 상황이 잘 돌아가지 않을 땐 하지 않는 체계적인 무언가가 당신에게 있는가 하는 것입니다. 그리고 왜 페라리에서는 그런 일들을 했지만 왜 메르세데스에서는 그런 일을 하지 않았는지 알고 싶습니다. 근본적인 이유가 무엇이었습니까?

로스 브런 먼저 페라리 이야기부터 시작하겠습니다. 나는 신뢰란 모두가 크게 신경써야 할 무언가라고 생각합니다. 신뢰는 단순히 수동적인 것이 아닙니다. 그러므로 어떤 상황이 발생할 때 우리는 다른 사람들에게 신뢰를 불어넣기 위한 자신의 반응과 행동을 생각해야 합니다. 그것에 대해 생각하지 않으면 신뢰를 쌓을 수 없을 테니까요.

애덤 파 신뢰를 쌓기로 의식적으로 결정하지 않으면, 뜻하지 않게 혹은 무의식적으로 신뢰가 없는 환경을 만들게 될까요?

로스 브런 그렇습니다. 예를 들어, 누군가가 어떤 문제로 당신 사무실을 방문합니다. 어쩌면 이 일에 다른 사람을 참여시킬 수도 있겠지요. 그들은 당신이 합리적인 판단으로 자신들의 문제를 처리할 거라고 믿고 당신에게 문제를 말하려 합니다. 이것은 당신이 그들의 문제에 대응할 거라는 의미도 아니고, '자, 당신들이 이 문제를 계속 진행하고자 한다면, 나는 다른 사람을 참여시켜야 합니다.'라고 말해야 한다는 의미도 아닙니다. 하지만 당신은 결정을 내려야 하지요. 당신은 말한 바를 지키는 사람이라는 걸 알려야 해요. 그러다 보면 종종 어려운 결정을 내려야 할 때도 있지만 그럼에도 불구하고 그 결정들은 여전히 신뢰를 만들어냅니다. 그러므로 그 모든 상황에서 당신은 사람들을 위해 신뢰를 쌓고 있으며, 사람들은 당신을 신뢰할 수 있어야 한다는 것을 염두에 두어야 해요. 개인적인 주제일 수도 있고 직업적인 주제일 수도 있습니다. 비록 그들이 당신의 의견에 동의하지 않더라도 당신을 신뢰할 수 있다는 걸 기억해야 합니다.

애덤 파 당신은 2010, 2011, 2012, 2013년 내내 한결같은 사람입니다. 당신이 갑자기 다른 방식으로 행동해서 사람들이 더 이상 당신을 신뢰할 수 없게 된다는 건 상상이 되지 않아요. 당신 팀에는 제프 윌리스와 알도 코스타처럼 당신을 잘 아는 사람들이 있었습니다. 당신은 닉 프라이와도 좋은 관계를 맺었지요. 노르베르트는 솔직한 사람이었고요. 나는 모든 사람들이 저마다 장점과 약점을 지니고 있다고 생각하지만, 그들을 기만적인 사람으로 여기지는 않습니다. 4년 동안 당신은 여전히 로스 브런이었고 신뢰할 수 있는 사람이었으며 그러한 관계들을 쌓았습니다. 당신은 늘 그래왔고 그것이 당신에게 가치 있으니까요. 그런데 당신은 2012년 말에 니키 라우다를 데리고 왔고, 2013년에는 토토 볼프를 영입하면서 다른 역학관계가 생겼습니다. 당신의 평소 공식을 이용하지 않았던 이유가 있습니까?

로스 브런 글쎄요, 페라리 상황을 살펴보면 그 사람들과 관계를 맺은 건 내 의식적인 결정에 의해서였던 것 같습니다. 나는 페라리에 가기로 결정했고, 장 토드와 루카 디 몬테제몰로와 관계를 쌓기로 결정했어요. 어떤 회사에 입사해서 사람들과 관계를 맺고 그들의 신뢰를 쌓으려 하지 않는다면 이성적인 행동이 아니지요. 그곳에 가기로 한 것은 내 결정이었고 따라서 반드시 좋은 관계를 맺고 싶은 욕심이 있었습니다. 그리고 의식적으로든 무의식적으로든 그들과의 관계가 프로젝트 성공에 반드시 필요하다는 걸 깨달았어요. 장과 루카는 서로 전혀 다르지만 나는 그들과 함께 하는 것이 좋았습니다. 나는 장이 나를 신뢰한다는 걸 알지만, 루카는 지난 해 해임되기 전 나에게 페라리 이사회에 합류해 줄 것을 요청하면서 엄청난 칭찬을 했습니다. 나는 얼버무렸고, 얼마 후 그는 세르지오 마르치오네Sergio Marchionne(피아트 크라이슬러 자동차Fiat Chrysler Automobiles와 페라리의 前 최고경영자)와 문제가 생겨 그 일은 성사되지 않았습니다. 하지만 내가 이사회의 조언을 얻고, 이사회가 어떻게 운영되고 무엇을 추진하는지 문의하기 위해 이사회의 다른 임원과 이야기를 나누었을 때, 그는 루카가 나를 이사회에 영입하려는 이유 중 하나는 나를 신뢰하기 때문이라고 말하더군요. 정말 대단한 칭찬이었지요.

하지만 메르세데스에서는 신뢰할 수 없는 사람들과 함께 일해야 했습니다. 나는 그들이 뭘 하려는 건지 도무지 모르겠더군요. 예를 들어, 니키는 나에게는 이렇게 말했으면서 다른 곳에서는 전혀 다른 내용을 말하는 식이었어요. 토토는 친구인 콜린 콜레스◆와 당시 화제가 되었던 그 바닷가 산책에서 나름의 이유로 대화 내용을 녹음하고 있었어요. 반쯤 공개된 그 대화록에서 그는 나에 대해 여러 가지 의견을 말했더군요. …

애덤 파 그 녹음은 들어보지 못했는데, 그가 당신을 비판한 내용의 핵심은 무엇이었습니까? 간단히 말씀해주십시오.

로스 브런 그는 내가 지금 돈만 보고 일하는 거라고 말하더군요. 돈에만 정신이 팔려서 더 이상 팀에는 관심이 없다, 의욕도 없다, 이 일도 저 일도 하지 않고 있다고요. 팀은 신선한 자극이며 온갖 것들이 필요한데 말이지요. 잠깐 화제를 돌리면, 그는 이 팀에 들어온 지 얼마 되지 않았고 이사회의 관심에 잔뜩 우쭐해 있었습니다. 내가 이해하는 바로는 이사회가 그에게 이렇게 말했다고 해요. '무슨 이유에서인지 이 팀의 성적이 좋지 않다, 당신은 똑똑한 사업가이고 윌리엄스를 알고 있으니 가서 문제가 무엇인지 우리에게 말해 달라.' 그래서 그는 자신이 본 것을 콜레스에게 간략하게 설명하고 있었고, 우리가 무슨 일을 하는지 혹은 하지 않는지 이사회에 보고할 내용을 마음속으로 연습하고 있었던 것 같아요. 하지만 안타깝게도 그는 옆길로 빠져서 콜레스에게 니키와 디터 체제에 대한 개인적인 의견을 말한 겁니다. 이렇게 나는 본질적으로 나를 신뢰한다는 생각이 들지 않는 사람들 — 애초에 접근 방식부터 나를 실망시켰던 팀원들 — 을 상대하기 시작했습니다.

이후 2013년 초에 나는, 패디 로우Paddy Lowe(맥라렌 기술 책임자로 있다가 2013년 메르세데스 F1 팀 기술 책임자로 영입되었다 - 옮긴이)가 메르세데스 팀에 합류하기 위해 계약했고 슈투트가르트 본사에서 서명을 마쳤다는 사실을 알게 되었습니다. 내가 토토와 니키에게 이의를 제기하자 그들은 둘 다 서로에게 책임을 돌리더군요. 나는 그들과 함께 결판을 짓기 위해 다 같이 만났습니다. 그러자 둘 다

서로를 가리키면서 …

애덤 파 토토에게 책임이 있지 않았나요? 우리가 전에 이야기한 바 대로 … 그들은 아마도 내 후임으로 패디를 윌리엄스에 합류시키는 문제를 이야기하더니, 어떻게 된 일인지 이후로 계속 같은 일을 반복하고 있었으니까요. 그들의 대화는 상당히 심각했지만 막상 아무 일도 일어나지 않았는데, 그러던 어느 날 갑자기 토토가 윌리엄스에서 나갔고 패디가 메르세데스로 옮겼습니다.

로스 브런 토토는 늘 나에게 그런 적이 없다고 부인했어요. 하지만 《모터스포츠Motor Sport》에 실린 그의 최근 인터뷰를 보면, 토토는 패디를 데려온 사람이 바로 자신이고 자신이 팀에 합류하기 전에 이미 합의된 내용이라고 말해요. 그렇게 해서 어쨌든 신뢰는 확실하게 무너졌지요.

애덤 파 '실패는 고아이고, 성공에는 많은 부모들이 있다.'라는 말이 있습니다.

로스 브런 그래서 나는 이 사람들을 신뢰할 수 없었어요. 그리고 이 사회 임원들과 관계를 쌓는 문제에서 당신이 과거에 실패한 부분에서 나 역시 실패했습니다 … 왜 그런지 모르겠지만 슈투트가르트에서는 의욕적으로 시간을 보낼 수가 없었어요.

애덤 파 페라리에서는 어땠습니까?

로스 브런 페라리에서는 의욕이 많았습니다. 거의 자연스럽게요. 그럴 수 있었던 이유는 거기서 우리 모두는 함께 했고, 밤이면 함께 식사하러 갔기 때문이지요. 나는 슈투트가르트에 가기 위해 충분히 의식적인 노력을 기울이지 않았습니다 …

애덤 파 당신이 브런을 메르세데스에 매각했을 때, 아마도 당신이 하지 않은 것은 '이 일을 잘 성사시키려면 어떻게 해야 할까?'라고 스스로에게 묻는 것이었을 겁니다. 새로운 소유주들로부터 아주 멀리 떨어져 있다는 문제와 구매자들의 후회라는 위험은 늘 있었습니다. 그들은 당신이 어떤 방법을 써서 자신들을 속이지 않았을지 불안해하지요. 토토는 DTM(Deutsche Tourenwagen Masters, 독일 투어링카 마스터즈) 대회에서 메르세데스와 함께 했고 어느 정도 그들과 한 통속이었을 뿐만 아니라 그들에게 사업을 매각하지 않았습니다.

로스 브런 그리고 나는 그들에게 회사를 매각했고, 브런 GP와 관련된 모든 일들, 구조며 성공이며 그밖에 모든 일을 겪었고요. 슈투트가르트와 그밖에 모든 곳의 이사회에 참석해야 하는 등 이제 다시 준-기업 세계로 돌아왔다는 좌절감도요. 아마도 다시 돌아가고 싶지 않은 내 인생의 한 시기였을 겁니다.

애덤 파 그러니까 당신은 어쩌면 계속 남은 것이 실수였다고, 혹은 메르세데스가 당신의 팀을 100퍼센트 인수했어야 했다고 주장할 수 있을 테지만, 사실상 그것이 반드시 해결책이 되지는 않았을 겁니다 …

로스 브런 어떤 면에서 당신 말이 옳을 수 있어요. 이력상 당신은 이 일에 더 정통할 겁니다. 대기업에 회사를 매각하고 수년 이상 관계를 지속하는 경우는 드물지요.

애덤 파 메르세데스 후원사들 중 하나가 대표적인 사례였지요. 영국의 소프트웨어 회사 오토노미Autonomy 말입니다. 휴렛 팩커드Hewlett Packard에 매각되었지요. 지금은 서로 소송을 제기하고 있고요.

로스 브런 네. 우리는 적어도 그 정도까지 가지는 않았어요!

애덤 파 그럼요. 하지만 그들은 당신에게 110억 달러를 지불하지 않았습니다. 고전적인 군사 이론가들을 다시 살펴보면, 그들도 당신이 우승한 후 일어난 일에 관심이 있을 겁니다. 종국에 파멸하는 많은 사람들이 큰 성공을 거둔 후에 파멸하니까요. 나폴레옹이 대표적인 예이지요. 인간은 성공을 너무 냉대해요. 권력과 돈을 지나치게 냉대하는 것처럼 말입니다.

애덤 파 지금까지 논의한 내용을 돌아보면서 전략에 대해 정의를 내려야 한다면 어떻게 정의할 수 있겠습니까?

로스 브런 앞에서 이야기한 정치적, 경제적, 기술적 능력이라는 세 가지 요소로 거슬러 올라가야 할 것 같습니다. 성공이라는 목적을 달성하기 위해 모든 요소들을 하나의 장소와 수준 안에 배치해 통합하는 것, 그리고 모든 요소들이 잘 융화될 수 있도록 이 요소들의 접점이자 감독자가 되는 것이라고 정의하겠습니다. 많은 예산을 확보했다면 그 예산을 적절히 사용해야 합니다. 낭비가 철학이 되어야 합니다. 물론 돈을 그냥 낭비하라는 의미가 아니에요. 그건 잘못된 태도지요. 인력, 재정, 시간 등 모든 자원이 올바른 목적에 전부 사용되어야 합니다. 내 역할은 이 모든 것들이 확립될 수 있는 과정과 접근 방식을 마련하고, 모든 요소들이 제대로 활용되도록 전략을 수립하는 것이었다고 생각합니다. 예를 들어, 엔지니어링팀에게는 모두에게 동기를 부여하고, 그들이 명확한 목표를 갖게 하며, 그 목표를 달성하기 위해 필요한 자원을 보유하도록 열심히 노력하는 것이 내 역할이지요. 그리고 함께 일할 때 발생하는 모든 파문들과 때로는 파도들을 잔잔하게 만드는 것입니다. 그것이 나의 목표였습니다. 이 모든 것들 이면에는 계획과 일정, 프로젝트와 혁신이 있습니다. 포뮬러 원 팀 총감독으로서 나에게 전략은 이 모든 요소들을 적절한 수준으로 끌어올리는 것이었지만, 중요한 것은 실전에서 최대한 활용하기 위해 모든 요소들을 서로 교차하는 것이었습니다.

애덤 파 전략은 과정, 철학, 일련의 가치관입니까?

로스 브런 나는 전략은 철학이라고 생각합니다. 철학에서부터 과정이 이어지니까요. 철학은 그 과정을 밟는 것입니다. 철학은 '이런 태도를 취하는 것'이지요. 철학은 '이 정도의 헌신을 하는 것'이에요. 그러므로 내 견해로 전략은 철학입니다. 그리고 철학은 우리가 가지고 태어나는 것이 아닙니다. 철학은 수년간의 경험과 수년간의 지식이 쌓이면서 개발되는 것입니다.

애덤 파 전략을 간단히 정의하면 목표를 달성하기 위해 장애를 극복하는 방법이라고 할 수 있겠습니다. 그런가 하면 지능의 정의는 어려움을 극복하고 목표를 달성하는 능력이고요. 그러므로 전략은 본질적으로 인간 지능의 표출이지요. 당신이 전략은 철학이라고 말할 때, 그 철학은 사실상 목표를 달성하기 위해 장애를 극복하기 위한 당신의 접근 방식입니다. 그리고 당신은 예를 들어 신뢰 관계를 쌓는 것이 목표 달성에 전적으로 필수적이라는 당신의 경험을 통해 이 접근 방식을 확인했지요. 오늘날 많은 사람들이 말은 그렇게 할지 몰라도 실제로 행동은 그렇게 하지 않습니다. 그런데 질문하고 싶은 것은 이겁니다. 신뢰 관계를 쌓는 것이 오직 당신의 전략에만 필수인가요, 아니면 가능한 모든 전략들에 필수인가요? 나는 신뢰 관계를 쌓는 것은 언제나 전략의 핵심이라고 생각합니다.

로스 브런 당신의 생각이 옳다고 생각합니다.

애덤 파 다시 말해 하나의 종으로서 인간이 존재하는 방식 안에서 궁극적으로 성공하길 원한다면 신뢰 관계를 쌓아야 합니다. 사람들은 당신의 행적을 보고, 당신이 당신의 지식과 경험, 일해온 환경을 기반으로 포뮬러 원에서 성공하는 자신만의 방법을 개발했다고 말할 수 있습니다. 하지만 그와 마찬가지로 당신은, 어려움을 극복하고 목표를 달성하는 객관적으로 옳은 방법이 있으며 여러 경험을 통해 우연히 그 방법을 발견했다고 말할 수 있겠지요. 그리고 당신은 이런 규칙들을 따랐을 때 성공했지만, 따르지 않았을 때 성공하지 못했습니다. 성공을 하는 올바른 방법이 있고, 성공을 하는 잘못된 방법이 있습니다. 그리고 당신은 성공을 하는 올바른 방법에 접근해서 더욱 성공하게 되었지요.

로스 브런 뭐라고 판단하기 어렵군요. 왜냐하면 그것이 성공을 위해 내가 아는 유일한 방법이니까요. 하지만 그것은 내 접근 방식입니다. 당신 말을 들으니 몇 가지 일들을 돌아보게 되는군요. 신뢰가 부족한 메르세데스의 상황은 확실히 위계질서에서 비롯한 것으로 나를 당황하게 만들었고, 나는 그런 상황에 대처하는 데 익숙하지 않았던 것 같습니다. 지금은 그런 상황에 처한 이유들을 어쩌면 나 자신이 만들었을지 모른다는 걸 인정합니다. 그러나 일단 그런 상황이 만들어졌을 때 나는 편안하게 대처할 수가 없었습니다. 그런 상황에서 행복할 수가 없었어요. 의욕도 없고 아침에 침대에서 일어나고 싶지도 않았지요. 레이스에서 우승하고 챔피언십을 거머쥐겠다는 내 포부들을 성취하는 데 방해가 되었던 과거의 모든 장애물들은 내가 기꺼이 감당할 수 있는 장애물들이었습니다. 왜냐하면 신뢰라는 요소는 아주 많은 사람들과 함께 하는 아주 큰 것이라서, 약간의 실패가 있더라도 그것은 작은 부분에 불과했기 때문에 나는 그 실패들을 처리할 수 있었어요. 하지만 이곳 메르세데스에서 내 상황은 도저히 신뢰가 불가능한 수준이었습니다. 심지어 패디 로우와 함께 할 때조차 전혀 확신이 들지 않았어요. 그는 불쑥 끼어들어 내 일을 가로채면서 대단히 흡족해 했지요. 나는 그런 사람들을 신뢰할 수 없었고, 전쟁을 일으켜 전부 없애버리지 않는 한 미래가 보이지 않았습니다. 내가 신뢰할 수 없다는 생각이 드는 사람들과 아무런 미래가 보이지 않았어요.

애덤 파 당시 상황에는 두 가지 뚜렷한 국면이 있었지요. 첫 번째 국면에서 당신이 이사회 등과 관계를 맺고 있었고 그 내용은 앞에서 이야기했습니다. 제한적이었고 이상적이 아니었어요. 아주 극단적인 때는 당신의 합의나 동의 없이 다른 사람들이 영입되어 당신의 경쟁자가 되었을 때였습니다. 니키든 토토든 패디든 당신이 그들 모두를 이길 방법은 없었어요. 당신이 자기중심적인 사람이라는 말이 아니라, 그 조직에 네 명의 상사가 있게 된다는 게 말이 안 되니까요.

로스 브런 네, 직원들이 혼란스러워하고 있었지요.

애덤 파 그건 차치하더라도 궁극적으로 대부분의 조직에 상사는 한 명이에요. 넷도 셋도 너무 많아요. 따라서 그 시점에서 당신이 할 수 있었던 유일한 행동은 떠나거나 싸우거나 둘 중 하나를 선택하는 것이었습니다. 당신은 이런 결정을 내릴 수 있었을 거예요. '잠깐, 내가 이 팀을 만들었고, 나는 우리가 성공할 거라는 걸 알아. 물론 다른 사람들을 많이 존경하지만 이 팀을 운영하는 사람은 나야.' 당신은 스스로를 믿고 기꺼이 싸울 수도 있었어요. 그랬다면 다른 선택을 할 수 있었겠지요.

로스 브런 그 모든 문제들 가운데 한 가지 복잡한 문제는 토토와 니키가 주주가 된 것이라고 생각합니다. 메르세데스가 내린 흥미로운 결정이었지요. 나는 그 일을 도저히 이해할 수 없었어요. 그들의 견해는 헌신적인 경영진을 원한다는 것이었고, 그들 또한 주주가 되어 팀으로부터 더 큰 존경을 받겠다는 견해를 가졌던 것 같습니다. 그들은 팀의 지분을 일부 소유하고 있는 만큼 팀에 들어와 주주가 됨으로써 자신들의 의견을 실행에 옮기는 것이 그들이 바라는 것이었습니다. 이렇게 그들이 주주가 되었다는 복잡한 문제가 추가되었습니다.

내 경력을 돌이켜보면, 작은 충돌은 있었지만 고위층 수준에서 '우리와 그들을 가르는' 상황은 한 번도 없었다고 말할 수 있을 것입니다. 나는 그런 상황에 직면한 적이 없는데, 어쩌면 그런 서글픈 일을 기꺼이 겪을 만큼 전체 프로젝트에 그다지 열정적이지 않았는지도 모르겠습니다.

내가 페라리에 합류한 초기에는 상황이 약간 불쾌했습니다. 존 버나드가 기술 감독이었는데, 얼마 후 나도 기술 감독으로 임명되었으니까요. 원래는 내가 합류할 땐 존이 없을 거라고 했어요. 이후 그의 계약이 끝나가니 그 해 말이면 그가 퇴사할 거라고 하더군요. 그런데 알고 보니 그의 계약 기간이 1년 더 남아 있었던 거예요. 나는 이런 상황이 다소 실망스러웠습니다. 그들은 내가 입사할 때까지 전투태세를 완벽하게 갖추어 놓겠다고 장담했지만 그 말을 지키지 않았으니까요. 장이 내게 와서 말하더군요. '존이 올해 말에 그만 둘 것 같지 않네. 자리를 넘겨받으려면 1년이 더 지나야겠어.' 이런 상황이 이해가 되지 않아 답답했지만, 결국 존이 그만둘 것 같았습니다. 그래서 나는 존과 자리에 앉아 솔직하고 밀도 있는 대화를 나누었지요. '이봐요, 지금 우리 상황이 이러니 적어도 우리가 함께 하는 이번 해만큼은 우리가 얼마나 성공할 수 있는지 봅시다.' 그렇게 우리는 힘을 합쳤습니다. 그는 대단히 전문가다웠고 나 역시 그랬기에 우리는 나쁜 감정 없이 이 상황을 통과했습니다.

애덤 파 여기에서 다른 점은 그가 그 해의 어느 시점에 그만 둔다는 걸 스스로 받아들였고, 당신은 그 한 해만 버티면 된다는 걸 알았다는 것이지요.

로스 브런 네, 정해진 기간이 있었지요.

애덤 파 메르세데스에서는 당분간이라 해도 막연한 사안이었을 테고요.

로스 브런 그리고 그 전까지 한 번도 경험한 적 없는 일이지만, 어쩌면 울타리 밖으로 쫓겨나는 것으로 끝날 수도 있었을 테고요.

애덤 파 당신이 남아서 메르세데스가 2014년에 계속해서 우승했더라면 — 나처럼 당신도 그럴 가능성을 알고 있었을 거예요 — 당신은 아마도 매우 유력한 위치에 올랐을 겁니다. 모두가 어떻게 생각했든, 사람들은 당신이 이 모든 일의 설계자였다는 걸 알았을 테니까요. 메르세데스는 하늘을 날 듯 기뻐했을 테고, 모든 위험을 감수하길 무척 꺼렸을 거예요. 당신이 차분히 앉아서 이성적으로 이 상황을 분석했다면, '12개월만 버티면 나는 훨씬 유력한 위치에 오르게 될 거다.'라고 결론을 내릴 수 있었을 겁니다. 버텼어야 했다고 생각한 적은 없습니까?

로스 브런 있고말고요. 레이싱에는 내가 그리워하는 어떤 측면들이 있습니다. 나는 레이싱을 무척 즐겼습니다. 동지애도 즐겼어요. 사람들과의 관계도 즐겼는데, 그 부분은 이제 내 인생에서 사라지고 있습니다. 불편한 측면들은 그립지 않아요. 묘하게도 니키와 토토와 함께 식사하러 나간 일은 정말 유쾌했습니다. 그런데 그들을 신뢰할 수 없고 그들에게 의지할 수 없다는 것이 문제였습니다. 그들도 몇 몇 사람들과는 신뢰 관계를 맺었겠지요.

토탈 컴피티션

많은 사람들은 포뮬러 원 같은 모터스포츠가 기술적 경쟁이나 스포츠적 경쟁 못지않게 정치적, 경제적 경쟁과 관련이 있다는 생각에 반대한다. 그러나 스포츠, 사업, 예술, 심지어 전쟁조차 '순수하게' 기술적 노력의 결과라는 생각은 흥미로울 만큼 의심스럽다. 전략적 성공은 기술적, 경제적, 정치적 요인들의 결합에서 비롯한다는 많은 예들을 역사에서 볼 수 있다. 우리는 이 가운데 나폴레옹 보나파르트의 예를 들었다. 나폴레옹은 친구, 적, 역사가들에게 뛰어난 전략가로 여겨졌다. 사실 현대사의 그 어떤 장군도 그처럼 군대를 통솔하고, 전장을 장악하며, 부대에 영감을 준 사람은 없었다. 그뿐만 아니라 국가 교육, 법, 국가 재정 등 그의 업적들은 대단히 뛰어났다. 또한 나폴레옹은 자신의 정치적 직감을 믿고 곤경에서 벗어날 수 있었다. 그러나 1812년 나폴레옹의 러시아 침략 준비는 전략적 실패의 대표적인 사례로 연구되고 있으며, 개인이 기술적으로 아무리 뛰어나고 사용할 수 있는 자원이 아무리 풍부하다 할지라도 전략에서 정치를 떼어놓을 수 없다는 역사적 사례를 보여준다.

우리는 나폴레옹이 러시아 같은 강력한 적을 상대로 전쟁을 일으키기 전에, 최대한 많은 동맹국을 모으려 했을 거라고 예상할 수 있다. 이 경우 나폴레옹은 러시아의 이웃 국가들 중에서 많은 선택을 할 수 있었다. 오스만 투르크는 러시아와 참혹한 전쟁을 치르고 있었고, 폴란드는 오랜 옛날부터 적이었던 러시아에 맞서 들고 일어날 준비를 갖추었으며, 스웨덴은 러시아로부터 핀란드를 되찾을 기회를 노리고 있었다. 오스트리아와 프로이센 역시 잠재적인 동맹국이었다. 그런데 침략 직전 수개월 동안, 나폴레옹은 사실상 스웨덴 일부 지역을 침략했고, 오스트리아와는 모호하고도 사소한 협정을, 프러시아와는 모욕적인 협정을 맺었으며, 폴란드 국민들에게는 소외감을 느끼게 했고, 러시아가 오스만 투르크와 화해하도록 허용했다. 전쟁을 시작하기에 이보다 약한 정치적 기반은 없었다.

일단 침략을 시작하자 나폴레옹은 다른 나라에서 그랬던 것처럼, 자신의 대의를 위해 러시아 국민들을 자기편으로 끌어들이려는 노력을 하지 않았다. 결과적으로 나폴레옹은 빠르게 전진해 보로디노 전투에서 러시아 군을 물리쳐 모스크바를 함락했음에도 불구하고, 그의 승리는 환상에 그친 채 오래 가지 못했다. 뒤이어 러시아의 혹한 속에서 퇴각하며 나폴레옹은 정예병 30만 명을 잃었다. 침략의 실패는 그에게서 무적이라는 후광을 앗아갔고 가혹하게도 워털루에서 최후의 패배를 안겨주었다.

1812년의 이 교훈은 대단히 설득력 있게 보일지 모르지만, 정치인과 군사령관이 배워야 할 모든 교훈들 가운데 가장 따르기 어려운 것으로 입증되었다. 전 세계를 위해 다행스럽게도, 이 교훈에 주의를 기울어야 했지만 그러지 않은 사람들 중 한 사람이 아돌프 히틀

러였다. 1941년 나치의 소련 침략과 6개월 뒤 미국에 대한 선전 포고는 더 심각한 전략적 오판이었다. 이 전략적 오판의 예는 세계에 이익을 주었던 반면, 오늘날 우리는 이익이 되지 않는 다른 사례들의 결과를 감수하며 살고 있다.

로스 브런 나는 역사를 잘 알지 못해서 나폴레옹이 결국 실패한 이유가 그의 책략이 아무런 도움이 되지 못했기 때문이라는 사실을 알지 못했습니다. 나폴레옹은 전쟁에 기울인 총력의 크기를 일정하게 유지하는 데 실패했기 때문입니다. 그리고 그가 장악하고 있는 사람들에게 그들이 기존에 가졌던 것보다 자신이 더 나은 해결책이라는 걸 설득하는 데 실패했기 때문이고요.

포뮬러 원의 정치에 대해 이야기하면, 나는 여기에 많은 차원이 있다고 생각합니다. 그 가운데 하나는 당신이 앞에서 설명한 동맹입니다. 나는 FIA와 가깝다는 평판을 들었습니다. 그리고 나는 50 대 50의 판정을 받았다고 생각합니다. 상황이 50 대 50일 땐, 그렇지 않을 때보다 더 자주 내 뜻대로 되었던 것 같습니다. 그리고 그 이유는 내가 항상 협조했기 때문입니다. 그동안 신뢰라는 요소가 쌓이기도 했을 테고요. 그들은 겉으로 보기에 내가 그들에게 거짓말할 사람이 아니라는 걸 알았습니다. 그들은 내가 영리한 사람이라는 걸 알았어요. 포뮬러 원의 모든 사람들처럼 영리한 해석을 시도해 보십시오. 내 생각에 FIA는 수년 간 한 번도 노골적인 규정 위반을 발견한 적이 없습니다. 그것은 우리 쪽에서 알아차리지 못한 세부 내용이나 그런 것들일 테지요. 또한 정치적인 차원, 즉 내가 FIA 내부의 사람들과 맺은 개인적인 관계는 나에게 항상 중요했지만 나는 그 관계를 즐기기도 했습니다. 나는 사람들과 까다로운 관계를 맺길 원치 않았어요. 그건 내 스타일이 아닙니다. 따라서 나는 항상 상황이 50 대 50이라면 나에게 유리하게 돌아갈 거라고 생각했습니다. 왜냐하면 그들은 누군가를 레이스에서 쫓아내길 원하지 않고, 그들의 경주차가 법에 저촉된다는 걸 발견하길 원하지 않으니까요. 그들에게는 타당한 이유가 필요합니다. 어떤 조치를 취하려면 70 대 30이나 80 대 20이 필요하지요. 실제로 심판은 선수를 퇴장시키길 결코 원하지 않습니다. 선수가 노골적인 어떤 행동을 해야 해요. 그러므로 스포츠 관리 기관과 대립적인 접근을 하는 것은 전혀 가치가 없었습니다.

솔직히 말하면 나는 상업권을 보유한 측과는 성공적인 관계를 맺지 못했습니다. 나는 그들과 자주 대립 상태에 맞닥뜨렸기 때문인데, 돌이켜보면 거의 당신과 마찬가지로 아마도 그것이 결함이었을지도 모르겠습니다. 결국 나는 그로 인해 힘들어졌어요. 당시 지치기도 했고, 어쩌면 이미 목적을 달성한 상태에서 모든 것에 약간 진절머리가 나기도 해서, 어떤 의미에서 고통을 겪고 싶었기 때문에 고통을 겪은 거지요. 그래서 노력을 하지 않았어요. 하지만 나는 버니의 교묘한 책략에 그대로 노출되었고 그가 한 일을 예상하지 못했습니다.

애덤 파 그건 조금 이상하군요. 당신이 객관적으로 생각했다면 그가 어떤 식으로 일하는지 알 테니까 말입니다. 분열시켜 정복하는 방식 말이에요.

로스 브런 네. 그건 아마 내가 회전목마에서 뛰어내릴지 어떻게 할지 방법을 찾고 있던 시기였기 때문일 겁니다.

애덤 파 몇 가지 흥미로운 점이 있어서 여기에서 잠깐 이야기를 멈추겠습니다. 당신이 말한 다른 내용들을 짚고 넘어가고 싶은데요, 그 내용들을 하나씩 들어보면 좋겠습니다. 먼저 FIA부터 시작할까요. 포뮬러 원을 잘 모르는 사람들을 위해서, FIA가 규제 기관이라는 점을 짚고 넘어가야겠습니다. 판사, 배심원, 심판, 권한 행사자 역할을 맡고 있지요. FIA는 규칙을 만들고 규칙을 적용합니다. 포뮬러 원 팀 혹은 총감독과 FIA의 관계는 사실상 매우 광범위하게 적용됩니다. FIA와 당신과의 관계는 30년 전부터 시작되고, 그 기간에 걸쳐 FIA는 계속 변해왔어요. 따라서 가령 1990년대 초 맥스 모슬리가 물려받기 전 FIA는 2009년 그가 물러난 이후의 FIA와 달랐습니다. 하지만 그 대부분의 기간에 FIA의 기술 담당 최고 책임자인 찰리 와이팅◆ 같은 사람들이 있었지요. 당신도 몇 년 동안 그를 알고 지냈을 텐데요. 버니에 대해 다루기 전에, 버니와의 관계는 성격이 다르다는 걸 아는 것이 중요하지 않을까요?

로스 브런 그렇습니다.

애덤 파 경력을 이어오는 동안 FIA와 당신의 관계는 어떻게 발전했습니까? 당신이 맡은 새로운 역할 때문에 '좋다, 내가 제대로 바로잡아야겠다.'라는 생각이 문득 떠오른 때가 있었습니까? '이건 단순히 내가 찰리나 다른 누구와 잘 지내느냐의 문제가 아니라 제대로 생각하고 바로잡아야 할 문제다.'라고 말입니다. 아니면 단순히 직감대로 움직인 건가요?

로스 브런 글쎄요, 포뮬러 원은 성격상 매우 기술적인 스포츠이기 때문에, FIA와 맺는 관계의 90퍼센트가 기술과 관계가 있습니다. 나머지 10퍼센트는 경기 운영 규정과 레이스 자체에서 벌어지는 일이지요. 드라이버들은 돌발적인 행동을 하기 때문에 재미있게도 포뮬러 원은 상당히 감정적인 스포츠이기도 합니다. 모나코에서 미하엘이 장벽을 들이받은 실책을 돌아보면, 나는 그가 우리 팀 소속이었기 때문에 그를 옹호했습니다. 하지만 그건 거의 옹호할 수 없는 행동이었는데 …

애덤 파 그런 행동은 지능적이었을까요 본능적이었을까요? 당시 나는 모나코 예선전이 펼쳐지는 동안 그들이 차량을 세우기로 결정할 능력이 있다는 사실에 놀랐습니다.

로스 브런 그의 반응은 본능적이었어요. 사실 그는 그 주말에 가장 빠른 경주차를 가졌는데, 누군가가 자기를 앞질러 폴 포지션을 차지할까봐, 그래서 레이스에서 그 차를 제대로 활용할 수 없을까봐 걱정했거든요. 전통적으로 모나코에서는 실수하지 않는 한 폴 포지션에 오른 드라이버가 레이스에서 우승하기 때문에, 그는 누군가가 자기를 제치고 폴 포지션에 오를 거라는 피해망상적인 두려움에 사로잡혔어요. 그는 폴 포지션에 올랐고, 가장 빠른 차를 가졌습니다. 그런데 그 시기, 그 기간 레이스들의 진행 방식을 보면, 피트 스톱과 연료 급유 시간에 전략을 짤 수 있었기 때문에 폴 포지션에 오르지 않았더라도 모나코에서 여선히 우승할 수 있었어요. 뭔가 해볼 수 있었던 거지요. 나는 걱정하지 않았는데, 내가 걱정하지 않는다는 사실을 그에게 전하지 못하자 그는 지나치게 공포에 사로잡히게 된 겁니다. 그리고 그가 결코 그 일을 상의한 적이 없었기 때문에 나는 그의 반응이 본능적이었다고 확신합니다. 혹시 미리 계획한 일이었다 해도 그는 그 일을 전혀 상의하지 않았어요. 게다가 그는 장벽에서 적절히 방향을 돌렸어야 했는데 오히려 차를 접촉시켜 경기를 망쳤습니다 …

애덤 파 … 기본적으로 그는 예선전에서 아무도 자기보다 빨리 달리지 못하게 하기 위해 아주 좁은 서킷 한쪽에 차를 세웠던 거지요 …

로스 브런 불성실한 시도였어요. 그는 약간 … 어쨌든 이것이 모터스포츠에서 FIA의 역할이라는 요소입니다. 우리가 할 수 있는 일은 오직 스튜어드들~steward~(경주차에 금지된 기술이나 장비를 쓰는지, 드라이버나 팀이 경기 도중 비신사적인 행위를 했는지 감독하고 검사하는 심판 역할 – 옮긴이)의 자비에 자신을 맡기는 것뿐이지요. 그리고 노력한 만큼 결과를 얻을 테고요. 기술적인 측면에 대해서는, 종종 오랫동안 축적된 기술적 논쟁들이 있습니다. 그리고 장기간 준비하는 거지요. 먼저 개념적인 논쟁을 하고, 상세한 논쟁으로 넘어간 다음, 회의에서 토론을 거친 뒤 스튜어드들과 토론합니다. 이 과정은 결코 충동적이지 않습니다. 오히려 훨씬 체계적이지요. 뭔가 좋은 생각이 떠오르면 자신의 주장을 전개하고, 자리에 앉아 엔지니어들과 함께 전체 과정에 대해 역할극을 하고 게임을 합니다. 이때 나는 그들의 주장을 비판하는 역할을 하곤 했습니다. 그들이 '우리는 이러저러한 생각이 든다, 그러니 자리에 앉아서 이야기해보자.'라고 말하면, 나는 '글쎄, 나는 그 의견에 반대하고, 이러저러하리라 예상한다. 그러므로 내 생각에 이것은 효과가 없을 것 같다. 당신들은 이 문제를 어떻게 옹호할 텐가?'라고 말했습니다. 개념적 기술적 논쟁에는 준비할 것들이 많은데, 그 말은 곧 당신이 실수를 해서 온갖 대책을 궁리한다 해도 할 수 있는 일이 많지 않다는 의미입니다. 당신은 그 일이 일어난 이유에 대해 모든 종류의 이유를 주장할 수 있을 텐데 …

애덤 파 하지만 그건 불법이거나 그렇지 않거나 둘 중 하나이지요.

로스 브런 우리가 1999년 바지 보드 사건에서 보았듯이 원칙적으로 그것은 불법이었지만 우리는 그들을 설득했습니다 …

이처럼 포뮬러 원은 워낙 기술적인 스포츠이기 때문에 포뮬러 원에서 논쟁을 일으키는 이유의 90퍼센트는 기술에 관계된 것입니다. 그러므로 FIA와의 관계, 기술 담당 최고 책임자였던 찰리 와이팅과의 관계는 중요했습니다. 우리가 생각하는 방식을 그가 이해했고 그가 생각하는 방식을 우리가 이해했으니까요. 우리는 아이디어를 갖고 그에게 접근해야 할 때가 언제인지 알았어요. 우리는 어떤 문제에 대해 그와 순조롭게 대화를 이어갈 수 있는 때가 언제인지, 아마도 그의 화를 돋우어 대화를 해봐야 소용없는 때가 언제인지 알았습니다. 그런 모든 종류의 평범한 인간의 삶에서 볼 수 있는 개인적인 역학이 있었습니다.

흥미롭게도 내가 1990년과 1991년에 재규어와 함께 스포츠카 레이싱을 하던 시기에, 나는 우리가 디자인한 스포츠카의 개념에 관해 그 한계를 한껏 밀어붙였습니다. 그리고 FIA의 항의를 받기 전에 우리가 무슨 일을 하고 있는지 FIA가 파악하도록 도왔습니다. 누군가 우리 차에 이의를 제기했다간 위기 상황에 처하기 때문이지요. 그래서 나는 FIA에 '이것이 우리가 괜찮다고 생각하는 이유입니다.'라고 말했습니다. 스포츠카 레이싱은 계속 변화하고 있었어요. 포뮬러 원에 맞추기 위해 새로운 3.5리터 엔진 규격으로 향하고 있었지요. 그리고 나는 사실상 포뮬러 원 경주차 — 차체에 포뮬러 원 경주차를 씌운 스포츠카 — 를 설계했습니다. 예를 들어, 이 차는 포뮬러 원의 차대 구조를 갖추어 차를 타고 내리기 위한 문이 없고 창문만 있었어요. 문을 완전히 없애서 드라이버는 창문으로 미끄러지듯 드나들었지요. 그리고 드라이버가 밖으로 빠져나와야 할 경우 항공기처럼 윈드 실드를 박차고 나와야 했습니다. 반면 다른 사람들은 모두 전통적인 방식으로 차대 측면의 부채꼴 모양을 절단해 차대를 약하게 만들었습니다. 이렇게 우리 드라이버들은 NASCAR(전미 스톡 자동차 경주 협회)의 스톡 자동차(일반 시판차를 개조한 자동차 - 옮긴이)처럼 차에 탔습니다. 창문을 통해 차 안으로 들어갔지요.

물론 그 차를 FIA에 선보였을 때 그들의 예상에서 한참 벗어났기 때문에 그들은 '오, 이런, 이건 곤란합니다.'라고 말하더군요. 하지만 그들은 우리가 이 디자인을 가능하다고 생각한 이유를 천천히 검토한 뒤 우리의 디자인을 금지할 체계적인 논거가 없다는 사실을 깨달았습니다. 그래서 외부에서 이의가 제기되었을 때 그들은 우리를 지지했지요. 그 차에는 리어 윙rear wing, 충격 흡수 구조물crash structure 등 다양한 다른 요소들이 있었고, 모두 그 당시 스포츠카 레이싱에서는 사실상 시도한 적 없는 것으로 포뮬러 원 스타일의 경계를 확장했습니다. 스포츠카 레이싱에서 심리, 정신적 접근, 철학은 매우 전통적이었어요. 내가 이 업계에 들어와 전통을 뒤집어엎은 거지요. 그리고 사실 더 많은 포뮬러 원 사람들이 이후 나를 따라 스포츠카 레이싱 업계에 뛰어들었습니다. 하비 포슬스웨이트Harvey Postlethwaite가 메르세데스에 합류하는 식으로요.

이렇게 나는 다시 관계를 구축했습니다. 이런 문제들이 위기를 맞기 전에 접근하는 거죠. 그리고 나는 실생활에서 비슷한 사례 하나를 들어보겠습니다. 나는 지금 공장 복구 작업을 하고 있어요. 수력 발전 장치를 설치하려 합니다. 환경 운동가들은 수력 발전 장치에 크게 감동하고 있어요. 나는 우리가 수력 발전 장치 실행을 위해 최종 계획안을 제출하기 전에, 몇몇 환경 보호 단체에게 공장에 와서 우리가 진행하고 있는 작업을 봐달라고 부탁했습니다. 그리고 나는 그들의 접근 방식이 매우 건설적이고 신선하다는 사실을 발견했어요. 그들은 '이거 수력 발전 장치로군요, 이건 안 됩니다.'라는 식으로 반응하지 않았어요. 그들은 '좋군요. 우리는 이런 장치들을 잘 압니다. 책임감 있게 하는 일에 우리도 뜻을 같이 하겠습니다.'라고 반응했습니다. 일단 반대자들이 몰려오면 그리고 일단 사람들이 플래카드를 들고 집 앞에 서 있게 되면 그때부터 위기 상황이 시작돼요.

애덤 파 당신이 말하는 바는, 스포츠 규제 기관에 대한 당신의 접근 방식은 투명해야 하고 준비되어야 한다는 것이었습니다. 그러나 어떤 사람들은 규제 기관이 기술을 널리 보급할 거라고 믿지 않았기 때문에 당신의 접근 방식을 이용하지 않았을 거예요. 혹은 '아니다,

우리 기술을 아무에게도 알리지 말고, 일이 생기면 사정에 따라 맞서 싸우는 게 더 낫다.'라고 생각했거나요. 그런데 당신의 실적을 보면 당신의 접근 방식이 썩 효과적이지 않은 것 같은데요?

로스 브런 나는 그렇게 생각하지 않습니다. 전혀요. 당신의 지적에 대해 한 마디 더 한다면, 그 과정에서 비밀이 누설되었다고 생각한 경우는 한 번도 없었어요.

애덤 파 이 글을 읽는 독자들이 알아야 할 핵심은 우리 모두 언젠가는 오로지 논리적이거나 기술적인 근거 위에서 논쟁해야 하는 상황에 놓이게 된다는 것입니다. 어떤 사업이나 계획안에 투자를 제안하는 것처럼 말이지요. 기본적으로 이것은 기술적인 문제 같습니다. 이것이 투자 기준이나 계획 수립 규정을 충족하는가? 하는. 그러나 이처럼 순전히 기술적인 논쟁이 사람들에게 제출되고, 사람들은 탁자 위에 놓인 서류를 보면서 그것에 찬성할지 거절할지 검토합니다. 그리고 그것은 개인의 성격이나 공감대 혹은 실적에 달려 있겠지요. 당신은 결정에 관한 한 사람들을 준비시켜 당신 편이 되도록 하기 위해 많은 투자를 했다고 말하고 있지만 말입니다.

로스 브런 네. 놀랄 일도 아니었어요. 내가 FIA와의 토론이 기술적인 문제의 상당 부분을 차지한다고 언급하는 이유는 내 역할이 언제나 그 분야였기 때문입니다. 이런저런 형태의 기술 분야 말입니다. 그래서 총감독으로서도 나는 기술에 큰 중점을 두었습니다. 예를 들어, 나는 브런 GP에 깊은 관심을 지속하는 한편 닉 프라이는 사업과 상업 분야를 담당했습니다. 총감독 한 사람이 모든 걸 담당할 수는 없어요. 누군가에게 위임해서 진행 상황을 지속적으로 보고 받아야 해요. 사업과 상업 분야는 항상 위임을 맡기는 한편, 내가 늘 더 잘하는 분야라고 생각했기 때문에 나는 기술 분야에 바싹 붙어 있고 싶었습니다. 내 경험, 인간관계 등이 전부 이 안에 있었어요. 팀에서 나는 FIA의 지배층을 직접 상대하는 것이 더 편했습니다. 커스터드에 계란을 너무 많이 풀지 말라는 주의사항을 기억하면서 말이지요. 만일 내가 관여하면 그들은 '맙소사, 이게 얼마나 중요한 일인데 왜 끼어드는 거지?'라고 생각할 겁니다. 그러니 이런 부분을 잘 판단해야 해요. '내가 정말 관여해야 할까? 아니면 진행 상황만 파악하고 괜한 법석을 떨지 않는 게 나을까?' 공연히 소란을 피우게 되면 그들은 뭔가가 더 있다고 생각할 수 있으니까요.

내 경력은 항상 기술 분야를 중심으로 이어졌습니다. 애로우스에서 수석 디자이너가 된 시점부터 베네통 기술 감독, 그리고 그 역할로 다양한 팀들에서 수행한 여러 직함들까지. 궁극적으로 나는 기술 분야의 책임을 맡았습니다. 이 자리를 빌려 하고 싶은 말이 있어요. 밥 벨Bob Bell은 내가 메르세데스에 있을 때 기술 감독이었습니다. 밥은 매우 신뢰할 수 있는 좋은 사람이었고 팀의 훌륭한 자산이었어요. 믿음직한 사람이었지요. 그가 메르세데스를 그만두어 아쉬웠어요. 어쨌든 그가 최근에 《모터스포츠》에서 인터뷰를 했는데, 나는 그의 인터뷰 내용 중 일부를 듣고 뿌듯한 기분을 느꼈습니다. 그는 팀에서 어떤 극적인 사건이 생기면 결국 내가 일어나 책임을 졌다고 말했어요. 그 점은 나에게 매우 중요해서 나는 지극히 당연한 일이라고 생각했습니다. 설사 다른 누군가가 극적인 사건을 일으키고 문제를 일으켰더라도 말이지요. 심지어 내가 모르는 누군가 혹은 무언가일지라도 말이에요. 극적인 사건이 생길 때 내가 책임질 준비가 되어 있다는 걸 개인적으로 나 자신이, 그리고 팀이 아는 것이 중요했습니다.

2013년에 메르세데스는 피렐리Pirelli를 위해 타이어 테스트를 실시하다가 문제에 부딪쳤습니다. 당시 피렐리 측은 상당히 심각한 위기에 봉착했어요. 타이어의 좌측, 우측, 중앙에 계속 결함이 생겼는데, 그들로서는 적절한 차량으로 제대로 된 테스트를 실시할 능력이 없다고 호소하고 있었지요. 그들은 테스트를 실시해 달라고 우리에게 접근했습니다. 우리는 팀 차원에서 전년도 차로 타이어 테스트를 하기로 되어 있었지만 사용할 수 있는 차가 없었습니다. 우리 팀 팀장이 찰리 와이팅에게 물었어요. '저, 이것이 피렐리 측 테스트라면, 자동차 테스트나 팀 테스트는 아니지요?' 이건 아주 모호한 지적이라고 말해야겠습니다. 하지만 피렐리가 위기를 겪는 상황에서 우리는 테스트를 하기로 동의했어요. 차를 테스트할 땐 언제나 얼마간 혜택을 받기 마련입니다. 그건 피할 수 없어요. 나는 우리가 상당히 양심적으로 기준을 정하고 테스트를 실시할 때 그 기준을 벗어나기 않으려 노력했다고 생각합니다. 그리고 이 테스트는 피렐리에게 도움이 되었어요. 하지만 당시를 돌이켜보면, 나는 테스트를 하도록 부추기지 않았습니다. 테스트를 실시하자는 건 내 의견이 아니었지만, 궁극적으로 그것은 내 책임이었고 나는 그것을 하기로 동의했습니다. 일이 걷잡을 수 없이 커졌을 때 나는 책임지고 수습해야 했습니다. 그리고 결국 우리는 FIA에 제시한 주장들 때문에 비난을 받았습니다. 우리가 받은 건 그게 전부였어요.

애덤 파 아니오. 당신이 테스트를 하고 있었다는 걸 아무도 몰랐다는 점이 문제였던 것으로 기억합니다.

로스 브런 네, 우리가 테스트를 하고 있었다는 걸 다른 팀들은 아무도 몰랐지만 FIA와 피렐리는 알았습니다. 레이스가 끝난 뒤 우리가 바르셀로나에 계속 남아있었으니 이상했겠지요. 우리 트럭들은 패덕paddock 을 떠나지 않았고, 우리는 차고를 해체하지 않았습니다. 그러니 누군가 조금만 관찰력이 있었다면 무슨 일이 일어나고 있는지 궁금해 했을 거예요. 우리가 저지른 한 가지 실수는 드라이버들이 검은색 헬멧을 썼다는 겁니다. 그런 불순하게 보이는 헬멧을 쓰다니 바보 같은 짓이었어요. 어리석은 생각이었습니다. 내 생각은 아니었지만요. 누군가가 관여했는데, 어리석게도 나는 그 의견을 무시하고 '안 됩니다'라고 말하지 못했어요. 그저 우스꽝스럽게만 보였거든요.

강점과 약점

《손자병법》은, 지휘관은 자기 자신을 알고 적을 알아야 한다고 강조한다.

> 이런 이유로, 적을 알고 나를 알면 수백 번 전투의 결과를 두려워 할 필요가 없다는 말이 있다. 나를 알지만 적을 모르면 매번 승리를 거둘 때마다 패배도 함께 겪을 것이다. 적도 모르고 나도 모르면 모든 전투에서 굴복할 것이다. 〈제3편〉

애덤 파 이 구절은 지난번에 우리가 논의했던 주제를 다시 생각하게 합니다. 우리는 당신이 경력의 특정 시점이 되었을 때 단지 에너지가 소진되었기 때문에 2, 3년 전만 해도 기꺼이 싸웠을 전투를 중단했다는 이야기를 했지요.

그러므로 FIA와의 관계는 분명한 것 같습니다. 상업권 소유자 — 그가 버니 에클스턴이라는 건 다들 알 겁니다 — 와의 관계를 살펴보면 더 복잡하지요. 대부분의 스포츠는 공의 크기나 터치라인 기술을 사용할지 여부 등을 규제 기관이 결정할 수는 있어도 실제로 누구에게도 크게 영향을 미치지 않거나 모두에게 똑같이 영향을 미치기 때문에 규제 기관이 크게 중요하지 않다는 점에서 포뮬러 원은 상대적으로 이례적입니다. 포뮬러 원에서는 규칙이 대단히 중요하고, 우리가 이야기한 것처럼 규칙 변경이 중요합니다. 그러나 그밖에 포뮬러 원의 특이한 점은 팀, 규제 기관, 상업권 소유자 간의 3자 관계입니다. 당신은 경력 초기 이야기에서 상업권 소유자와의 관계는 당신 책임이 아니라고 말했습니다. 당시엔 플라비오 브리아토레나 루카 디 몬테체몰로 같은 사람들이 그 일을 담당했으니까요. 하지만 나중에 브런과 이후 메르세데스에서는 그 일이 당신 책임이 되었고 당신은 주로 위임을 했습니다.

로스 브런 그렇습니다.

애덤 파 중요한 직책에 있는 사람들을 보면, 다른 모든 사람들과 마찬가지로 그들 역시 잘하고 편한 일이 있는 반면, 유독 하기 싫은 일이나 굳이 해야 한다고 생각하지 않는 일, 자신이 썩 잘한다고 생각하지 않는 일이 있습니다. 그리고 그들은 그런 일을 하지 않으려는 경향이 있어요. 불행히도 그런 일들이 그들을 곤경에 빠뜨리지요.

하지만 이것이 딜레마인 이유는 당신이 그런 일을 했어야 했기 때문이 아니라, FIA에 적용한 것과 동일한 원칙과 접근 방식을 상업권 소유자에게도 똑같이 적용해야 했지만 아마도 그렇게 하지 않았기 때문일 겁니다.

로스 브런 전적으로 옳은 말이라고 생각합니다.

애덤 파 그러므로 포뮬러 원으로 다시 돌아간다면 달리 어떻게 하겠습니까?

로스 브런 내 생각에 당신이 언급한 내용의 요점은 내가 그런 전투와 전쟁을 치를 에너지가 소진되고 있고, 어떤 면에서는 전쟁뿐 아니라 관계를 발전시키기 위해 시간을 투입할 에너지도 바닥나고 있다는 것인데요. 나는 무수한 노력을 쏟아 부었고, 일을 했고, FIA와의 관계를 즐겼습니다. 그들은 정말 유쾌한 사람들이에요. 찰리 와이팅은 오랫동안 모터 레이싱 업계에 종사했습니다. 내가 정비사였을 때 그는 수석 정비사였어요. 우리는 배경이 같아요.

버니는 내가 가장 편하게 여기는 영역과 다른 영역에서 일했습니다. 내가 그 영역에서 움직여야 했던 건 사실상 브런 GP 이후였어요. 사람들은 늘 내 의견을 물었지만, 나는 최근 페라리의 상업적 합의의 핵심 사안에도 전혀 관여하지 않았습니다. 장은 나에게 항상 자문을 해주었지만, 나는 그가 계속 그렇게 해주어 기뻤고, 그는 나에게 기꺼이 내 영역을 맡겼으며, 그 결과 페라리가 잘 운영될 수 있었어요. 이것은 아마 우리가 나중에 다시 이야기하게 될 또 다른 요점입니다. 2009년 초는 위기의 기간이었어요. 나는 사실상 브런 GP에서 처음 버니를 상대하기 시작했고, 브런 GP가 위기 상황이었거나 혼다/브런 GP가 위기 상황이었기 때문입니다. 그리고 우리가 포뮬러 원 팀 협회 FOTA에 계속해서 저항하고 있었기 때문에 포뮬러 원도 위기 상황이었지요.

애덤 파 이제 사실과 자료들을 확인해보겠습니다. 2008년 12월 4일 경 런던의 브라운스 호텔에서 열린 FOTA 회의를 기억합니다. 당신이 참석한 줄은 몰랐어요. 닉 프라이는 확실히 참석했는데 두 분이 함께 왔군요. 당시 혼다가 포뮬러 원을 떠난다는 사실은 공개되지 않았습니다.

로스 브런 12월에 공개되었을 거예요. 우리는 2008년 11월에 그 사실을 알았습니다.

애덤 파 이제 당시 상황으로 기억을 더듬어보겠습니다. 2008년 1월에 우리는 모두 콩코드 광장에 있는 FIA 본부에서 만나 회의를 했습니다. 그 회의에서 맥스 모슬리는 '곧 자동차 회사에 심각한 위기가 닥칠 터이므로 우리는 예산 제한을 정할 계획이다.'라고 말했어요. 그런 다음 맥스는 예산 제한을 시행하기 위한 과정을 시작했지요. 그리고 2008년 4월, 《뉴스오브더월드》가 그에게 타격을 가해 상황은 거의 잠잠해지다가, 2008년 가을 상하이 그랑프리 직전에 맥스가 우리는 표준 코스워스 엔진으로 갈 계획이라고 발표했습니다. 그 무렵 금융 위기가 진행 중이었지요. 2008년 9월에 리먼 브라더스가 파산했고, 한 달 뒤 상하이 레이스가 열렸습니다. 그 이후 당신과 닉이 12월 그 FOTA 회의에 참석해 혼다는 포뮬러 원에서 탈퇴하겠다고 발표했어요. 이제 당신은 레이스에서 팀의 미래를 보장해야 했고, 혼다를 대신할 새로운 엔진도 필요했습니다.

로스 브런 2008년 말은 상당히 불안정한 환경이었습니다. 그리고 버니는 대체로 반대편에 있었지요. 팀들이 하나의 단체로 합치기 시작했기 때문에 그는 팀들과 대립했습니다. 그리고 그런 관계는 버니에게 맞지 않았지요. 그 기간 동안 FIA는 중간 입장에 있었고, 우리는 가입 같은 걸 하지 않을 터여서 그 때부터 맥스는 버니 편에 서기 시작했어요. 이렇게 버니와 나의 직업적 관계는 그 시기에 시작되었습니다. 물론 나는 전부터 버니를 알고 있었어요. 우리는 자주 많은 이야기를 나누었지만, 나는 그와 한자리에 앉아 상업적 관계 등을 논의하는 단체에 속한 적은 없었습니다. 회의에서 기술적인 내용을 다루었기 때문에 가끔 내가 회의를 도울 때는 있었습니다. 그것이 이 일의 시작이었고, 거기에는 약간의 배후사정이 있습니다. 버니는 브런 GP를 인수하려 했어요. 우리가 모든 걸 전부 조직하고 준비했는데 버니가 막판에 뛰어들려 했지요. 그러면서 닉과 나에게, 우리가 자기 대신 회사를 운영하면 각각 5퍼센트를 주겠다고 말하더군요. 팀을 옆에 두려는 버니의 계획 중 일부였던 것 같아요. 다행히 혼다는 과거에 버니와 약간 문제가 있었기 때문에 버니가 썩 편하지 않았습니다. 그리고 그가 혼다에게 건넨 제안이 실제로 우리가 제안한 것만큼 괜찮지 않았어요. 그렇게 해서 버니의 회사 인수 계획은 성사되지 않았습니다. 이런 배후사정이 있었어요.

애덤 파 당신이 '인수'한다고 말할 때, 실제로 돈을 지불하는 것이 아니라 말하자면 돈을 받는다는 의미겠지요 …

로스 브런 맞습니다, 돈을 받는 겁니다!

애덤 파 버니는 그렇지 않고 …

로스 브런 전혀 아니에요. 그의 방식은 한 가지뿐이에요. 아무튼 버니와 나의 '직업적 관계'는 그런 배경에서 시작하고 있었습니다.

애덤 파 확실히 이것은 당신과 닉, 그리고 브런 GP를 향한 그의 태도에 영향을 미쳤습니다. 버니는 해결책이 되길 좋아합니다. 그는 문제를 만들어내길 좋아하고, 그런 다음 해결책이 되는 걸 좋아하지요. 당신과 버니 사이에서 브런을 인수하겠다는 합의는 없었습니까?

로스 브런 아니오. 거기까지 간 적은 없었습니다.

애덤 파 그가 인수에 대해 생각한 적은 있었을까요? 그는 약간 은밀하게 일하는 것도 좋아하니까요. 어떻게 생각하십니까? 그는 당신이 자신을 속였다고 생각했을까요? 아니면 단지 자신이 기회를 놓쳤다고 생각했을까요?

로스 브런 아니오. 그는 훨씬 나중에 있었던 다른 문제로 우리가 그를 속였다고 생각한 것 같습니다. 하지만 우리가 브런 GP 일로 그를 속였다고 생각하지는 않았을 거예요. 우리는 그에게 굉장히 솔직했으니까요. 우리는 '버니, 우리는 당신을 위해 일하고 싶지 않습니다.'라고 말했어요.

애덤 파 그나저나 이해 충돌 때문에 상업권 소유자인 그가 팀을 인수할 수 있는 여건이 안 되었을 텐데요.

로스 브런 그렇습니다. 그것이 또 한 가지 요인이었어요.

애덤 파 하지만 그 시점엔 그런 생각이 나지 않았겠지요.

로스 브런 아니오. 나는 그렇게 생각하지 않습니다. 부당할지 모르지만, 버니는 다른 사람들이 포뮬러 원으로 돈을 버는 걸 보고 싶어 하지 않는다는 평판을 받고 있습니다.

애덤 파 네, 그건 대체로 맞는 말입니다.

로스 브런 네. 열심히 일해서 훌륭한 삶의 질을 누리고 많은 부를 지닌 팀 소유주들이 많은 반면, 그는 자신이 그럴 만한 이유가 충분하다고 생각하길 좋아합니다. 그리고 제법 그렇게 되었고요. 그는 확실히 다른 사람들이 포뮬러 원으로 돈 버는 걸 좋아하지 않아요. 그가 혼다에 상금을 미지급했다는 말이 논쟁할 때마다 제기되었습니다. 그리고 우리는 이제 그 돈이 브런 GP에 진 빚이라는 걸 법적으로 증명했어요. 우리는 그 빚을 인수했습니다. 그는 좋아하지 않았지요. 그 일은 결국 해결되었지만, 2009년 상반기 동안 그는 우리에게 아무것도 지불하지 않았습니다. 그는 우리에게 한 푼도 주려 하지 않았어요. 그리고 우리는 모나코에 도착해서 실제로 이렇게 말했습니다. '버니, 우리는 의심할 여지없이 2009년의 성공 신화입니다. 당신은 우리 허락 없이 텔레비전에 우리 경주차를 방송하고 그것을 TV에 내보내고 있어요. 그런데도 그에 대한 대가를 우리에게 지불하지 않고 있습니다. 우리는 당신과 합의하지 않았어요. 우리는 당신이 우리 차를 텔레비전에 내보내는 걸 원하지 않습니다.' 물론 버니는 아주 거친 사람이에요. 그는 '입 닥쳐'라는 식의 심한 말을 하더군요. 하지만 그 말이 CVC 캐피털에 알려졌고, 그들이 이 일에 크게 관심을 갖게 되면서 마침내 우리는 모든 다양한 문제들을 간신히 해결했습니다. 나는 우리가 버니를 이용했다고 말하지 않겠습니다. 아무도 그러지 않았으니까요.

애덤 파 오래 지속된 일은 아니었지요.

로스 브런 맞습니다. 그 사건은 오래 지속되지는 않았어요. 하지만 나는 그 일들도 배후사정에 속한다고 생각합니다. 버니가 순전히 자기 뜻으로만 그런 일을 한 건 아니었어요. 그리고 내가 그에게 작은 위협이 되었는지, 혹은 다른 사람들은 기꺼이 그가 원하는 방식으로 그가 만든 게임을 하는데 나는 그러지 않았는지는 어느 누구도 알 수 없지요 …

애덤 파 내가 분석한 바로 버니는 포뮬러 원의 운영자처럼 보이려 합니다. 그가 운영자가 아니라는 것을 암시하는 어떠한 행동이나 말을 해서는 안 되는 거죠. 단지 그것만 주의하면 돼요. 따라서 당신이 브런 GP의 생존을 그의 공으로 돌리고 트랙에서 당신의 성공 역시 그의 공으로 돌렸다면, 그리고 그가 성사시킨 덕분에 당신이 혼다를 인수할 수 있었다고 그가 느끼게 했다면 아마 그는 만족스러워 했을 겁니다. 내가 버니를 보는 관점은, 인생에서 모든 일이 항상 뜻대로 되는 것은 아니라는 것이에요. 군대에서 '알력$_{friction}$'이라고 부르는 말이 있습니다. 버니는 알력입니다. 당신에게 약점이 있으면, 그는 기가 막히게 그 약점을 찾아내고 말 거예요. 그는 인간의 본성을 가지고 노는 데 아주 능숙해요. 하지만 그가 가진 전술은 딱 한 가지입니다. 분열시켜 정복하는 것이지요. 나는 여기에 약간 시간을 들일 가치가 있다고 생각합니다. 내 경험을 통틀어서 나는 같은 행동을 그토록 일관되게, 그토록 예측 가능하게, 그토록 효율적으로 하는 사람을 만나본 적이 없습니다.

일례로 탈퇴 위기가 한창이던 2009년 영국 실버스톤 레이스 이전에 열린 유명한 회의를 들 수 있겠습니다. 내가 이해하기로 당신과 CVC 캐피털의 도널드 매킨지, 버니와 맥스가 모여서 브런 GP가 반대하는 팀들에게서 벗어나 2010년 FIA 챔피언십 대회에 참가 신청을 하도록 하자는 취지의 합의를 했습니다. 표면적으로 이 합의는 버니에게 큰 성공을 안겨주었지요. 그러나 회의 직후에 합의가 결렬되었습니다.

로스 브런 닉 프라이와 내가 주로 맥스와 버니를 만났습니다. CVC

캐피털의 도널드 매킨지는 회의에 드나들었고요. 회의는 런던에 있는 버니의 사무실에서 열렸습니다. 그들의 영향력은 장차 우리의 레이스 출전과 상업권을 보장하고 있었지요.

애덤 파 네, 문제는 새로 들어온 세 팀이 참가하기에는 자리가 충분하지 않다는 것이었습니다. 그래서 당신이 레이스에 참가할지 혹은 참가하지 못할 위험을 무릅쓸지에 대한 의문이 있었습니다.

로스 브런 우리가 신규 팀인지 아닌지에 대한 문제도 있었습니다. 결국 닉과 나는 우리 팀이 챔피언십 대회에 참가하는 것에 합의했습니다. 하지만 그 단계에서 모든 팀이 곤경에 처해 있었기 때문에, 우리는 다른 팀들과 함께 FOTA 회의에 가서 우리가 이 전체 과정의 중재자 역할을 할 수 있는지 알아보기 위해 유예 기간을 갖고 싶다고 말했습니다. 아마도 약간은 윌리엄스처럼 우리는 양측 모두를 위한 해결책을 찾으려 했어요. 일부는 엄청난 보수파였고 일부는 엄청난 진보파였습니다. 우리는 중간쯤이었고요.

　원래 그날 오후 버클리에 있는 우리 사무실에서 FOTA 회의가 열릴 예정이었습니다. 우리는 그날 오전에 버니와 비밀 유지 조항들에 대해 조건부 합의에 서명했어요. 우리는 FOTA 회의에 참석해서 우리의 상황을 설명하고 싶었습니다.

　그것이 우리가 합의한 것입니다. 버니와 회의를 마치고 나와 도로를 따라 내려간 지 10분이 채 되지 않았을 때 우리는 이런 내용의 전화를 받았어요. '당신이 버니와의 합의에 서명했다는 걸 플라비오가 알게 되어 아무도 회의를 하러 당신 공장에 가지 않으려 한다. 그래서 회의 장소를 르노로 옮겼다.'라고 말입니다. 우리는 맥스에게 전화를 걸어 말했어요. '대체 무슨 일이에요? 우리가 회의에서 나온 지 10분도 안 되어 플라비오가 진행 상황을 알게 되다니요. 우리는 지금 상황을 수습하러 회의장으로 가고 있어요. 우리는 지금 거대한 싸움 한복판에 끼어 있단 말입니다.'

우리가 들은 내용은 이랬습니다. 우리가 런던 회의에서 나오자마자 버니가 플라비오에게 전화를 걸어 브런이 2010년 챔피언십 대회에 참가 신청을 했다고 말했다는 겁니다. 우리는 FOTA 회의에 참석했지만 이제 전체 상황에 대해 양상은 완전히 달라졌습니다. FOTA 회의가 진행되는 동안 나는 메르세데스의 디터 체체에게 전화를 받았어요. 그 단계에서 브런 GP는 메르세데스와 거래한 적이 없었고, 우리는 정말 가까웠습니다. 그런데 그들이 불평을 토로하기 시작하는 겁니다. 그가 말하더군요. '우리는 모든 상황을 조정할 필요가 있으며, 당신은 FOTA의 방침에 따라 물러나야겠다.'라고 말이에요. 그래서 그렇게 된 겁니다. 우리가 FOTA 그룹의 방침에 따랐던 건 그래서였어요. 우리가 합의한 내용에 관해 번복해야 하는 부분이 있었지만, 우리 변호사 캐럴라인 맥그로리_{Caroline Mcgrory}가 매우 영리하게 문서를 작성했고 우리는 그날 그 문서에 서명했습니다.

애덤 파 너무 빤한 질문인데요. 버니는 플라비오에게 왜 그런 전화를 했을까요?

로스 브런 모르겠어요. 버니는 가끔 충동적이에요. 사람들은 그의 행동에 놀라면서 혈기 가득한 충동성을 탓해야 할지 의아해하지만, 알 수 없는 일이죠!

애덤 파 한 가지 가능한 해석은 그 전화가 실수였다는 겁니다. 생각 없이 그냥 행동으로 옮긴 거예요. 또 다른 가능성을 생각해볼 수 있는데, 그가 의도적으로 전화를 했다는 겁니다. 나는 버니가 일이 어떻게 되어 가는지 보려고 괜히 계획을 망치는 부류의 인간이 아닐까 하는 생각을 종종 합니다.

로스 브런 내 생각도 그렇습니다. 회의에서 그가 그런 식으로 행동하는 걸 본 적이 있어요. 회의가 마음에 들지 않는 방향으로 흘러가기 시작하면 그는 단지 회의를 폭파시킬 목적으로 느닷없이 자신이 아는 아주 논쟁적인 안건을 던집니다.

애덤 파 그리고 모두가 그 안건에 말려들고요.

로스 브런 맞습니다. 그런 상황을 수도 없이 보았어요. 조던 팀과 소규모 팀들이 그들이 받는 돈이 대형 팀들에 비해 어느 정도인가 하는 뜬금없는 논쟁을 벌인 배경이 된 어느 회의가 기억나는군요. 당시 회의는 레이스 형식을 논의하고 있었고 버니가 싫어하는 방향으로 흐르고 있었어요. 그러자 버니가 말하는 겁니다. '자, 우리 그 주제로 넘어가기 전에 우리가 받는 이 돈 문제부터 이야기합시다.' 그러자 당연히 조던과 다른 모든 팀 사람들이 그동안 진행되던 회의 내용은 깡그리 잊은 채 그 이야기로 곧장 달려들어서 회의는 아수라장이 되어버렸지요. 이것이 그의 전술이었습니다.

애덤 파 지난 5년간 몇 차례 회의를 통해 버니를 지켜본 바로는, 그는 회의에서 어떤 결론에 이르는 걸 결코 원하지 않더군요. 2009년 여름 회의로 돌아가면, 그는 챔피언십 대회의 통제를 강화하고 참가 팀과 비참가 팀을 결정하자는 FIA의 의견과 부딪혔습니다. 그리고 버니는 예산 제한을 좋게 생각하지 않았어요. CVC 캐피털이 예산 제한을 지지하고 있었고, 그해 월드 챔피언십 대회 선두 팀인 당신도 지지하고 있었지요. 그러자 그는 핵심 팀 하나와 FIA와 그의 주주들까지 전부 가세해서 문제를 해결한다는 시나리오를 상상한 겁니다. 그리고 그 안에서 자신은 실제로 아무런 역할도 맡지 않았지요. 나는 버니가 거기에 수류탄을 던지고 싶어서 플라비오에게 전화를 했다고 생각합니다. 다분히 의도적으로 말이지요. 그가 충동적으로 행동할 사람이 아니라는 말이 아니라, 당시 그는 충동적이지 않았던 거예요.

로스 브런 네, 아마 당신 생각이 맞을 겁니다.

애덤 파 그리고 그 일은 그에게 유리하게 풀렸지요. 왜냐하면 내 생각에 그의 행동으로 인한 결과 중 하나로 실버스톤 레이스가 있는 주말 동안 우리 모두 맥스가 원하는 방식으로 지출을 통제하기 위해 설계된 자원 제한 협정Resources Restriction Agreement의 타협점을 찾아 이탈을 끝냈기 때문입니다. 맥스가 2009년 FIA의 회장직에서 물러나고 이후 포뮬러 원을 담당하는 사람은 한 사람뿐이었는데, 그가 바로 버니예요. 그 모든 것이 와해된 때가 바로 2009년 실버스톤 회의에서였습니다. 그 시점까지는 FIA와 상업권 소유자 사이에는 힘의 균형이 있었어요. 이제 그 힘의 균형은 더 이상 존재하지 않습니다.

로스 브런 그 점에 대해 당신 의견에 동의합니다. 이 문제에서 또 다른 흥미로운 측면은, 내가 혼다에서 일할 때 버니가 자신의 불만 사항을 토로하기 위해 혼다 사장에게 여러 번 전화를 했다는 겁니다. 그러면 사장은 그때마다 나에게 다시 문의하라고 말했어요. '그 일은 로스 브런 팀이 담당이니 미안하지만 그에게 문의하시오. 나는 관여하지 않겠소.' 어떤 면에서 그런 조치는 일본인의 전형적인 태도였던 것 같습니다. 혼다는 과거에 버니와 문제가 좀 있기도 했고요. 그 문제가 무엇이었는지는 기억나지 않지만, 그들은 버니를 직접 상대하는 걸 무척 불편하게 여겼어요. 그들은 버니가 그들의 철학과 문화와 대척점에 있는 사람이라는 걸 알았고, 그를 어떻게 상대해야 할지 몰랐습니다. 그들은 버니를 상대하고 싶어 하지 않았어요. 몇 번인가 버니는 나를 건너뛰고 혼다 사장에게 상의하려 했다가 거절당했는데, 아마 당신이 언급한 이유로 다소 좌절감을 느꼈으리라 생각합니다.

    2012년 중반쯤 그는 나에게 전화해서 이렇게 말하더군요. '로스, 지금 진행하려는 일이 개인적인 일이 아니라는 걸 당신이 알아주었으면 합니다. 이건 사업이에요. 당신과 나는 서로 오랫동안 알고 지냈으니 부디 불쾌하게 여기지 말아주십시오.' 그래서 내가 '무슨 일이에요, 버니?'라고 물었어요. 그러자 그는 '무슨 일인지는 말하지 않겠지만, 이건 사업이지 개인적인 일이 아니라는 것만 알아두십시오.'라고 말하더군요. 그래서 내가 말했어요. '당신은 지금 나를 걱정시키고 있어요. 지금까지 나에게 이런 식으로 말한 적이 없었잖아요.' 그러자 그가 말했어요. '솔직히 우리는 포뮬러 원에 죽 함께 있었고 이제는 우리 모두 베테랑입니다.'

처음엔 그가 무슨 말을 하는지 이해하지 못했어요. 그러다 이내 그가 왜 그런 말을 했는지 알겠더군요. 당시는 2013년 새 상업 협정(콩코드 협정)을 위한 협상의 일환으로 메르세데스를 위해 새로운 거래를 하도록 우리가 그에게 강하게 압박을 가하던 시기였습니다. 그리고 우리는 메르세데스의 동의하에 그에게 가서 여기에 유럽 연합과 관련된 요소가 있는 것 같다고 말했습니다. 닉과 나는 프린스 게이트에서 그에게 편지를 건넸는데 그는 받으려 하지 않더군요. 결국 편지를 읽었지만요. 그는 한사코 편지를 받으려 하지 않았지만 우리가 탁자 위에 편지를 올려놓은 채 회의를 나왔거든요. 편지에는 그가 유럽 연합의 경쟁 규칙들을 위반했다고 생각하는 이유에 대해 법적 근거가 제시되어 있었습니다. 우리는 편지에 법률 사무소의 승인을 받아놓았어요. 우리는 그에게 말했습니다. '우리는 이런 식으로 하고 싶지 않지만 당신이 우리를 궁지로 몰아넣고 있습니다. 우리는 아주 형편없는 거래를 제안 받았는데도 메르세데스는 포뮬러 원의 몇몇 팀에 엔진을 제공하고 있습니다. 그들은 수년 동안 F1의 충실한 지지자들이었으며, 당신이 그들을 이런 식으로 대하는 데에 크게 마음이 상해 있습니다. 그런데 당신은 다른 팀들을 선발해서 특별대우를 하고 있군요.'

그러자 그가 말했어요. '통에 남은 돈이 얼마 없어요. 당신이 손에 쥔 건 가져가시오. 난 상관하지 않을 테니까.' 그러더니 그는 당신이 말한 것처럼 디터 체체에게 전화를 걸어, 나를 상대하느라 고전하고 있으니 누군가 다른 사람이 협상에 참여하길 바란다고 말했다는 겁니다. 안타깝게도 디터 체체는 훨씬 나중에야 그 사실을 나에게 말해주었어요. 그때 그가 나에게 와서 '버니에게 이런 전화가 왔다. 우리는 어떻게 하면 좋겠나?'라고 말했다면, 우리는 함께 짝이 되어 움직일 수 있었을 거예요. 그랬다면 상황을 아주 간단하게 해결했을 겁니다. 하지만 버니가 니키를 제안했기 때문에 디터는 니키를 협상에 참여시켰지요.

그때가 2012년 부활절이어서 나는 휴가를 보내기 위해 콘월 집으로 내려가 있었어요. 당시 집이 막 완공되어 우리는 새집에서 처음으로 즐거운 시간을 보내고 있었지요. 니키는 메르세데스 재무담당 이사인 보도 우에버Bodo Uebber와 새로운 계약을 협상 중인 버니와 함께 런던 프린스 게이트에 있었습니다. 그러나 니키도 보도도 뭘 해야 할지 뾰족한 아이디어가 떠오르지 않았어요. 그래서 그들은 회의 중에 계속 밖으로 나와 나에게 전화를 걸었습니다. 나는 콘월의 내 책상에 앉아 15분마다 수화기를 들고서 최신 정보를 기반으로 그들이 수락해야 할 것과 수락해서는 안 되는 것에 대해 이야기했습니다. 당연히 니키가 내 이야기를 듣고 모든 것을 이해하기는 힘들지요. 그리고 나는 정보를 입수하기 위해 우리 법무 이사와 재무 이사인 캐럴라인 맥그로리와 나이절 커Nigel Kerr에게도 전화를 걸어야 했습니다. 이렇게 나는 모든 정보를 총동원하고 있었어요. 사실상 나는 그 자리에 참석하지 않은 채로 팀을 위해 협상하고 있었던 겁니다. 그들이 회의장 밖으로 나가 나에게 전화를 걸고 있는 걸 버니가 알고 있었는지는 모르겠어요. 하지만 어쨌든 결국 우리는 합의점을 찾았습니다.

재미있는 사실은, 그 거래는 우리 중 누구도 상상할 수 없을 만큼 좋게 끝났다는 겁니다. 2년 연속 세계 챔피언십 획득, 두 시즌 동안 24개 레이스에 우승한 팀에 수백만 달러의 보너스가 추가되었어요.(이것은 레드불과의 거래 중 일부로, 레드불은 이미 이 조건을 충족했고 협상을 장려하기 위한 방식으로 2020년까지 보너스를 보장 받았다.) 그렇게 해서 우리는 같은 조건으로 협상을 했습니다. 버니는 메르세데스가 챔피언십을 획득하리라고는 꿈에도 생각하지 못했지만, 메르세데스는 2014년과 2015년에 챔피언십을 차지해서 이제 2020년까지 매년 보너스를 받습니다.

따라서 나는 이사회를 대할 때 적용한 철학을 상업권 소유자를 대할 때 동일하게 적용하지 않았습니다. 나는 그들이 다른 종의 인간이라는 걸 알지만, 지금 돌이켜 생각하면 버니에게 내 자존심을 좀 더 억제해야 했어요. 하지만 어떤 면에서 나는 버니가 취한 접근 방식과 그가 브런 GP에 강제로 개입하려 했던 방식, 계속해서 우리의 짜증을 유발한 것, 6개월 동안 우리에게 TV 출연료를 지불하지 않으려 했다는 사실에서 버니에게 조금 화가 났습니다. 이런 상황에서 우리는 팀을 하나로 모으기 위해 필사적으로 노력했습니다. 이렇게 말해도 괜찮다면 우리는 2009년에 돌풍을 일으켰어요. 우리는 포뮬러 원을 다시 긍정적인 시각으로 바라보고 있었습니다. 하지만 버니는 문제가 생길 때마다 사사건건 우리를 성가시게 할 뿐이었어요.

애덤 파 확실히 당신은 다른 접근 방식을 적용했습니다. 한 가지 접근 방식은 수십 년 동안 크게 성공했어요. 다른 한 가지 방식은 정말 중요한 시점에서 역효과를 낳았고요. 다른 방식으로 접근할 수도 있었을까요? 그러니까, 개인적인 관점에서 그리고 당신이 상대하는 사람이 누구인가 하는 측면에서 말입니다.

로스 브런 나는 그 일을 되돌아보면서 스스로에게 묻습니다. '그 단계에서 나는 다른 방식으로 접근하기 위해 충분히 주의를 기울였는가?' 하고 말이지요. 2009년에 나는 너무도 절실한 나머지 본능적으로 행동하고 있었습니다. 모든 일이 순조롭게 이루어지길 바랐고, 우리 팀이 살아남길 바랐으며, 세계 챔피언십을 획득하길 바랐기에 힘닿는 한 최선을 다하고 있었어요. 어찌 보면 결국 버니가 돈줄을 쥐고 있다는 사실을 과소평가했던 것 같습니다. 그리고 아무도 그 문제를 성공적으로 해결하지 못했지요. 언젠가 그도 저 세상에 갈 날이 오겠지만, 아무도 그를 물러나게 하지 못했어요. 당신이 CVC 캐피털에 가서 논쟁을 해보면 그들이 그를 무시할 거라고 생각할 수 없을 겁니다. 그보다 더 높은 권위자가 있을까요.

애덤 파 당신이 가장 취약한 때가 2009년이었는데, 그럼에도 불구하고 두 개의 월드 챔피언십 타이틀과 팀 운영 등에 완전히 집중했습니다. 재정적으로도 취약한 상태였는데 말이지요. 이런 상황에서 당신은 트랙에서 믿을 수 없을 만큼 놀라운 활약을 펼쳤지만, 버니가 당신에게 돈을 지불하지 않으면 상당히 곤란해질 거라는 걸 알았습니다. 당신이 가장 취약한 순간은 2009년 브런 GP에서였지만, 버니가 실제로 도끼를 휘두른 무렵인 2012년에 당신의 팀은 메르세데스였고, 메르세데스는 재정적인 관점에서 흠잡을 데가 없었습니다. 버니에게 돈을 받게 될지 걱정할 필요가 없었던 유일한 회사가 바로 메르세데스이지요. 그들은 돈을 받았는지 여부를 기록할 필요도 없었을 거예요. 그러므로 아이러니하게도 당신의 경력에서 버니가 당신이나 팀을 장악하지도 영향력을 행사하지도 못했던 유일한 시점이 바로 그가 공격을 가하던 시기였습니다. 당신이 그 안에서 관여한 일은 외부 위협이 아니라 내부 분열이었습니다. 버니가 당신을 이긴 이유는, 그가 대단한 영향력이 있어서가 아니라 메르세데스 GP 내부의 분열 때문이었어요. 2009년에 그는 엄청난 영향력을 발휘하고 있었고, 당신을 침몰시키거나 괴롭히기 위해 최선을 다했습니다. 하지만 당신들이 단결하고 집중했기 때문에 효과를 얻지 못했지요. 2012년에는 상황이 달랐나요?

로스 브런 그 시기에 나는 자신감을 잃고 약해진 상태였습니다. 당신 말이 옳아요. 우리는 분열되었습니다. 메르세데스에서 보낸 2, 3년의 기간을 돌이켜보면, 이해관계가 상충되지는 않았지만, 우리가 앞에서 다뤘듯이 나는 팀을 매각했고, 노르베르트에게 개인적으로 충성심이 있었으며, 그가 거래를 조율하고 메르세데스 모터스포츠를 담당했다는 점에서 많은 요소들이 혼란스러웠습니다. 노르베르트는 예산 제한이 앞으로 나아갈 길이며, 그것이 포뮬러 원이 지향해야 할 방식이라는 자신의 의견을 이사회에 분명히 밝혔고, 그래서 필사적으로 그것을 증명해 보이려 했으며, 따라서 우리의 예산은 제한되었습니다. 그리고 그 기간 동안 팀은 사실상 엉망진창이었어요. 내가 2009년에 브런 GP로서 마음껏 누렸던 순수함을 잃어버렸지요.

브런 GP는 비록 몹시 고군분투하긴 했지만 순수했고 조화를 이루었습니다. 그곳에서는 우리가 하고 있는 일이 무엇인지, 책임자가 누구인지, 누가 어떤 일을 하는지가 완벽하게 명확했습니다. 그래서 2009년에 더 큰 도전들이 있었지만 우리는 그것들에 맞서 성공할 수 있었습니다. 2010년과 2011년에는 도전은 줄어들었지만 무언가가 사라지고 있었습니다. 팀의 진정한 리더십이 약간 모호해졌어요. 노르베르트가 이사회를 통제하고 있었기 때문에, 나는 이사회와 직접적인 관계가 없었습니다. 아마 당신이 이 상황을 분석했다면 팀이 기대만큼 성공하지 못한 이유를 찾아낼 수 있었을 거예요. 지금 돌이켜보면, 그 시기에 우리가 실패한 원인은 내가 '이봐요, 노르베르트, 미안하지만 지금 우리가 할 일은 이겁니다.'라는 말을 못했기 때문입니다. 노르베르트의 승인을 받기 위해 내가 제출한 첫 번째 예산안은 2900만 파운드가 삭감되었습니다. 그 돈은 기술 개발비였어요. 우리는 드라이버들과 팀의 급여와 간접비를 지불하기로 이미 약속을 했거든요. 그건 아주 중요한 액수였어요. 메르세데스가 찬성할 거라고 생각하며 우리가 제시한 첫 번째 예산안은 이사회에 정식으로 제출되지도 않았습니다. 이사회는 포뮬러 원 때문에 비용이 들 일은 없을 거라고 들었으니까요. 게다가 구조적으로 브래클리는 엔진을 위해 엔진 그룹에 800만 파운드 내지 900만 파운드를 지불해야 했습니다. 그 시기에 나는 발버둥 치면서 외쳐야 했어요. '안 돼요, 이런 식으로는 안 됩니다.'

인간의 기질

애덤 파 버니 에클스턴은 포뮬러 원에 속한 모든 사람들뿐만 아니라 영향력 있고 부유하고 성공한 사람들까지 사로잡는데요. 그의 어떤 기질이 그걸 가능하게 하는 걸까요? 당신은 30년 동안 그를 지켜봤습니다. 그는 사람들과 어떻게 관계를 맺습니까?

로스 브런 그에게는 독특한 분위기가 있어요. 너무 단순하게 말하는 것 같은데, 버니의 성격에는 뭔가 독특한 분위기가 있습니다. 당신 말이 옳아요. 그는 푸틴에게도 제일 친한 친구에게 하듯이 코를 비비며 친근하게 인사하고, 푸틴도 그를 친한 친구처럼 대합니다. 버니가 아니면 누가 그렇게 할 수 있겠어요? 그의 성공과 전 세계 누구에게나 서슴없이 다가가는 그의 성격이 그가 사람을 끄는 힘입니다. 장담하건데 그가 오바마 대통령에게 전화를 걸어 버니 에클스턴이 당신과 통화하길 원한다고 말하면 오바마 대통령도 그의 전화를 받을 겁니다.

애덤 파 하지만 그건 버니이기 때문에 가능할까요, 아니면 평범한 우리들도 그럴 수 있을까요?

로스 브런 네, 아주 중요한 지적이라고 생각합니다. 나는 버니이기 때문에 가능하다고 생각해요. 많은 사람들이 버니와 어울리고 싶어 할 만큼 버니는 여전히 특유의 분위기를 갖고 있는 것 같아요. 사람들은 여전히 기쁘게 버니의 전화를 받아요. 버니가 오늘 나에게 전화했다면서 여전히 즐겁게 말하지요.

그것이 인간의 기질이고 나는 그것이 늘 존재해왔다고 생각해요. 그것은 미디어가 없던 빅토리아 시대에도 있었습니다. 멋쟁이와 유명인사는 늘 존재했어요. 현대의 통신 수단과 미디어 때문에 잠재적으로 강화되고 있는 건 분명하지만요. 사실 우리 모두 유명인이 아무것도 하지 않는 현상을 경험하고 있습니다. 카다시안 가족들을 보세요. 그들이 무얼 하나요? 하지만 사람들은 그들에게 매력을 느낍니다. 이처럼 인간의 기질에는 그야말로 우리 같은 사람들은 상상도 할 수 없는 무엇이 있고, 아마도 버니는 그 부분을 이용할 거예요. 버니는 아주 똑똑해요. 분명히 그는 그 점을 이용할 겁니다. 그렇게 하는 것이 그의 방식 중 일부지요.

애덤 파 관계의 역학이라는 측면에서 내가 정말 흥미를 느끼는 것이 두 가지 있다고 말했는데요. 우리는 2009년 실버스톤 사태와 일종의 전체 시나리오 붕괴에 대해 이야기했습니다. 나를 매혹시킨 또 한 가지는 2012년에 당신이 메르세데스를 위해 싸운 결과 2013년 1월에 새로운 콩코드 협정이 시작되었다는 것이었습니다. 그리고 당신이 기억할지 모르겠지만, FOTA에서 우리는 모두가 다함께 계약을 시도하기 전에는 누구도 혼자 벗어나 계약하지 않겠다는 데 합의했고 마감일을 2012일 12월 31일로 정했습니다.

그런데 2012년 말에 페라리가 버니와 계약을 했습니다. 파이의 크기가 일정하다면 이 계약은 페라리에게 상당히 유리했지만 나머지 모두를 완전히 망쳐놓은 게 분명했습니다. 그러나 팀들이 더 큰 지분을 협상하거나 상업권 소유자와 협력해서 훨씬 큰 파이를 만들 경우에 일어날 수 있는 일에 비하면 그건 아무것도 아니었다고 장담할 수 있습니다. 다시 묻겠는데, 그곳에서 무슨 일이 일어난 겁니까? 페라리는 왜 FOTA에서 탈퇴해 독자적으로 계약을 했을까요?

괜찮은 계약이었지만 특별히 좋은 조건은 없었는데 말입니다. 확실히 페라리의 그런 행동은 포뮬러 원의 성격을 바꾸지 못했습니다. 그들은 단지 오래된 방식을 강화했을 뿐이었지요.

로스 브런 네, 기억하시겠지만, 그 계약은 레드불과 버니와의 계약 이후에 이루어졌습니다. 버니는 정말 영리했어요. 그는 대단히 영리한 사람입니다. 일반적으로 페라리에 서명 우선권이 주어졌어요. 페라리가 서명을 하면 그 뒤에 나머지 팀들이 따르는 거지요. 그런데 레드불이 아주 매력적인 거래를 제안 받고는 먼저 뛰어든 거예요. 레드불이 일단 서명을 해버리자 페라리는 이제 2순위가 된 겁니다. 그래서 그 단계에서 루카가 약간 방어 태세를 취하며 뛰어들었습니다.

애덤 파 '방어 태세'를 취한 이유는 당시 레드불이 트랙에서 매우 우세했기 때문인가요?

로스 브런 그렇습니다. 그리고 그들은 레드불과 토로 로소 두 팀을 보유하고 있었습니다. 버니의 접근 방식은 레드불과 토로 로소를 중심으로 챔피언십을 구축한다는 시나리오를 제시하는 것이었습니다. 그는 커스터머 엔진과 커스터머 차대가 장착된 경주차를 충분히 보유할 수 있다고, 레드불은 그와 합류할 거라고 주장했습니다. 그들은 전부 나가서 자기 일에만 전념하면 된다고 말이지요. 그는 이런 접근 방식으로 이제 성공을 위해 충분히 힘이 있다는 인상을 심어주었습니다.

전체적인 역학 관계를 다시 살펴보면 흥미로울 겁니다. 나는 역사적으로 FIA를 더 지지했고 레드불은 항상 버니를 지지했습니다. 그리고 이 역학 관계가 이런 환경에서 작동하기 시작했습니다. 그렇게 레드불 소유주 디트리히 마테시츠*는 버니와 계약을 했습니다. 당황한 페라리가 이 대열에 합류했고, 갑자기 버니가 두 명의 주요 선수와 계약을 했습니다. 나머지 우리들은 얻을 수 있는 것을 찾아 헤맸어요. 맥라렌은 마틴 휘트마시 아래에서 FOTA에 매우 충실했는데, 이때 버니가 맥라렌에 거래를 제안하자, 마틴은 '이 거래는 나머지 팀들에게 옳지 않기에 나는 이 거래를 수락할 수 없다.'라고 말했어요. 그러자 버니는 그를 설득하려 했지요. 버니는 론 데니스에게 전화를 걸어 이 거래를 수락하지 않다니 틀림없이 그가 미친 것 같다고 말했어요. 그는 우리에게도 같은 방식으로 접근했지만 성공하지 못했습니다.

애덤 파 단기적으로는요.

로스 브런 맞습니다, 단기적으로는요. 일이 그렇게 된 겁니다. 삐딱하게 말하면, 재무구조의 불균형과 함께 포뮬러 원의 현행 문제는 팀들의 책임이라고 말할 수 있습니다. 그런 식으로 버니와 싸우는 것이 불가피하다는 사실을 뻔히 예상할 수 있었으니까요.

애덤 파 페라리가 다른 팀들과의 합의에서 이탈하지만 않았더라도 결과는 달라졌을 텐데요.

로스 브런 네, 하지만 버니는 팀들을 와해시킬 방법을 알아낼 만큼 똑똑했어요. 모두가 일어나면 나머지 사람들도 일어나기 마련이니까요. 그런데 그때 버니는 페라리가 레드불에 취약하다는 걸 알아낸 겁니다. 레드불이 모든 레이스에서 우승하자 페라리는 레드불의 성적에 겁을 먹었거든요. 그리고 레드불은 팀이 두 개였고요. 그는 페라리의 아픈 데를 건드렸고, 그렇게 해서 그들은 굴복했어요. 그리고 그렇게 끝났습니다.

애덤 파 그러니까 애초에 팀들이 그를 받아들인 것이 잘못이었군요?

로스 브런 팀들이 잘못했는지는 모르겠지만, 그들은 지금의 상황이라는 결과들 중 일부를 감수해야 합니다. 솔직히 나는 다른 해결책이 있었는지 모르겠어요. 그는 계속 그 자리에 있을 텐데 뭐가 달라지겠습니까? 지금 우리는 포뮬러 원에서 서너 개 팀만이 투표권과 재정권 등의 권리를 갖고, 나머지 팀은 훨씬 뒤처진 상황이고, 이 상황은 시간이 갈수록 증폭될 것입니다.

애덤 파 여기에 한 가지 차원이 더 추가된다고 생각하는데요, 바로 엔진입니다. 돈은 성공에 필요조건이며 충분조건은 아니니까요. 내가 생각하기에 지금 가장 큰 과제는 페라리와 메르세데스는 콩코드 협정과 외부 둘 다를 통해 돈이 들어온다는 것입니다. 레드불도 마찬가지고요. 하지만 레드불은 엔진이 없지요.

로스 브런 나는 역학 관계가 조금 바뀌었다고 생각합니다. 그 시기에 레드불이 취한 접근 방식은 다른 모든 팀들과 멀어지는 것이었어요.

심지어 페라리와도요. 페라리도 가담했지만, 그들은 자기들은 초대된 팀이라고 믿었으니까요. 그러니 아무도 레드불에게 일말의 동정심도 갖지 않았고, 그들은 어느새 엔진 없이 싸우고 있었습니다.

애덤 파 이게 더 심각한 일 아닐까요? 페라리와 메르세데스가 레드불을 속인 건가요? 그들은 '크리스티안, 정말 미안하지만 우리는 당신에게 엔진을 주지 않겠소.'라고 솔직하게 말하지 않았습니다. 메르세데스와 페라리 둘 다 수개월 동안 엔진을 제공할 거라고 믿도록 레드불을 부추긴 것 같은데요.

로스 브런 메르세데스의 경우 그것이 체계적인 접근 방식은 아니었을 겁니다. 니키 라우다가 그들에게 엔진을 제공하고 마테시츠와 가까운 관계가 되길 원했다는 점에서, 나는 팀 내부 역학 관계의 결과였을 거라고 생각해요. 라우다는 자신을 포뮬러 원의 정치인으로 여기고 있어요. 그는 오스트리아 팀에 기회를 주기 위해 — 그는 오스트리아 인이죠 — 이 일을 체계화하고 있었습니다. 그리고 이것이 옳은 일이라고 메르세데스 이사회를 설득했지요. 레드불은 열광적인 브랜드였습니다. 메르세데스는 경쟁자에게 엔진을 주었으니 매우 공손한 팀으로 비쳤을 거예요. 그는 이 모든 사안에 대해 이사회를 설득했고, 그들은 그렇게 하기로 동의했습니다. 토토 볼프는 자신이 약간 발을 헛딛었거나 잠깐 공에서 눈을 뗀 사이에 드라마 같은 일이 진행되고 있다는 걸 별안간 깨달았지요. 팀은 제정신이 아니었을 겁니다. 내가 그 팀에 있었다면 '절대 안 된다.'라고 말했을 거예요. 당시 토토는 개인적으로 이사회를 찾아가 이런 새로운 관점을 피력했을 겁니다. '이것은 레드불을 위한 임시방편이다. 당신들이 지금 하는 일은 우리의 모든 기술적 비밀을 아우디에 제공하는 것이다. 아우디는 배후에서 포뮬러 원에 합류하길 기다리고 있기 때문이다. 우리가 그들에게 엔진을 주면 그들은 우리의 모든 기술을 알아낼 테고, 그러면 2, 3년 뒤에 엔진에 대해 정확하게 알게 될 터이므로 결국 당신들은 아우디가 우리보다 앞서 도약하는 걸 확인하게 될 것이다. 그러므로 당신들은 그들에게 엔진을 주어서는 안 된다.' 그러자 갑자기 이사회는 공황 상태에 빠져서 '그건 안 되지, 절대로 엔진을 주지 않겠다.'라고 말했습니다. 얼마 후 '마테시츠가 엔진을 받아놓고 우리에게 전화 한 통 하지 않더라.'는 둥 온갖 터무니없는 헛소리가 쏟아졌지요. 그래서 나는 이것이 체계적인 접근 방식으로 이루어진 일은 아니었다고 생각합니다. '그들이 돌아올 수 없는 지점을 넘어설 때까지 그들을 속여서 망쳐버리자'는 식은 아니었을 거예요. 결과적으로 그렇게 됐지만요.

애덤 파 어쩌면 그랬기 때문에 그들이 전폭적으로 신뢰했겠지요. 하지만 메르세데스를 운영하는 누군가가 주요 경쟁자에게 동일한 장비를 제공하길 진지하게 원했다면 나라면 무척 놀랐을 겁니다.

로스 브런 그들도 그랬습니다. 내가 브런 GP에 있던 당시 메르세데스가 브런 GP를 인수할 때였어요. 메르세데스가 맥라렌에 엔진을 공급하는 데 약간 차질이 생겼습니다. 메르세데스는 맥라렌과 아주 오랜 세월 지속적인 관계를 유지해왔기 때문에 나는 우리가 해서는 안 되는 일은 전혀 하고 싶지 않았습니다. 하지만 나는 말했어요. '분명히 말하지만, 장기적인 관점에서 우리가 집중해야 할 것은 우리 팀입니다.' 그러자 몇몇 이사회 회원들이 말하더군요. '아니오, 당신은 동일한 엔진으로 고객을 이길 수 있다는 걸 우리에게 증명해야 합니다. 그것이 스포츠가 해야 할 일이니까요. 그것이 우리가 해야 할 일입니다.' 지금 나는 그 가운데 얼마나 많은 부분이 과거의 충성심과 관련이 있었는지, 실제로 그것이 정말 객관적인 관점이었는지, 아니면 역사적 요인이나 관계 등 다른 요인들이 포함되었는지 잘 모르겠습니다. 포뮬러 원에 대한 내 접근 방식은 매우 특이했습니다. 우리가 페라리에서 다른 팀들에게 엔진을 공급했을 때, 그것은 지난해의 엔진이었으며 그들은 우리가 가진 것을 모두 얻지는 못했으니까요. 왜 그래야 하지요? 우리는 페라리의 성공을 위해 그곳에 있는 건데요.

애덤 파 흥미롭게도 그것이 분명한 사실인데도 사람들은 그걸 인정하기 어려워합니다.

자, 우리는 사실상 오늘의 모터스포츠를 만든 두 차례의 엄청난 사건에 대해 이야기했습니다. 레드불이 아우디를 스포츠 업계에 끌어들이고 스스로 엔진 전선에 새로운 미래를 구축하지 않는 한 경쟁이 매우 어렵겠다는 것으로 우리 이야기의 결론을 내릴 수 있을 것 같습니다.

로스 브런 맞습니다. 그들은 압박을 받고 있어요. 레드불은 두 세계 모두에서 패했어요. 그들은 새로운 다리를 놓기 전에 기존의 다리를 불태웠습니다. 그들은 르노가 일종의 작업팀이 되도록 강요했습니다.

애덤 파 조금 전에 당신은 니키가 '정치인'이라는 아주 흥미로운 단어를 사용했습니다. 같은 원리로 나는 마틴 휘트마시가 당신들 브런 사람들이 메르세데스 엔진을 얻을 수 있도록 문을 열어주었다고 종종 생각했습니다.

로스 브런 그렇습니다.

애덤 파 우리는 사람들의 허영심을 찾아내 그것을 이용하는 버니의 능력에 대해 이야기했지만, 한편으로 이것은 사람들이 좋은 의도를 갖고 있고 그들이 스포츠를 위해 무언가 하길 원한다는 예가 아닐까요? 하지만 아쉽게도 그것은 허영심의 한 형태입니다. 그것이 2008년과 2009년의 버니든, 당신이든, 레드불과의 상황이든 말이지요. 사실 정치인이 된다는 건 훌륭한 생각이지만 아주 위험합니다 … 끔찍한 표현 하나가 있는데요, 내가 이 말을 하면 아내가 싫어하지만, 당신이라면 포퓰러 원에 대해 이렇게 말할 수 있었을 겁니다. '호의를 베푼다고 벌을 받지 않는 건 아니다.'

로스 브런 맞습니다!

애덤 파 당신은 자신만의 접근 방식은 관계를 발전시키고 신뢰를 구축하는 것이라고 말했지만, 그건 당신이 속한 팀의 내부적으로만 효과가 있습니다. 만일 당신 스스로 정치인이 되기로 마음먹고 팀의 이익을 위해 무자비한 조치를 취하지 않는다면, 당신과 당신 팀은 대가를 치르게 될 거예요.

로스 브런 과거에는 나에게 그런 요소들이 있었습니다. 2009년 그 유명한 더블 터널 디퓨저double tunnel diffuser를 예로 들 수 있겠군요. (이것은 2009년에 다운포스를 50퍼센트 감축하기 위해 새로운 규칙들이 도입되던 때, 높은 수준의 다운포스를 생성하는 자동차 하부 디자인 설계였다. 이 기술은 혼다, 도요타, 윌리엄스 팀이 개발했으며, 2009년 브런 GP의 성공에 핵심적인 역할을 했다.) 2008년 기술 회의가 열렸을 때 내가 의장을 맡았습니다. 당시 우리 팀의 공기역학팀에서 아이디어들이 나오기 시작하면서 2009년형 경주차 개발의 중요한 시점에 이르렀고, 우리는 새로운 규칙들에 의해 이론상 제거된 다운포스를 모두 되찾을 것이 분명했습니다. 그러나 처음에 우리는 다운포스를 감축하라는 요구를 받고 그것을 해결하기 위한 최선의 아이디어를 고안했지만 효과가 없었어요. 그래서 회의에서 나는 이렇게 말했습니다. '우리는 2009년에 다운포스를 50퍼센트까지 감축하는 규칙을 도입했다. 그런데 2009년형 경주차를 개발하면서 내가 본 바로는 규칙대로 되지 않는 것 같다. 이대로는 목표를 달성하지 못할 것이다. 규칙을 재검토하길 바라는가, 혹은 우리가 목표를 달성하지 못했다는 것을 모두들 분명히 알고 있는가?' 몇몇 사람들이 분란을 조장한다며 나를 비난했는데 그건 사실이 아니었습니다. 우리는 규칙들의 목표를 달성해 가고 있었으니까요. FIA가 규칙을 변경했다 해도 그 단계에서는 우리 팀에 큰 영향을 미치지 않았을 겁니다. 우리는 그런 문제를 해결할 수 있었어요. 하지만 아무도 그럴 마음이 없었지요. 그래서 나는 '알겠다.'고 말했습니다. 나는 FOTA의 기술 실무진 의장을 맡고 있었어요. 기억하십니까? 나는 기술 실무진을 병행했었지요.

애덤 파 기억합니다. 내가 대답에 잠시 뜸을 들인 이유는 이 실무진에서 결정적인 역할을 한 사람이 패트 시먼즈였기 때문입니다. 파리에서 더블 디퓨저에 대한 항소심이 있었을 때 나는 윌리엄스를 대표해서 패트를 반대 신문했습니다. 패트는 다운포스에 관한 작업팀을 이끌었어요. 하지만 그는 더블 디퓨저와 유사한 개념을 작업하고 있었고, 찰리에게 그것이 합법적인지 여부에 대해 유권해석을 요구하기까지 했는데 결국 거부되었지요. 그런데 중요한 건 당신이 '우리는 공기역학적 영향을 줄이기 위한 시도를 무효화할 다운포스를 재발견하는 중이다.'라고 당신의 기술 실무진에게 말하고 있었다는 겁니다. 그리고 무엇보다 사람들은 당신 말을 믿지 않았을 뿐만 아니라 패트도 그 길을 가고 싶어 하지 않았어요. 왜냐하면 그는 자신도 유사한 무언가를 알아낼 수 있을 거라고 생각했고, 자신이 그 길을 갈 수 없다는 걸 의미하게 될 규칙 변경을 원하지 않았기 때문입니다. 그러므로 파리에서 우리는 그가 더블 디퓨저— 2009년 브런 GP에 엄청난 이익을 제공했지만, 윌리엄스와 도요타의 경주차 역시 혜택을 입었지요 — 를 반대한 이유가 그것이 규칙의 정신이나 의도를 위반해서가 아님을 증명할 수 있었습니다.

로스 브런 그렇습니다.

애덤 파 그리고 그로 인해 우리는 이 사건에서 결국 그의 잘못을 밝혀냈습니다. 그런데 로스, 당신에게 본받을 점들 중 한 가지 예를 들고 싶은데, 이렇게 말해도 괜찮다면 당신은 자신의 성공을 미화하지 않는다는 것입니다. 당신은 언론에 노출해서 자신의 팀, 팀의 성적,

다음 시즌에 달성할 팀의 예상 목표 같은 걸 떠드는 사람이 아닙니다. 당신이 사실을 말하면 당장에 이목을 끌기 때문에 치명적이 될 거예요. 그리고 사실을 말하지 않으면 사람들을 실망시킬 테고요. 그런 이유에서 당신은 늘 삼가는 태도를 유지합니다. 그리고 그렇기 때문에 사람들은 가령 마음속으로 이렇게 생각했을 거예요. '로스 브런이 50퍼센트의 추가 다운포스를 발견하지 않고도 발견했다고 말할 사람은 아니잖아? 그에게 무슨 이득이 있다고? 그는 성격상 그럴 사람이 아니지.'

로스 브런 우리는 정치적 수완에 대해 이야기했는데, 나는 당시 아주 초창기였기 때문에 FOTA의 기술 실무진 의장으로서 어느 정도 책임이 있다고 생각했습니다. 적어도 그 문제를 제기하지 않고는 마음이 편할 수 없었어요. 그 문제가 제기되었을 때 모두들 '빌어먹을.'이라고 말했지요. 나는 '다행이다.'라고 생각했습니다.

애덤 파 당신이 그런 말을 하면 사람들은 '사실이 아니라면 그가 왜 그런 말을 하겠어?'라고 생각하게 됩니다.

로스 브런 네.

애덤 파 당신은 '우리는 한 랩 당 3초의 시간 절감을 찾아냈다.'라고 말하지 않고 실전에서 조용히 할 일을 하는 사람이니까요. 그러고는 '우리는 운이 좋았다.'고 말하지요. 그나저나 윌리엄스에서 우리는 당신이 했던 말을 아주 진지하게 받아들였습니다. 그리고 그것이 우리가 더블 디퓨저를 이해하게 된 이유 중 하나인지도 모르겠습니다. 우리는 당신이 했던 말을 결코 그냥 넘기지 않았어요. 당시 우리 팀 기술 책임자 샘 마이클은 대단히 똑똑한 사람이어서 당신이 하는 말을 놓치지 않았지요. 나는 그가 우리에게 당신이 했던 말을 전달하고 그 의미들을 이해시킨 기억이 납니다.

로스 브런 앞에서도 이에 관해 이야기를 했지만, 나는 포뮬러 원에서 정치인이 되어야 할 때가 있다고 생각합니다. 스포츠를 위해 옳은 일을 하도록 힘쓸 필요가 있어요. 스포츠를 위해 옳은 일을 하는 것이 모두에게 이익이 되기 때문입니다. 그리고 그 시기가 지나면 교활한 수법을 사용해 팀에게 유리한 일을 해야 할 때가 있습니다. 둘 사이에 균형을 잡아야 하지요.

애덤 파 분명히 짚고 넘어가는 게 좋겠습니다. 만일 그 기술 실무진 주변을 어슬렁거리던 사람들이 당신 말을 진지하게 받아들였다면 브런 GP는 크게 패했을 거예요. 더블 디퓨저는 2009년 시즌 상반기에 당신에게 엄청난 이점을 안겨주었습니다.

로스 브런 아마 그랬겠지요.

애덤 파 그렇게 당신은 위험을 감수했습니다. 그건 계산된 위험이었어요. 나는 당신이 '그들이 내 말을 주의 깊게 들을까, 혹은 듣지 않을까.'라고 깊이 생각한 적이 있는지 궁금합니다. 아마 당신은 모든 것을 감안할 때 그들은 당신 말을 허세라고 치부해버릴 거라고 생각했을 것 같습니다. 그리고 당신 생각이 옳았고요. 그들이 당신 말을 주의 깊게 들었다면 그들은 규칙을 강화할 수 있었을 테고 그랬다면 당신은 곤란해졌을 겁니다.

로스 브런 그 시기에 혼다가 그랬습니다. 혼다는 철수할 조짐이 없었어요. 우리는 세 개의 윈드 터널이며 이런저런 장치들을 열심히 작동하고 있었습니다. 아마 나는 이렇게 생각할 만큼 자신감이 넘쳤던 것 같습니다. '그래 뭐, 어떻게 되든 상관없다. 지금 당장 규칙이 바뀐다 해도 우리는 누구보다 유리한 위치에 있을 거다.' 이처럼 내 사고방식은 확실히 브런 GP가 아니라 혼다였습니다. '우리에게는 자원이 있어. 이제 이 조직도 잘 돌아가고 있고 올바른 방향으로 나아가기 시작해. 그러니 허점 몇 개를 없애기로 결정한다면 우리는 성공할 만큼 충분히 큰 조직을 갖고 있다 …'

애덤 파 하지만 위험했을 텐데요.

로스 브런 네. 하지만 그런 일은 일어나지 않았으니까요.

애덤 파 당신은 규칙 변경을 이용해 2008년 경주차는 거의 포기하고 2009년 경주차에 집중했습니다. 새로운 경주차를 개발하기 위해 오랜 시간을 들였고, 마침내 공기역학이라는 대단히 생산적인 영역을 발견했지요. 이후, 기억하시겠지만, 2009년 선두를 달리던 당신 팀과 레드불과의 격차가 아주 빠르게 좁혀들었습니다. 당신은 계산된 위험을 감수했지만 그것은 한 가지 위험 요소였고, 다른 팀들이 당신이 한 말을 알아차릴 만큼 똑똑했다면 브런에 피해가 막대했을 겁니다.

그러므로 나는 정치인처럼 되어야 할 때가 있다는 당신 주장에 대해 자세히 듣고 싶습니다. 그것은 큰 위험이었고 당신은 그 위험을 무사히 모면했습니다. 하지만 장담컨대 당신의 경력에서 그 같은 경우는 다섯 손가락 안에 꼽힐 거예요. 당신이 경쟁 우위를 점했다고, 그리고 기꺼이 이득을 포기하겠다고 다른 팀들에게 말한 경우 말입니다. 당신이 몸담은 업계에서 그다지 자주 있는 일은 아닐 텐데요.

로스 브런 그렇습니다. 그 시기에 나는 기술 실무진 의장이었기 때문에 상황을 바라보는 관점이 조금 달랐던 것 같습니다. 왜냐하면 나는 정치인처럼 되려고 애쓰고 있었으니까요.

애덤 파 내가 하려는 말은 거기에 큰 위험이 있다는 것입니다.

로스 브런 그랬습니다. 맥라렌 이야기로 돌아가 봅시다. 마틴 휘트마시는 우리에게 엔진을 제공하는 데 큰 역할을 했습니다. 론 데니스는 결코 그를 용서하지 않았지요. 그는 그것이 그들이 메르세데스를 잃게 된 이유라고 생각합니다.

애덤 파 그것이 그들이 메르세데스를 잃게 된 이유지요.

로스 브런 글쎄요, 그렇긴 하지만 그들이 일을 그르쳤기 때문이지요.

애덤 파 아니오, 내 생각엔 …

로스 브런 아니오, 그래서입니다. 우리가 2009년에 맥라렌에게 졌다면 메르세데스는 우리를 인수하지 않았을 거예요.

애덤 파 좋습니다. 하지만 내가 포뮬러 원에 합류했을 때, 나는 다른 모든 팀들의 강점과 약점을 전략적으로 살펴보았습니다. 그리고 맥라렌과 메르세데스의 관계, 맥라렌의 인수 비용, 기술의 품질, 위상, 브랜드도요. 최우량 자산이더군요. 나는 맥라렌이 혼다를 포뮬러 원에 합류시킨 점이 놀랍고 매우 인상적입니다. 왜냐하면 적어도 그들이 기술적으로 제대로 해낸다면 다시 성공할 가능성을 갖게 될 테니까요. 하지만 그들이 메르세데스와 함께 이뤄온 것을 포기할 셈일까요? 10분 전에 당신은 '내가 페라리에 있었을 때 우리는 다른 팀들에게 엔진을 제공했었는데, 그들이 우리가 갖고있는 모든 것을 다 얻지는 못하도록 지난해 엔진을 주었다'라고 말했습니다. 하지만 당신은 맥라렌이 한 달 전에 발표한 것과 동일한 엔진을 얻을 수 있었어요. 혼다 엔진과 비교해서, 그러니까, 한 랩 당 1초라도 빨라졌나요?

로스 브런 그렇습니다.

애덤 파 그 후 12개월 뒤에 메르세데스는 혼다를 인수했지요.

로스 브런 네.

애덤 파 따라서 마틴이 정치인처럼 되고 싶어 하지 않았다면, 당신은 그런 기회를 얻지 못했을 겁니다. 그러니까 결국 내 말의 의미는 론이 옳았다는 거예요. 그것은 커다란 전략적 오류였습니다. 그들이 메르세데스를 잃는 것은 불가피한 일이 아니었는데도 맥라렌이 그것을 가능하게 만들었으니까요. 끔찍한 말이지만, 오늘날 우리가 살고 있는 세상에는 기꺼이 정치인처럼 되려는 사람들과 나라들이 필요합니다. 이 문제에 대해 생각하는 사람들이 이 글을 읽고 고민할 거라고 생각하니 이 대화가 조금 애석하군요.

나는 제3의 방법이 있다고 생각합니다. 자신의 이익에만 편협하게 집중할 수 있어요. 혹은 정치인처럼 될 수도 있고, 다른 모든 사람들에게 부당한 대우를 당할 수도 있지요. 하지만 그 중간도 있습니다. 포뮬러 원이 모든 팀을 돌보고, 실제로 모터스포츠를 성장시키고, 우리가 FOTA에서 이야기한 내용들을 실행할 수 있는 방법이 있습니다. 팀들은 관중에 대해 고심하고 있어요. 경쟁은 점점 치열해지고 있고요. 후원자들을 찾으려 애쓰는 팀들에게 현실은 정말 힘듭니다. 자신의 이익과 스포츠의 이익을 동일하게 여길 수 있는 제3의 방법이 있습니다. 하지만 장기적으로 생각해야 하지요. 장기적으로는 모든 사람의 이익이 같아지는 경향이 있습니다.

로스 브런 그렇습니다. 포뮬러 원이 고군분투하는 원인은 단기적인 사고에 있습니다. 언젠가 스포츠 업계 사람 몇 명이 내게 와서 포뮬러 원이 나아갈 길에 대해 내 견해를 물은 적이 있어요. 내 생각을 제시하고 내 견해를 말했더니 그들은 이렇게 답하더군요. '네, 하지만 그건 3년 뒤의 일이잖아요. 우리는 지금 당장 해답이 필요합니다

다.' 그래서 내가 말했어요. '지금은 해답이 없습니다. 포퓰러 원의 타성이 계속 된다면 당신은 3년 뒤에 이곳에 다시 앉을 테고, 지금과 같은 상황에 있을 테고, 아무런 진척이 없을 겁니다. 당신은 단기적인 답이 나올 수 없는 문제에 단기적인 답을 원하고 있으니까요. 하지만 3년이 지난 뒤에야 당신은 그 사실을 알게 되겠지요.' 2년 전에 있었던 일입니다.

애덤 파 지금도 다르지 않습니다.

로스 브런 달라진 게 없어요. 지난해 말에 그를 봤을 때 나는 '아직도 그 질문이냐'고 말했습니다.

애덤 파 그랬더니 뭐라던가요?

로스 브런 그는 내 의견을 제대로 받아들이지 않았어요. 그러고는 그저 이런저런 문제가 있다, 여기저기 어려움이 많다고 둘러대더군요.

애덤 파 그러므로 미래를 내다보려면 명확한 이해와 인내심이 필요하겠군요?

로스 브런 그리고 힘도 필요합니다. 이런 생각들이 있어봐야 소용없어요. 회사들은 워낙 강해서 '우리는 관심 없다.'고 말하면 그만이니까요. 그들을 정치적으로 포섭하기 위해 시간을 할애할 수도 있지만, 그들은 오직 다음 몇 차례 월드 챔피언십 대회 우승만을 바라지요. 그들은 포뮬러 원 상황은 안중에 없어요 … 그들의 관점은 달라요. 팀의 관점과 스포츠의 관점은 대체로 다르다는 사실을 인정해야 합니다. 그들은 더 큰 포뮬러 원에서 중간쯤에 속하느니 약한 포뮬러 원을 지배하길 원해요.

애덤 파 어쨌든 메르세데스와 페라리 같은 일부 팀들은 우승 가능성이 큰데도 말입니다. 맥스 모슬리는 언제나 규칙을 변경할 능력이 있었어요. 그는 지금 규칙을 변경하지 못하면 미리 계획해서 일방적으로 밀어붙였을 거예요. 그는 기술 변화 측면에서 자신이 원하는 바를 거의 항상 얻어내고야 말았지요. 지금 FIA는 더 이상 그렇게 하지 않는 것 같습니다.

로스 브런 FIA는 미리 계획하기보다 대응하는 편입니다. 불만에 대응하는 거지요. 포뮬러 원이 가야 할 방향에 대한 비전을 앞서서 주도하는 대신, 압박이 심해서 반응을 보여야 할 지경이 되어서야 대응합니다. 엔진 비용처럼 말입니다. 우리는 꽤 오랫동안 엔진을 보유하지 않았기 때문에, 기술적 과제의 일부로 엔진을 보유하는 것은 흥미로울 거예요. 하지만 램프의 요정은 부적절한 제약, 특히 재정적 제약과 함께 램프에서 풀려나와 미친 듯이 날뛰었지요. 이제 엔진 개발에 제약이 없어지면 그 모든 것이 어디에서 끝이 날지 아무도 알 수 없는 노릇입니다.

애덤 파 그리고 그 엔진 개발에 들어가는 막대한 비용을 과연 누가 부담할지도요.

로스 브런 네. 하지만 흥미로운 사실은 메르세데스, 페라리, 르노, 혼다는 고성능 일반 자동차를 위한 엔진을 제작할 때 가격 목표가 정해질 거라는 것입니다. 그리고 그들은 가능한 최고의 제품을 생산하되 가격은 5000달러나 1만 달러 혹은 그 비슷한 정도가 되어야 한다는 지시를 받을 거예요. 일반 자동차의 경제성은 재무 관리자들에게 이렇게 말하도록 요구할 겁니다. '1만 달러 가격의 엔진으로 상대를 이겨야 한다. 2만 달러의 비용이 든다면 우리는 이 게임에 참여하지 않을 것이다.'라고요. 그렇다면 이 도전이 포뮬러 원과 관련이 없는 이유는 무엇일까요? 모든 제조업체들은 성능뿐만이 아니라 가격 목표를 충족시켜야 하는 제품을 디자인하는 과제에 익숙하지만, 이것은 포뮬러 원에서는 찾아 볼 수 없는 제약들입니다.

애덤 파 이야기가 나온 김에 우리가 메모한 내용으로 바로 들어가겠습니다. 포뮬러 원이 전략적으로 흥미로운 이유는 제한된 목표로 시작하는 만큼 갈등이 쉽게 일어나기 때문입니다. 그러나 일단 참가하고 나면 그 제한들은 사라지지요. 결국 제한 전쟁 같은 건 없어요. 그것이 아무리 중요하다 해도 말입니다. 물론 메르세데스는 포뮬러 원에서 '예산의 균형을 맞추겠다.'는 말로 시작했습니다. 그러고는 이렇게 덧붙였지요. '추가 수익으로 예산의 균형을 맞추겠다. 우리는 더 많은 예산을 사용할 수 있도록 재정적 후원을 통해 더 큰 돈이 들어올 거라고 예측하니까.' 그런 다음 이렇게 말하더군요. '다 집어치우고, 우리는 우승을 위해서라면 비용이 얼마가 들든 지출할 것이다.' 예를 들어, 혼다가 포뮬러 원의 전체 프로그램을 위해 연간 최고 7억 5000만 달러에 달하는 예산을 사용했다고 알려졌을 때 그 액수는 언뜻 상당한 액수로 여겨지겠지만, 결국 혼다로서는 그렇지 않은 것이 사실입니다. 일단 참가하면 우승해야 하고 패배의 대가는 훨씬 큽니다. 포뮬러 원이 그토록 흥미진진한 이유는 경쟁이 전부이기 때문이에요. 그리고 한 가지 의견을 말하면, 그들이 그렇게 성공할 수 있었던 이유는 토탈 컴피티션의 기술을 습득했기 때문일 겁니다.

정보

《손자병법》은 준비의 중요한 본질을 돌아보고, 현재 정보 활동을 통해서만 얻을 수 있는 사실들에 대한 정확한 이해를 바탕으로 장차 인간 행동을 예측하는 능력의 가치를 특히 강조한다.

그러므로 미래를 내다볼 줄 아는 통치자와 그의 상급 지휘관이 모든 싸움터에서 적을 정복하고 일반 대중은 감히 다다르지 못할 성공을 거두는 이유는 바로 선견지명 때문이다. 그러한 선견지명은 유령이나 혼령으로부터 얻을 수 없고, 과거 사건들과 비교해 추론될 수 없으며, 점성학적 계산으로 입증될 수 없다. 그것은 적의 상황을 잘 아는 사람들에게서 얻어야 한다.

로스 브런 다른 팀들에 대한 정보는 매우 중요합니다. 내가 어느 회의에 참석했을 때 당신이 한 말이에요. 그때 나는 이렇게 말했습니다. '보세요, 경주차들의 다운포스가 지나치게 높아지고 있습니다.' 샘 마이클은 회의를 마치고 윌리엄스에 돌아와 이렇게 말했고요. '적색경보로군요. 문제를 검토해야겠습니다.' 이것은 정보를 역이용한 흥미로운 부분이었습니다. 내가 그처럼 내 입장을 드러낸 데에는 나름의 이유가 있었어요.

애덤 파 내가 샘을 존경하는 부분입니다. 그가 그 사실을 알아챈 건 경청을 했기 때문이에요. 자신이 당신보다 더 낫다고 생각하느냐 아니냐의 문제가 아니었어요. 당신이 하는 말을 주의 깊게 들었기 때문이었습니다. 그리고 그는 이렇게 생각했지요. '로스가 엉뚱한 소리를 할 사람은 아닌 것 같다. 그러니 그가 엄청난 양의 다운포스를 발견했다고 말한다면 …' 목표는 새로운 규칙을 바탕으로 2009년 시즌을 위해 공기역학적 다운포스를 50퍼센트 감축하는 것이었기에 …

로스 브런 그리고 더블 디퓨저로 우리는 시즌이 시작되기 1년 전에 거의 100퍼센트로 돌아갔고요.

나는 그의 태도가 전적으로 옳다고 생각합니다. 겸손과 듣는 능력은 모든 수준에서 발휘될 수 있어요. 회의에 참석하면 페라리 같은 상위 팀들의 말을 경청하는 경향이 있습니다. 그러나 미나르디Minardi나 요즘의 하스 같은 팀을 통해 종종 작은 정보들을 얻을 수 있어요. 포스 인디아 같은 팀도 있는데 그들은 자신의 역량, 예산, 정치적 입지를 넘어서서 싸우는 것 같습니다. 그들은 자신의 목표를 달성하기 위해 틀림없이 아주 흥미로운 무언가를 하고 있을 거예요. 그러니 그들이 발언할 땐 귀 기울여 들을 가치가 있습니다.

정보를 수집하고 팀을 강화하는 다른 방법은 포뮬러 원의 본질적인 부분인 다른 팀 직원을 사냥하는 것입니다. 스스로를 고립시키고 최고의 엔지니어를 찾을 준비가 되어 있지 않으면 기회를 놓치게 돼요. 내가 엔지니어를 찾을 때 최우선 요건은 언제나 그들의 능력이었습니다. 하지만 그들이 합류하면 그들의 지식과 경험을 얻게 되지요.

애덤 파 다른 팀들의 핵심 인력을 물색하는 체계적인 프로그램을 구상한 적이 있었습니까?

로스 브런 네, 몇 차례 있었습니다. 자원이 허락하면요. 페라리에서는 꽤 자주 구상했지요. 브런에서는 그런 역량이 안 됐지만, 나중에 아주 훌륭한 인사 담당자를 영입해서 팀을 다시 강화하기 시작했습니다. 그리고 메르세데스의 성과가 오르기 시작하자 다른 팀 핵심 인력을 데려오는 것이 그의 주요 업무 중 하나가 되었지요.

　기술 정보를 얻을 때 디지털 사진은 언제나 중요한 역할을 담당했습니다. 모든 팀들이 경주차 사진을 찍는 사진가를 고용해서 레이스가 열릴 때마다 수천 장의 사진을 찍게 했어요. 나는 재미삼아 종종 이런 생각을 했습니다. 우리가 다 같이 이렇게 말하면 어떨까 하고요. '좋아요, 우리 차고에 머물도록 30분 드리지요. 그 편이 훨씬 효율적일 거예요. 레이스가 두 차례 열릴 때마다 30분 동안 와서 꼼꼼하게 살펴보십시오.' 카메라를 들고 모든 것을 촬영하는 사람들이 있었기 때문에 우리는 시간과 돈을 상당히 절약할 수 있었을 겁니다. 마침내 사람들이 사태를 알아차릴 때까지 가장 큰 도움을 받은 것 중 하나는 엔지니어들의 클립보드였습니다. 그들은 자신의 클립보드를 겨드랑이에 낀 채 차고에서 피트 월까지 피트 레인을 가로질러 걸어가곤 했어요. 그 사진을 찍으면 경주차의 구조를 볼 수 있었지요. 그들은 차량의 구조가 그려진 설계도를 클립보드에 그대로 노출시켰어요. 알다시피 요즘 정치인들은 뭔가 정보를 유출시키고 싶을 때 일부러 종이 한 장을 슬쩍 빼놓잖아요. 그 종이를 거꾸로 들고서 다우닝가 10번지(영국 수상의 공식 관저 - 옮긴이) 걸어가는 거지요. 수년 동안 포뮬러 원 엔지니어들은 이런 일에 아주 질색을 했습니다. 내 엔지니어들은 클립보드를 닫아버렸어요. 사진가들은 뭔가 다른 수작을 부릴 경우 심하게 질책을 받았지요. 또 한 가지 크게 도움이 된 건 자료화면이었습니다. 피트 월의 데이터 스크린에는 종종 데이터가 표시되었어요. 카메라맨들이 차고 꼭대기에 올라가 사진을 찍으면 우리는 그 내용을 확인할 수 있었습니다.

애덤 파 하지만 그 정보에 매우 신속하게 반응해야 했을 텐데요.

로스 브런 흥미로운 정보 중 하나는 연료의 무게였습니다. 트랙 위를 주행하는 경주차의 구조를 알아야 하지요. 충분히 주의 깊게 살펴보면 대체로 이런 정보는 알 수 있었습니다.

이처럼 모든 팀들이 많은 양의 정보를 수집할 수 있었어요. 하지만 역시나 가느다란 선 하나가 있었고, 그 선은 무엇을 받아들일지에 대한 도덕관념이 아닐까 합니다. 내 경우 누군가가 클립보드를 노출시킨 채 피트 레인을 건너려 한다면 그것은 어리석은 행동으로, 나는 그 기회를 이용할 겁니다. 하지만 누군가가 나에게 다가와 어떤 팀의 도면 등을 가지고 있다고 말한다면 나는 그 기회를 받아들이지 않을 거예요.

그것이 기준선이었어요. 우리는 직원들을 채용했는데, 입사 지원자를 면접할 때 서두에 꺼내는 말 중 하나는 이랬습니다. '당신을 이곳에 부른 건 당신의 정보와 경험 때문이지 다른 팀에 대한 정보 때문이 아니다. 우리는 다른 팀에게서 얻은 어떠한 정보도 알고 싶지 않다.' 내가 페라리에서 일을 시작했을 때, 베네통을 그만 두고 페라리로 옮긴 어떤 사람이 베네통에서 많은 정보를 가져온 걸 알게 되었습니다. 결국 우리는 그가 페라리에도 동일한 행동을 할 거라고 가정하지 않을 수 없었기 때문에 그를 해고했습니다.

작전술

다음 토론의 소재는 1세기 전 '작전술 operational art'이라는 제목으로 군사 이론의 중요한 발전을 이룬 일련의 메모들에 대해서였다. 앞에서 이미 언급한 바와 같이 오늘날 이론가들은 군사 사상의 세 가지 차원, 즉 전략, 작전, 전술을 인정한다. 세 가지 중 가장 오래된 용어는 '전술' 즉 군사적 교전 관리로, 오늘날에도 고대 그리스에서와 동일한 의미를 갖는 보편적이고 단순한 개념이다. '전략'이라는 단어 역시 고대 아테네로 거슬러 올라갈 수 있다. 중국에서《손자병법》이 기록된 때와 같은 시기에 세계적인 그리스 철학자 소크라테스는 군 사령관은 단순한 전술 이상의 훨씬 광범위한 훈련에 숙달해야 한다고 밝혔다. 군대의 모집과 조직, 군사의 건강과 동기부여를 돌보는 일, 말과 장비의 공급은 모두가 군 사령관이 갖추어야 할 기량의 일부였다. 군 사령관은 그리스어로 'strategos'이며, 사령관이 갖추어야 할 기량은 'strategia' 즉 strategy(전략)였다.

'전략'이라는 단어는 1453년 마침내 로마 제국이 멸망할 때까지 그리스어를 사용하는 로마제국의 수도 콘스탄티노플에서 계속 사용되었다. 그리고 이후 300여 년 이상 전략이라는 단어는 완전히 자취를 감추었다. 마치 이 시기 동안 일어난 기술적 변화들로 인해 사고의 초점을 전술적 수준에 맞추고, 전투에 대해 더 광범위하고 전략적인 관점으로부터 관심을 돌린 것 같았다.

그러나 18세기 말이 되자 세계가 변하기 시작했다. 미국과 프랑스에서 일어난 혁명들은 왕들의 싸움이 아니라, 무기를 들고 자유를 위해 싸우는 전 국민의 투쟁이었다. 산업혁명은 새로운 무기뿐 아니라 새로운 운송 및 통신 수단을 도입하면서 전쟁의 물자들을 변화시켰다. 그리고 바로 이 시기에 전략이 단어와 아이디어로 다시 등장했다. 전쟁은 '다른 수단에 의해 지속되는 정치'로, 전략은 군사적 요소뿐 아니라 정치적 경제적 요소가 결합된 것으로.

민주주의와 산업혁명은 전쟁과 전투 모두의 성격을 바꾸어 놓았다. 이것은 두 개의 전투를 비교함으로써 설명할 수 있다. 워털루 전투(1815)에서 나폴레옹은 7만 2000명의 군사를 직접 지휘했고, 웰링턴 공작은 6만 8000명의 연합군을 지휘했다. 연합군은 나중에 4만 5000명의 프로이센군을 보강했다. 워털루는 약 12제곱킬로미터의 면적에서 하루 만에 나폴레옹과 유럽의 운명을 결정했다. 90년 뒤인 1905년 1월, 러시아 제국군이 묵덴Mukden(오늘날 중국 북부 도시 선양) 전투에서 일본군과 맞닥뜨렸다. 묵덴에서 30만 명의 러시아군이 27만 명의 일본군과 맞섰다. 이 싸움은 길이 155킬로미터, 종심 80킬로미터의 광대한 전선에서 ― 워털루 전투보다 1000배 넓은 영역 ― 6일 동안 지속되었다. 묵덴의 사상자는 워털루에서 나폴레옹과 웰링턴의 군인들을 합한 수와 맞먹었다.

묵덴 전투의 생존자 중 한 사람은 젊은 러시아 장교 알렉산드르 스베친Alexander Svechin이었다. 다른 러시아 장교들과 마찬가지로 스베친은 전통적인 전술이 현대전의 규모와 복잡성을 다루기에 충분하지 않다고 보았다. 게다가 현대전은 그 규모와 격렬함에도 불구하고 워털루 전투에서 했던 방식으로는 전략적 승리를 거두기에 충분하지 않았다. 스베친은 계속해서 제1차 세계대전(1914-1918)에 참전했다. 이 전쟁에서 양측 모두 전선에서 전술적 돌파구를 마련했지만, 어느 쪽도 그 이점을 조금도 유지하지 못했다. 한 가지 요인은 철도였다. 전쟁 전에 독일군 지휘관들은 철도를 이용하면 그들이 병력을 한곳에 집중시킬 수 있어 공격에 도움이 될 거라고 가정했다. 실제로는 러시아군이 철도를 이용해 예비 병력의 위치를 이동시켜 전선을 철저하게 지킴으로써, 독일군이 성공적으로 돌파하지 못하게 했다. 제1차 세계대전이 끝나갈 무렵, 독일군과 연합군 둘 다 더 새롭고 더 기동성 있는 공격 유형들을 실험했다. 1917년 말에 연합군은 캉브레에서 탱크를 이용한 첫 번째 공격을 개시했다. 다음 해 '백일 전투' 기간 동안 연합군은 연합 작전에서 항공부대, 지상군, 탱크를 이용했다. 이번에도 양측 모두 전술적 돌파구를 전략적 성공으로 전환할 수 없었다.

1917년 러시아 혁명 이후 스베친은 새로 설립한 붉은 군대 육군 사관학교에서 제1차 세계대전의 역사적 교훈을 연구하고 가르쳤다. 그의 연구 결과, 스베친은 단일 교전으로는 더 이상 전쟁을 끝낼 수 없다고 결론을 내렸다. 최종적인 승리를 위해서는 일련의 교전을 통해 전술적 성공을 전략적 결정으로 완전히 바꾸어야 했다. 스베친은 이러한 연속적인 교전의 기획과 관리를 '작전술'이라고 일컬었다. 스베친에게 각각의 교전은 발걸음이고 작전은 도약인 한편 전략은 길이었다. 마침내 스베친과 그의 동시대인들은 전략의 목적이 적의 최전선이 아닌 적의 정치적 기반을 파괴하는 것임을 이해했다. 따라서 전략은 목적을 달성하기 위해 국가 전체의 정치, 경제, 군사적 자원을 투입하는 것이었다.

스베친은 붉은 군대의 고위급 장교들 대부분과 함께 1937년에서 1938년에 이루어진 숙청으로 스탈린에 의해 몰살되었다. 그러나 스베친과 그 동료들의 작전술은 1943년 소련이 스탈린그라드에서 베를린으로 독일군을 몰아내며 독일의 공세를 뒤집었을 때 실행되었다. 소련은 속도와 기습 공격을 이용하면서 공군과 지상군으로 이루어진 연합군을 순차적으로 작전 활동에 배치해 독일군에 반복적으로 깊숙이 침투함으로써 그때까지 도저히 막을 수 없을 것 같던 군대를 마비시키고 제압했다. 제2차 세계대전은 동부전선에서 소련이 승리했다. 그러나 소련이 승리를 이룬 방법에 대해 상대국들이 제대로 이해하기까지는 30년 이상이 걸렸다. 미국은 베트남 전쟁이 끝난 이후에야 소련의 군사 이론을 연구해 작전 수준에서의 전쟁을 공식적으로 인지했다. 영국 육군은 베를린 장벽이 붕괴된 해인 1989년에 마침내 같은 행보를 보였다.

우리는 전략적 성공을 달성하기에는 전술적, 기술적 효율성이 충분하지 않다는 것을 인식하기에, 작전술은 전략 및 전술과 함께, 혹은 그 사이에서 우리의 사고 안에 자리할 가치가 있다. 이 사실은 전쟁에만 국한하지 않으며, 전략가가 복잡성, 관성, 경쟁에 직면하는 모든 상황에 적용된다. 그러므로 이것은 포뮬러 원에도 적용된다.

로스 브런 나는 이 자료를 받고 두 번째 읽은 뒤에야 내용을 이해했습니다. 흥미롭더군요. 내용의 요지, 내용에서 내가 알게 된 것은 전쟁이 2차원에서 3차원으로 향하는 과정에서 '깊이'가 발전했다는 것이었습니다. 수량, 특성, 정치에 대한 몇 가지 흥미로운 예들도 인상 깊었습니다. 군사 이론의 세계를 내가 사는 세계와 비교해 보겠습니다. 1920년대와 1930년대까지 군사 이론가들은 3차원적 전쟁 양상에 대해, 그리고 정치, 경제적 요인들이 성공적인 군사 작전에 얼마나 중요해지고 있는지에 대해 훨씬 많은 것을 이해하기 시작했습니다. 그리고 기술의 발전으로 인해 방어가 공격보다 강했기 때문에 제1차 세계대전 당시 전선에서 수많은 전투들이 교착 상태에 있었다는 사실도요. 하나의 군대가 어딘가의 들판에서 다른 군대에 맞서고 마침내 한 무리의 사람들이 승자들을 무너뜨리던 과거와 달리, 더 이상 이런 전쟁은 존재하지 않았습니다. 전장의 너비는 400km에 달해서 이곳을 돌아다닐 수 없었습니다. 또한 누군가가 실제로 전투에서 이길 방법도 딱히 없는 것 같았습니다. 그런 상황에 대처하기 위해 사람들이 어떻게 노력했는지에 대해 몇 가지 재미있는 예들이 있습니다. 1918년 캉브레 전투에서처럼 전형적인 양상을 거슬러 돌파구를 찾은 몇 가지 다양한 접근 방법이 있었습니다. 그리고 내 경험을 생각해보면, 그로 인해 나는 점점 광범위한 영역에 참여하게 되었습니다.

내가 프랭크 윌리엄스, 패트릭 헤드와 함께 했을 때 나는 열한 번째 직원이었습니다. 1980년대 초, 우리가 월드 챔피언십 타이틀을 두 차례 석권한 뒤 내가 그곳을 그만두었을 때 그곳의 직원 수는 200명이었습니다. 페라리는 마침내 천 명의 직원과 함께 공급업체

팀을 중심으로 한 하부구조를 갖추었습니다. 그러므로 분명한 사실은, 우리가 한 개인으로 아무리 강하다 할지라도 더 이상 그 모든 것을 직접 통제할 수 없다는 것입니다. 따라서 목표로 정한 지점에 도달하려면 같은 비전을 공유하고 같은 생각을 지닌 사람들의 조직이 필요합니다. 포뮬러 원에서 그것은 여전히 계층적인 구조일지 모르지만, 지금은 상당히 얇고 점점 얇아지고 있습니다. 누군가는 명목상 대표가 되어야 하고, 사실상 FIA는 그 지위를 더 쉽게 만들었어요. 지금은 총감독이 되려면 면허가 있어야 하니까요. 그러나 레이싱뿐 아니라 사업, 재정, 법률, 기술까지 역할이 확산되면서 명목상 대표로 보이는 사람은 한 사람일지라도 포뮬러 원에는 성공한 사람들로 이루어진 대단히 강력한 집단이 있습니다.

다음 글은 '작전술'에 관한 자료에서 우연히 발견한 것인데요. '필요한 모든 규율들 때문에 더 이상 장군은 전쟁에서 이길 수 없다.' 사실 장군은 대체로 장기판의 졸과 다름없다는 거지요. 그리고 이 대목이 재미있었습니다. '과거 전쟁들과 군사 작전들에서 얻은 군사적 경험으로 인해 장군들은 때때로 무엇이 필요한지 판단하는 데에 가장 적합한 위치에 있을 수 없다.' 그들은 시도하려는 일에 대해 매우 편협하고 고립된 견해를 가졌기 때문이지요. 그들은 큰 그림을 보지 않았습니다. 사실 그들은 이른바 관료들이 와서 그들의 군사 작전을 어지럽히는 것에 분개했습니다. 최전선에서의 대립은 전쟁의 일부에 불과하기 때문에, 전쟁에서 이기기 위해 필요한 다른 모든 요소들이 반영되어야 합니다.

포뮬러 원도 이와 유사해졌습니다. 이제 어느 누구도 경제력이 없으면 포뮬러 원에서 성공할 수 없습니다. 세계에서 그리고 포뮬러 원에서 가장 재능 있는 엔지니어가 될 수는 있겠지만, 그런 재능을 펼치기 위해 필요한 자원을 제공할 경제력이 없다면 포뮬러 원에서 성공하지 못할 것입니다. 또한 대회와 규정을 주관하는 FIA와의 관계가 좋지 않다면, 정치적 입지가 열악하다면 많은 비용을 치러야 할 것입니다. 최근 몇 년 간 정치적 입지가 가장 열악한 팀의 좋은 예는 도요타입니다. 그들의 정치적 입지는 최악이었습니다. 그들은 포뮬러 원의 누구에게도 환심을 사지 못했습니다. 그들은 다른 팀들과 보조를 맞추지도 않았고, FIA에 협조하지도 않았으며, 상업권 소유자의 방향에 동조하지도 않았습니다. 그들은 모두에게서 고립된 것 같았습니다. 그리고 그로 인해 그들은 대가를 치러야 했습니다. 그들의 팀을 운영하는 사람들은 그들이 활동하고 있는 포뮬러 원 환경에 전혀 애착이 없었습니다. 당신은 이러한 태도에 동의하십니까? 그들은 윌리엄스의 엔진 공급업체였으니까 나보다는 당신이 그들과 더 가까웠지요.

애덤 파 그렇습니다. 나는 그들이 함께 일하기에 매우 괜찮은 사람들이었다고 말하고 싶습니다. 나는 그들이 우리에게 자신들과 같은 엔진을 공급했다고 믿습니다. 그들은 옳은 일을 하길 원했습니다. 그들은 늘 그들의 기업문화와 포뮬러 원 세계 사이에 끼어 있었어요. 자금이 워낙 많아서 필요하지 않은 곳에서 복잡한 일을 만들어냈습니다. 그러다 보니 때때로 너무 많은 것들을 선택해야 했지요. 나는 그들이 FOTA와 심각한 문제를 겪고 탈퇴한 이유는 단지 정치적 수완이 부족했기 때문이라고 생각합니다. 나는 이런 생각을 늘 했습니다. 만일 내가 도요타 이사회에 가서 '우리는 우리만의 시리즈를 구성해야 한다. 우리는 포뮬러 원에서 탈퇴해야 한다. 이것은 불명예고, 이런 지배구조는 형편없으며, 우리는 바보 취급을 받고 있다'고 말한다면, 이사회는 '전적으로 맞는 말이다. 우리는 탈퇴하겠다.'라고 반응하며 위험을 초래할 거라고 말이지요. 탈퇴가 실패한 후에 그렇게 했지만요. 아마도 도요타, BMW, 르노는 실제로 포뮬러 원을 떠나야 했을 겁니다. 그들은 포뮬러 원은 자기들이 있을 수 없는 곳이라고 아주 강력하게 주장했으니까요. 그랬으면서 어떻게, 사실 우리는 마음이 바뀌었다고, 예산도 두 배로 늘리길 바란다고 말할 수 있었을까요?

로스 브런 내가 암시하려는 말은 모든 면에서 완벽성이 필요하다는 것입니다. 정치적 통찰력을 어떻게 수량화할까요? 그것을 얼마라고 계산할까요? 그리고 그것이 언제 중요해질까요? 그러나 어느 단계에서는 영향을 미칠 겁니다. 어느 단계에서는 이쪽으로 갈지 혹은 저쪽으로 갈지 결정할 근거가 될 것입니다. 당신에게 유리하지 않은 50 대 50의 결정이 차이를 만들게 될 것입니다. 도요타에는 더블 디퓨저가 있었습니다. 그들이 독자적으로 싸웠다면 그 더블 디퓨저 소송에서 이겼을까요?

애덤 파 전혀요.

로스 브런 이유가 뭘까요? 그들이 포뮬러 원에서 차지한 위치 때문입니다. 그리고 그들이 고용한 사람들이 계속해서 그 주장을 옹호했기 때문입니다.

애덤 파 더 폭넓은 주제를 고수하려 했는데, 어쩌면 아주 흥미로운 질문으로 돌아가야 할 것 같습니다. 2009년 초에 루카는 더블 디퓨저가 그들에게 대단히 중요하다는 걸 깨달았고 우리가 해온 것이 잘못됐다고 느꼈기 때문에 더블 디퓨저를 금지하도록 FIA에 엄청난 압력을 가했습니다. 그뿐 아니라 그는 기술 부서를 통해서든, 레이스 스튜어드들을 통해서든, 항소법원 자체를 통해서든 자신이 그 과정에 영향력을 행사할 수 있다고 느꼈습니다. FIA가 그의 요구대로 움직이게 될 거라는 암시는 그들에게 상당히 굴욕적이었지요. 그 암시는 '우리가 당신들에게 그것이 잘못됐다고 말하면, 당신들은 그것을 시행해야 한다.'는 의미였으니까요. 그리고 FIA는 그런 걸 별로 좋아하지 않았습니다.

로스 브런 그럼요.

애덤 파 하지만 그럼에도 불구하고, 그것이 도요타 대 페라리의 대결이었다면, 역사가 흔히 제시하는 것은 …

로스 브런 이것은 FIA 회장이 그들이 할 일을 지시 받은 것에 대해 불쾌감을 느꼈을 때 펼쳐질 이런 모든 상황의 흥미로운 역학 관계를 보여줍니다. 과거에 FIA가 불쾌감을 느끼지 않았던 시기들도 있었어요. 그 시기에 그들은 그런 지시에서 무엇을 얻을 수 있는지 알았을 겁니다. 따라서 그 시기의 전체적인 역학 관계는 상황이 전개될수록 FIA에 유리하게 작용했지요. 하지만 나는 그것이 포뮬러 원 팀에서 성공하기 위해 필요한 모든 훈련의 완성이자 포괄적인 성격이라고 생각합니다. 모두가 같은 비전을 지녀야 합니다. 모두가 같은 신념을 지녀야 합니다. 모든 병력은 성공하기 위해 필요한 명확한 목적, 든든하게 채운 배, 자원을 지녀야 합니다. 이것은 소모성 자원이 아니라 필요한 자원입니다. 나폴레옹은 러시아에 대대적인 공세를 퍼부으려 했지만 그 많은 병력을 지원할 수 없었어요. 어떤 면에서 도요타 F1도 마찬가지입니다.

당신도 이 사람의 특성 대 사람의 수량이라는 문제를 잠깐 언급한 것 같은데요. 아주 중요한 문제입니다. 일을 하려면 자원이 필요하고 머릿수가 필요하지만, 그것의 특성도 필요합니다. 그러므로 팀을 발전시키고 팀을 성장시키는 것은 언제나 두 단계 전진했다가 한 단계 후퇴하는 일입니다. 당신이 아무리 심사숙고해서 팀을 조직했다 해도, 그들을 모두 한데 모았을 때 화학작용의 일부가 효과를 발휘하지 않는다는 걸 발견하면 한 걸음 뒤로 물러나야 합니다. 그런 다음 무언가를 제거하고 다른 조각을 투입해야 하지요. 그리고 그것에 아주 많은 관심을 기울여야 합니다. 그것을 지지하기 위해 정말 좋은 사람들로 이루어진 하부구조를 조직해야 합니다. 나는 페라리로 옮기기 전까지는 인사팀을 그다지 좋아하지 않았는데 — 여전히 복잡한 감정이에요 — 페라리는 필수적이고, 효율적인 탄탄한 인사팀을 둔 사실상 첫 번째 회사였습니다. 페라리의 인사팀은 정책을 결정했고, 기업 운영 방식에 대해 상당히 많은 통제권을 쥐고 있었기 때문에 대단히 막강했어요. 그리고 이후 브런 GP에서 우리는 지속적인 모니터링과 진행 상황의 바로미터 정도의 역할로 한 걸음 뒤로 물러서긴 했지만 여전히 훌륭한 인사팀과 함께 했습니다. 팀에는 인사팀 책임자와 실무에서 병력을 확실히 연결시킬 수 있는 인사팀 직원들이 필요합니다. 관료처럼 비치는 것으로 그쳐서는 안 됩니다. 나는 브런 GP와 메르세데스에서 매주 인사팀 책임자를 만났습니다. 그는 나에게 무슨 일이 일어나고 있는지, 어디에 문제가 있는지, 어디에 관심을 기울여야 하는지 요약해서 보고해야 했습니다.

리듬과 루틴

애덤 파 복잡성을 관리하는 한 가지 방법이 리듬과 루틴에 의해 가능하므로 이것은 좋은 길잡이가 됩니다. 당신은 브런 GP를 어떤 식으로 조직했습니까? 누가 당신에게 보고했는지, 당신은 그들을 얼마나 자주 소집했는지의 측면에서 말씀해 주십시오.

로스 브런 브런 GP와 메르세데스를 함께 이야기하겠습니다. 나는 이 접근 방식을 페라리에서 확립했습니다. 페라리의 비밀 중 하나는, 비밀이 있었다면 말입니다, 로리 번이 항상 본사로 돌아왔다는 것이었습니다. 그는 레이스에 거의 오지 않았고, 그저 어떻게 되어가나 보기 위해 아주 가끔 한 번씩 들리는 정도였습니다. 그러나 나는 그 당시 그가 공장에 있었다는 걸 100퍼센트 확신합니다. 내 작업 방식은 레이스에 가는 것이었고, 레이스에 간다는 것은 2주 간의 프로그램 중에서 4, 5일은 공장을 비운다는 걸 의미하니까요. 그러므로 당신에게 의지하지 않되 당신에게 모든 사건을 보고하는 좋은 구조를 공장에 마련해야 합니다. 그래야 작업의 진척 과정을 알게 되기 때문이지요.

내가 메르세데스에서 주도한 일이 있는데 레이스에 자주 가지 않는 밥 벨을 기술 감독으로 임명하는 것이었습니다. 그저 연락을 유지하는 것으로 충분하니까요. 그의 임무는 기술 프로그램이 제대로 작동하는지 확인하는 것이었습니다. 이후로 나는 모든 제작 과정을 담당하는 운영 책임자로 롭 토마스Rob Thomas를 고용했습니다. 사실 우리가 취한 영리한 조치들 중 하나는 롭을 영국 브릭스워스의 엔진 공장 운영 책임자라는 위치에서 이 직책으로 데리고 온 것이었습니다. 우리는 외부에서 직책을 얻기 위해 회사를 그만두는 대신 자동차 공장에 와서 일하도록 그를 간신히 설득했습니다. 그는 자신이 엔진 분야에서 더 이상 할 일이 없다고 느꼈어요. 매우 강하고 좋은 사람이며 대단히 전문적인 사람이었지요. 이렇게 우리는 제작 공정을 가동하는 운영 책임자를 임명했고, 밥 벨이 운영하는 기술 부서를 두었으며, 나는 그들에게 상황을 보고 받았습니다. 이후 앤드루 쇼블린Andrew Shovlin을 레이싱 책임자로 임명했습니다. 그리고 레이싱 부서에 스포츠 매니저인 론 메도스Ron Meadows가 합류했어요. 사업부는 닉 프라이가 담당했는데, 그는 모든 일을 위임받고 나에게 보고했지만 우리는 동업자 관계였습니다. 우리는 아주 좋은 관계, 편안한 관계였습니다. 닉은 상업, 재무, 법적 측면을 관리했는데 법적 측면은 상업적인 문제가 주를 이루었어요. 법적 측면이 기술과 관계된 경우에는 당연히 내가 관여했습니다. 하지만 사실상 캐럴라인 맥그로리(법률), 나이절 커(재무), 그리고 당시 후원을 책임지고 있던 누구라도 닉에게 답을 제시했습니다.

이상이 고위 경영진의 구조였습니다. 루틴에 관해서는, 나는 2주에 한 번씩 고위 경영진 회의에 참석했습니다. 회의 주제는 회사의 제반 문제들이었어요. 인사팀은 채용 상황과 당면한 인사 문제를 개략적으로 설명했습니다. 밥은 앞으로 일어날 일, 우리가 집중해야 할 부분, 우리가 당면한 문제들에 대해 기술적으로 간략하게 개요를 설명했습니다. 롭은 제작 및 운영 측면의 진척 상황을 개략적으로 설명했습니다. 나이절은 수치를 집계해야 했기 때문에 한 달에 한 번씩 재정에 관해 개요를 설명하고 예산 집행 상황을 보고했습니다. 캐럴라인은 우리에게 닥칠 모든 법적 문제들을 제기했습니다. 그녀는 준법감시인 임무도 맡았는데, 알다시피 메르세데스 같은 큰 회사들에서 흔히 볼 수 있는 직책입니다. 우리는 중요한 일이 생기면 다른 사람들에게 회의에 참석해 프레젠테이션을 해달라고 요청하기도 했습니다.

애덤 파 이 그룹의 역할은 전략 수립이라고 할 수 있을까요? 아니면 정보 제공이라고 할 수 있을까요? 결정권도 갖고 있었습니까?

로스 브런 주로 정보 제공이었지만 어느 정도 의사결정권도 가지고 있었습니다. 경영진은 모든 정보를 알고 있어야 했어요. 회의를 마치고 나면 조치를 취해야 할 일들이 목록으로 작성되어 나옵니다. 내 개인 비서가 회의에 참석해 이 목록을 만들었어요. 결정에 관해서는, 결론은 내가 내렸지만 위원회 전체의 의견을 수렴해 내려진 것이라고 말하고 싶습니다. 그러니까 결국 내가 어떤 문제에 대해 아주 확고한 의견을 가졌다면 내 의견을 막아설 사람은 거의 없었을 테지만, 그런 상황은 기억이 나지 않는군요. 나는 모두의 견해를 들은 뒤에 결정하고 싶었습니다. 투표 같은 건 전혀 없었어요. 우리는 크리스마스 파티를 어디에서 할까 같은 사안이 아니면 결정에 대해 투표를 한 적이 없었습니다 … 누가 무슨 생각을 하는지 보는 일이 재미있었거든요!

애덤 파 전략 형성 과정은 어땠습니까? 상업권 소유자와 당신의 관계가 그 그룹에서 논의되었습니까? 아니면 당신과 닉이 따로 이야기할 문제였나요?

로스 브런 상업적 협의가 진행되는 동안 나이절과 캐럴라인이 그 자리에 참석했기 때문에 협의 내용은 그룹 내에서 논의되었습니다. 그리고 당연히 그 내용이 주제가 되었고요.

애덤 파 그 그룹에서 논의되지 않는 사안이 있었습니까?

로스 브런 아마 없었을 겁니다. 사실상 그 그룹의 사람들 모두가 서로를 친구로 여겼으니까요. 만일 우리가 어떤 드라이버의 계약 문제를 논의하고 있었다면 회의에서도 논의되었을 겁니다. 협상 장소, 연봉 책정 등을 말이지요. 이것은 고위 경영진 회의여서 회의 시간이 두세 시간 정도 걸렸습니다. 우리는 예산 검토 회의도 했습니다. 이 회의는 격주마다 꼬박꼬박 열리지는 않았지만, 예산 편성과 검토에 꽤 많은 작업이 투입되었지요. 우리가 연간 예산 회의를 시작하는 방식은 모든 부서가 각자의 예산안을 제출하도록 하는 것입니다. 각자 숫자를 쌓아놓고 얼마나 큰 액수인지 자각하는 거지요. 하지만 나는 일단 모든 예산안을 올려두고 싶었습니다. 그러고 나면 우리는 나이절(재무 이사)과 로버트 에요바르트Robert Yeowart(재무 관리자)를 동반해서 어떤 부분을 변경할 수 있는지, 전체 예산에 맞출 수 있는지 알아보기 위해 부서 책임자들과 함께 여러 부서들을 검토하기 시작했습니다. 이처럼 예산 검토는 전체 과정에서 가장 중요한 부분이었습니다.

그리고 나면 레이싱 부서의 루틴이 있었습니다. 모든 레이스 관련 회의가 끝나고 모든 주요 테스트를 마치고 나면 — 테스트 횟수가 줄어들수록 중요도는 더 커졌습니다 — 월요일에 팀 평가 회의가 열렸습니다. 여기에는 레이스 엔지니어들과 부서 책임자들(설계, 공기역학, 복합 소재, 기계, 제조, R&D)이 포함되었습니다. 대략 30명에서 40명이 평가회의에 참석하지요.

이 회의는 치명적인 결함 목록을 빠르게 살펴보는 것으로 시작했습니다. 나는 사람들이 나에게 필요한 기본적인 사항들을 자세하게 설명할 거라고 기대하지 않았어요. 대신 우리에게는 결함 목록 시스템이 있었습니다. 제기된 모든 결함에는 ID가 있고 결함 시트가 만들어졌는데, 디자인이나 엔지니어링을 통해 수리를 마친 후 승인을 받아야 했습니다. 우리 팀 운영 담당자인 사이먼 콜Simon Cole은 레이스 트랙에서 이 모든 자료를 수집하고 분석, 검토해 우리의 중요하고 심각한 결함들을 이 회의에서 모두에게 알렸습니다. 그렇게 해서 결함 목록이 만들어졌지요. 그리고 나면 우리는 돌아가면서 이야기를 한 다음 한두 사람에게 주말 레이스에 대한 개요를 알려달라고 요청했습니다. 그러면 앤드루 쇼블린은 레이스 엔지니어링 관점에서 요약 설명했고, 론 메도스는 운영팀 관점에서 요약 설명했습니다. 그리고 나면 나는 모두에게 건의사항이나 의문사항을 돌아가면서 말하도록 요청했습니다. 그런 다음 회의 내용을 간단히 짚어 보고, 다음 레이스 회의 전에 그들에게 기대하는 바를 이야기했습니다. 우리의 현 상황, 때로는 그 상황에 대한 정치적 개요들이 주요 내용이었어요. 회의장을 나설 땐 모두가 주말에 일어난 일, 다음 레이스를 위한 대략적인 요구사항에 대해 명확한 그림을 가지고 있어야 했습니다. 우선순위가 무엇인지, 문제가 무엇인지에 대해서도요. 중대한 의제가 있는 경우 평가 회의는 오전 내내 계속되기도 했습니다.

월요일 오후나 화요일 오전에는 자동차 사양 회의가 있습니다. 이 회의는 다음 레이스를 위한 최종 자동차 제작 사양을 확인해서 공장과 레이스 부서가 자동차 제작을 시작할 수 있도록 하기 위한 것입니다.

그런 다음 주 후반에는 이른바 성과 회의가 있습니다. 그때쯤엔 모든 엔지니어들이 주말에 있었던 레이스의 모든 정보를 완전히 이해했을 겁니다. 나는 이 회의의 의장을 맡아, 주말 레이스에서 자동차 성능이 어땠는지, 우리가 어떤 부분에 초점을 맞추어야 하는지 엔지니어들이 의견을 발표하길 기대합니다. 이 회의에는 공기역학자 등 여러 사람들이 참석합니다. 이 회의를 통해 자동차 성능과 관련한 진척 과정을 보다 상세하게 이해하게 됩니다. 이 그룹에는 성능에 직접 영향을 미치는 개개인이 포함되었는데, 일반 평가회의에는 참석하지 않는 공기역학자들과 차량 동역학 전문가들 중 일부가 참석해 인원이 확대되기 때문에 참석 인원은 이번에도 대략 30명 정도 될 거예요. 여기에는 엔진팀 구성원들도 포함됩니다. 회의는 오후까지 이어집니다. 회의는 간혹 레이스 전략 검토 회의로 이어지기도 하는데, 그렇지 않는 경우 이 회의는 다른 날 열립니다.

이제 다음 레이스로 향하기 전에 일정에 따라 시간을 정해서 사전 회의가 열립니다. 이 회의에서는 자동차 사양을 다시 점검해서 변경 사항을 확인하고, 다음 레이스를 위한 지침을 살펴보아 모든 것이 잘 관리되고 있는지 확인합니다. 이 지침은 다음 레이스에서 우리가 직면하게 될 도전 과제가 무엇인지 요약 정리한 것이었습니다. '모든 사항을 빠짐없이 확인했는지?'에 대한 개요라고 할 수 있지요. 나는 사람들에게 모든 사항이 빠짐없이 다루어졌는지 확인하도록 촉구합니다. 예를 들어 우리가 스파에 가는 경우, 우리는 오 루즈 코너Eeau Rouge(스파 서킷에서 언덕처럼 경사가 가파른 코너 - 옮긴이)의 특성상 그곳에는 특정한 요구 조건이 있다는 걸 알 거예요. 우리는 그곳이 고속 트랙이라는 걸 알기에, 그들은 준비 사항과 접근 방식, 주말 레이스에서 어떤 식으로 달릴지 등을 제시할 겁니다. 어쩌면 지난 레이스에서 타이어가 쟁점이 되었거나 브레이크에 문제가 있었을지 모릅니다. 그리고 나는 다음 주말 레이스가 어떤 식으로 전개될지 알고 싶기 때문에, 다음 레이스를 위한 접근 방식과 철학을 논의하기 위한 첫 번째 회의를 열게 됩니다. 이 회의는 레이스 엔지니어들, 성과를 위한 모든 주요 분야 구성원들로 이루어지고, 사이먼은 자동차 사양이나 제작 문제에 대해 후속 조치를 취합니다.

그런 다음 레이스가 두 차례 끝날 때마다 나는 전 직원과 함께 전체 공장 평가 회의를 합니다. 우리는 정보가 담긴 슬라이드를 이용해 좀 더 상세하게 발표 자료를 만들었기 때문에, 결국 전 직원이 프레젠테이션실에 들어오려면 한 번에 200명씩 두세 차례에 걸쳐 들어와야 했습니다. 팀은 성장하고 있었고, 따라서 우리가 제공하는 정보의 양도 늘어났습니다. 이 브리핑에서 나는 우리가 어떻게 활약했는지 레이스에 대해 요약해 설명합니다. 이때 득점을 기준으로 우리가 어디쯤 위치하는지 제시하지요. 우리는 이 회의에 제시할 신뢰할 수 있는 지표를 가지고 있었습니다. 롭 토마스는 공장과 공장이 어떻게 운영되고 있는지 발표합니다. 불량률 등도 함께요. 직원들에게 회사가 어떻게 돌아가고 있는지 감을 잡게 하기 위한 자료들이지요. 예산을 어떻게 활용하는지 알리기 위해 재무 상황을 보고하지만 아주 상세하게 보고하지는 않습니다. 그런 다음 나는 직원들에게 개요를 설명해서 우리의 목표가 무엇인지, 그들에게 기대하는 바가 무엇인지 분명하게 전달하려 합니다. 프레젠테이션이 오전에 두세 차례, 오후에 한 차례 진행되기 때문에 이 평가 회의는 하루 동안 이루어집니다. 프레젠테이션 시간은 각각 한 시간 반에서 두 시간 정도입니다. 그리고 우리는 교대 근무자들도 많았기 때문에 야간에도 프레젠테이션을 했습니다. 야간 프레젠테이션은 오후 8시에 열렸습니다.

애덤 파 그곳에서 당신은 공식적으로든 비공식적으로든, 복합소재팀이나 기술팀과 시간을 보내거나, 공기역학팀과 윈드 터널을 돌아다니다 앉아서 이야기한 적도 있었습니까?

로스 브런 전부 해봤고 비교적 비공식적이었습니다. 당연히 나는 부서 책임자들과 공식적인 회의도 했지만, 각 부서에 찾아가서 책임자에게 나와 함께 부서를 돌며 그가 하는 일들을 보여주고 몇몇 직원들과 이야기를 나누게 해달라고 요청했습니다. 나는 적어도 한 달에 한 번은 각 부서에 찾아가서 그렇게 하려고 노력했습니다. 비공식적으로 부서를 둘러보는 거지요.

나는 진행 중인 모든 회의 일정을 가지고 있었고, 내가 이해하기에 흥미롭고, 또 기여할 수 있을 만한 일부 회의들에 불쑥 참석했습니다. 내가 참석할 수 있는 것보다 훨씬 많은 회의들이 진행되고 있었지만, 나는 여러 부서들의 회의나 전략 검토에 참석하려고 노력했습니다. 아마 기계 공장에서 새로 들여온 기계에 대한 전략 검토가 있으면 나는 참석하려고 노력했을 겁니다.

애덤 파 회의에 참석하는 경우 당신의 접근 방식은 무엇이었습니까? 그냥 앉아서 듣는 것이었나요?

로스 브런 그러려고 노력했습니다. 분명한 건, 회의를 주재하는 사람의 위상을 결코 훼손하지 않았다는 것입니다. 회의 내용이 마음에 들지 않으면 나는 회의실을 빠져 나와 그것을 조용히 처리하려 했습니다. 내가 균형 잡힌 방식으로 도울 수 있는 일이라고 생각되는 경우에는요. 개인적으로 팀원들 앞에서 부서 책임자와 대립해서는 안 된다고 생각했어요.

애덤 파 그럴 땐 시간을 어떻게 때웠습니까?

로스 브런 (웃음)

애덤 파 우리는 당신이 브런에서 메르세데스로 전환하는 동안 상황을 어떻게 조직했는지 이야기하고 있습니다. 하지만 가령 페라리에서는 상황이 많이 달랐습니까?

로스 브런 그렇지 않았습니다. 나는 아마도 경력 초기인 베네통 시절에 접근 방식을 발전시켰던 것 같습니다. 물론 각 팀의 필요에 따라 접근 방식을 전개했지요. 공식 회의로 돌아가면, 내가 연 중요한 회의 중 하나는 신차 검토 회의였습니다. 우리는 진행 상황을 확인하기 위해 몇 주에 한 번씩 신차 검토 회의를 열었습니다. 이 회의는 다른 모든 활동과 동시에 진행되었지만, 다음 시즌을 위해 신차 개발의 진행 속도를 유지하기 위해 필수였습니다. 회의 주제는 엔진과 차대 둘 다에 관해서였기 때문에 우리는 브릭스워스나 브래클리에서 번갈아 회의를 했습니다. 엔진팀 서너 명, 차대팀 서너 명 등 7, 8명이 탁자에 둘러앉아 새 프로젝트의 진행 상황에 대해 프레젠테이션을 했습니다. 2014년에 규칙이 새롭게 바뀌었기 때문에 새로운 엔진과 차대를 준비하기 위해 이 회의는 특히 중요했습니다.

개인적인 조직

애덤 파 이상 회의에 대해 이야기해 보았습니다. 생각하고 읽는 데에는 시간을 얼마나 할애합니까? 이메일 쓰는 시간을 제외하고요.

로스 브런 글쎄요, 내가 일한 방식을 아시겠지만, 당시 나에게는 운전기사가 있었습니다. 조금 사치스럽게 들릴 수도 있겠군요. 하지만 아침과 저녁에 차 안에서 보내는 각 한 시간이 내가 제대로 읽고 생각할 수 있는 시간이었습니다. 내 개인비서 니콜 번 Nicole Bearne은 나를 위해 차에서 살펴볼 파일을 만들었어요. 그래서 매일 저녁 퇴근할 때 그녀는 내가 차 안에서 읽어야 할 자료들이 담긴 파일을 나에게 주었고, 나는 저녁에 집에 가는 길이나(간혹 너무 피곤해서 녹초가 되면 솔직히 잠이 들기도 했어요) 다음 날 아침에(이 시간이 더 편했습니다) 이 자료들을 읽었습니다.

그리고 다음 날 아침에 회의가 있는 경우, 그녀는 나에게 회의 안건과 참고 자료들을 주어, 나는 회의에 도착할 때쯤엔 우리가 논의할 내용에 대해 어느 정도 감을 잡을 수 있었습니다. 이처럼 내가 운전기사를 두었다는 사실이 조금은 사치스럽게 들릴지 모르지만, 실제로 시간을 매우 효율적으로 사용하게 해주었습니다. 그리고 운전 중에는 분별력을 갖고 전화 통화를 할 수 없으니까 … 나는 운전 중에는 집중을 할 수 없어요. 제대로 생각을 할 수도 없고요. 니콜은 내가 낮에 미처 만나지 못해 전화로 통화해야 할 사람들의 전화번호 목록을 나에게 주었고 도서 목록도 주었습니다. 나는 매일 밤 파일을 가지고 퇴근했는데, 차 안에 조용히 앉아 있기 때문에 파일을 훑어보기에 아주 좋은 시간이었습니다. 그리고 어쨌든 내 차는 근사한 S클래스라서 …

애덤 파 사무실에서는 어땠나요? 틀림없이 일을 다 끝내지 못하는 때가 있었을 텐데요.

로스 브런 그렇습니다. 아주 중요한 문제가 발생한 경우, 나는 말 그대로 불필요한 일을 전면 중단하고 전투태세를 갖추었습니다. 니콜이 장벽을 세우면 나는 이렇게 말했어요. '이 문제에 대해 몇 시간 생각을 좀 해야겠어요. 이 문제에만 온전히 집중할 시간이 필요하니

전화 통화나 외부 방해 요소를 모두 차단해줘요.'

애덤 파 외부 회의에 대해 이야기하겠습니다.

로스 브런 우리는 2개월마다 이사회를 열었습니다. 1년에 한두 번은 브래클리에서, 나머지는 독일에서요. 그리고 한동안 FIA 기술 실무진에 깊이 관여했지만 결국 물러났습니다.

애덤 파 그런 회의들을 어떻게 준비했습니까? 어떤 식으로 접근했나요? 당신은 스스로를 철저한 사람이라고 생각합니까? 자료를 주의 깊고 꼼꼼하게 읽는 걸 좋아하나요?

로스 브런 내가 합류했을 때 스티브 클라크Steve Clark라는 엔지니어가 있었습니다. 그는 혼다에서 일하고 있었는데 약간 구식 엔지니어였어요. 현대의 괴상한 레이싱 접근 방식과 잘 맞지 않아서 레이싱 엔지니어로서 약간 따돌림을 당했지요. 하지만 그는 경험이 풍부했고 포뮬러 원을 잘 알았습니다. 그래서 나는 그를 기술 비서로 활용했습니다. 그래서 기술 실무진의 제반 준비 사항과 규칙 및 제안에 대한 해석 등 그밖에 모든 것을 그에게 위임할 수 있었어요. 그는 나를 대신해서 모든 것을 준비하는 데 시간을 할애했습니다. 내가 자리에 앉아 자료를 살펴보면, 그는 우리가 집중해야 할 모든 사안 등을 개략적으로 설명했습니다. 내가 직접 모든 걸 하느라 시간을 할애할 필요가 없었지요. 스티브는 공장에서 해야 할 몇 가지 업무가 있었지만, 결국엔 내 정식 기술 비서가 되었습니다. 나는 그에게 온갖 종류의 프로젝트를 주었습니다. 하고 싶은 일은 늘 있지만 시간은 결코 넉넉하지 않아요. 따라서 나는 그 일들을 스티브에게 넘기면서 이렇게 말했습니다. '가서 나 대신 저걸 좀 살펴봐줘요. 가서 관련 엔지니어들에게서 정보를 수집하고 내용을 전부 요약해서 나에게 다시 오세요.' 그건 이런 내용이었을지도 모릅니다. '새로운 기계에 대해 고려할 사항은 무엇인가? 그것은 어떤 영향을 미치는가? 프런트 윙이 더 커질 터이므로 더 큰 베드가 있는 CNC 공작기계(금속 부품 가공을 위한)가 필요한 상황에서 규칙이 바뀌겠는가?' 이런 모든 사항을 살펴봐야 합니다. 우리가 50퍼센트 모형으로 갔을 때, 우리는 공기역학 부서에서 우리의 CNC 공작기계를 많이 사용할 수 없었습니다. 그 기계로는 충분히 큰 부품들을 만들 수 없었어요.

애덤 파 왜 그래야 했을까요? 제작부서에 기반 시설 전체가 갖추어져 있었는데요.

로스 브런 내가 기술 지향적이었고 양쪽 모두에 관여했기 때문인 것 같습니다. 예를 들어 자동차의 40퍼센트 축척 모형을 사용하다가 50퍼센트 모형으로 바꾸어 윈드 터널을 전환한다고 합시다. 우리는 필요한 사항을 완벽하게 분석해야 했습니다. 그것은 200만 파운드 규모의 프로젝트였기 때문에 우리는 슈투트가르트 본사에 제안서를 제출해야 했지요. 그 200만 파운드는 새 모형을 만들고 그것을 만드는 데 필요한 기계와 장비를 구입하는 데 필요했습니다. 부서들이 정보를 취합했지만 스티브가 도움이 되는 상황이 있었습니다. 그는 규정에 관한 진행 상황을 알았고, 장차 일어날 일을 예측했으며,

기술 실무진에서 무슨 논의가 있었는지 알고 있었어요. 그는 한때 FOTA 실무진에 와서 비서로 활동한 적이 있었습니다. 그는 무슨 일이 일어나고 있는지 관찰하는 또 하나의 눈이었어요.

애덤 파 그러니까 실제로 당신이 그와 함께 했던 일은 사람들이 각자 매일의 작업을 수행하는 현실, 그들이 아무리 훌륭하다 할지라도 현재 하고 있는 일의 측면에서 생각하게 되는 현실을 다루는 것이었습니다. 따라서 여기에는 어떤 일이 다가오고 있는지 내다보고 상황을 예측하는 것도 포함되었겠군요.

로스 브런 그렇습니다. 그는 자리를 벗어나 상황에 대해 좀 더 깊이 생각할 시간을 가졌습니다.

애덤 파 그는 그런 종류의 추상적인 사고를 잘하지 않았습니까?

로스 브런 때때로 너무 잘했어요! 그는 상황에 대해 꽤나 모호한 견해를 갖고 돌아왔습니다. 하지만 그것도 괜찮았어요. 기회를 발견하지 않는 것보다 나았으니까요. 그런 견해들은 꽤 유용했습니다. 그는 성격상 사람들을 쉽게 불쾌하게 만들지 않았기 때문에, 외부에 나가서 사람들과 이야기를 나눌 수 있었지요. 사람들이 이야기를 하다가 화를 내는 일도 없었고요. 여기에서 강조할 사항이 있을까요?

애덤 파 작전술에서 말하는 것 중 하나는 복잡한 환경에서 효과를 발휘하려면 여러 가지 것들을 제대로 해야 한다는 것입니다. 이제 논의하려는 주제 중 하나는 타이밍인데요. 당신은 여러 가지 일들을 병행해서 합니까, 아니면 순차적으로 하나씩 처리합니까? 한 가지 전형적인 예는 하이브리드 기술이 도입된 때입니다. 이것을 규칙에 큰 변화를 가져온 예로 들 수도 있을 거예요. 이 신기술이 자동차에 통합되어야 합니다. 당신은 이 기술을 입수해야 하지요. 이 기술은 믿을 수 있는 것이어야 해요. 이것은 거의 전술적이지도 전략적이지도 않은 상황입니다. 바로 이 지점에서 작전술은 말하겠지요. '올바른 기술을 어떻게 확인하고, 올바로 활용하며, 2009년형 자동차에 어떻게 통합할 것인가?' 하이브리드 기술을 보유하기로 한 결정은 스포츠를 위한 전략으로 간주될 수 있지만, 그것을 구현하는 팀으로서 당신은 전략과 전술 사이의 중간에 있습니다.

또 다른 예는 새로운 엔진 규정들입니다. 이 규정이 제대로 시행되기까지는 2년이 걸릴 겁니다. 당신은 브래클리와 브릭스워스에서 하고 있는 일들을 통합해야 합니다. 새로운 규칙들을 해석해야 하고요. 포뮬러 원에서 메르세데스의 전략 중 일부는 확실히 최고의 엔진을 보유하는 것이었으므로 이것은 전략적 의미가 있습니다. 그러나 이 모든 것을 하나로 꿰고 새로운 엔진으로 월드 챔피언십을 획득하는 것은 고전적인 작전술이라고 말하고 싶습니다.

로스 브런 나는 이 작전술로 이점을 누렸다고 생각합니다. 혹은 적어도 선두를 차지했다고 생각해요. 포뮬러 원 팀이 확산하는 현상을 보면, 일단 생존하는 데 급급해서 멀리 생각할 자원이 없는 팀들이 있다는 걸 알게 될 겁니다. 따라서 자우버나 포스 인디아 같은 팀은 필요한 시점보다 2년 앞서서 프로젝트 팀을 구성하고 충분히 장기적으로 지원할 자원이 없었을 거예요. 그런가하면 딱히 포뮬러 원을 하고 싶은 의향이 없는 것 같은 팀들도 있었습니다. 그런 팀들은 번거로운 일을 원하지 않는 것 같았는데, 나는 여기에 레드불을 포함시켰습니다. 레드불은 항상 오늘과 내일, 그리고 아주 단기간만을 위해 존재하는 것 같았습니다. 그들이 미래를 위한 프로젝트를 마련하지 않는다는 말이 아니에요. 솔직히 나는 그들을 모르니까요. 그러나 터보 과급기가 장착된 새 엔진이 등장했을 때가 전형적인 예였는데, 당시 레드불은 르노가 새 엔진을 디자인하도록 돕는 데에 초기에는 거의 노력을 기울이지 않는 것 같았습니다. 엔진은 분명히 자동차의 본질적인 부분입니다. 2013년 여름까지 우리는 그들에게 약간 압박을 가하고 있었는데, 여름 휴식기가 끝난 이후 그들은 서둘러 우리에게서 멀어지더니 시즌 후반기가 되자 겉으로 보기엔 엄청난 노력을 쏟아 붓는 것 같더군요. 우리는 그 자원을 미래의 자동차를 위해 사용하고 싶었기 때문에 그렇게 하지 않았습니다. 그리고 메르세데스가 2014년과 2015년 챔피언십을 획득해 압도적인 우위를 차지하면서 이제 그것이 충분한 성과를 거두었다고 생각합니다.

 나는 미래를 위해 계획을 세우려 애써야 하고, 반드시 미래를 위해 자원을 투입해야 한다는 것을 항상 깊이 인식해왔습니다. 그것을 지키는 건 아주 간단해요. 나는 미래 프로젝트에 서너 명 혹은 내가 적절하다고 생각하는 충분한 인원을 할당하고, 그들을 신성불가침의 존재들이라고 말합니다. 지진이 일어나 엄청난 위기에 처하지 않는 한, 그들은 일상적인 주 업무에서 제외됩니다. 이들이 미래 프로젝트를 진행하도록 내버려두지 않는다면 나로서는 고통스러울 겁니다. 나는 그들의 진행 상황을 알고 싶었기 때문에, 우리는 그들과 함께 정기적인 검토 회의를 열었습니다. 이 검토 회의의 주최자는 내가 아니라 밥 벨이었어요. 하지만 나는 진행 상황을 알고 싶었기 때문에 상당히 자주 이 검토 회의에 참석했습니다.

2014년 규정, 특히 새 엔진 프로젝트의 도입을 살펴보겠습니다. 제프 윌리스는 2011년에 팀에 합류해서 구상 단계에서 프로젝트를 맡아, 경주차 디자인을 시작하고 새 규정들이 차대와 엔진에 어떤 영향을 미치는지 확인하기 시작했습니다. 이 작업은 12개월에서 18개월에 걸쳐 점차 수석 디자이너인 알도 코스타에게 인계되었고, 알도는 이 작업을 현실화하기 시작했습니다.

그 초기 단계에 스플릿 터보split turbo와 그밖의 측면들이 고안되어 매우 효율적이고 완벽한 경주차가 제작되었습니다. 그렇게 나는 미래 프로젝트를 위해 그 자원들을 제공하는 데 항상 깊이 전념했습니다. 베네통과의 첫 번째 월드 챔피언십 대회는 1994년에 있었습니다. 1993년에 우리는 액티브 서스펜션을 장착했지만 1994년에는 클래식 서스펜션으로 바꾸었고 그밖에도 여러 가지 변화가 있었어요. 1993년 초에 나는 로리에게 이렇게 말했습니다. '당신은 지금 94년형 차를 연구하고 있고, 나는 올해 남은 기간 동안 93년형 차를 다룰 것입니다. 우리는 자원을 어떻게 분할할지 정리하겠지만, 93형 차가 달리기 시작하자마자 로리 당신은 94년형 차를 연구하는 겁니다.' 그런 식으로 노력을 쏟다 보면 당면한 프로그램이 방치될 수 있기 때문에 때로는 고통을 감수해야 하지만, 이것은 성능을 한 단계 변화시키는 유일한 방법입니다.

우리는 앞에서 2008년 말 혼다의 철수 결정에 대해 언급했습니다. 우리는 모든 것을 2009년을 위해 쏟아붓고 있었기 때문에 2008

년엔 평범한 해를 보냈습니다. 나는 만약 우리에게 2008년이 보다 성공적이었다면 혼다의 결정이 달라지지 않았을까 생각해보았습니다. 그랬을지 어땠을지는 잘 모르겠어요. 우리는 여전히 철수한 상태인데 의지할 수 있는 2009년 경주차마저 없었다면, 양쪽의 가장 나쁜 상황들이 합쳐진 최악의 상황이 되었을 거라고 생각합니다. 하지만 그런 상황은 열정을 불러일으키기도 하지요. 일어설 준비를 해야 합니다. 그리고 알다시피 전통적으로 페라리에는 이런 압박이 늘 있었습니다. '우리는 지금 이겨야 한다, 우리는 지금 성공해야 한다.' 가끔은 구조와 조직 안에서 일을 제대로 처리하기가 매우 어려웠습니다. 어쩌면 윈드 터널이 제대로 작동하지 않아 두세 달 동안 윈드 터널을 폐쇄하고 문제를 해결해야 할 수도 있어요. 이것은 큰 문제지만, 알다시피 1년쯤 시간이 지나면 훨씬 나아지지요. 하지만 때로는 정말 힘든 결정들입니다.

포뮬러 원에서 성장하면서 나는 이런 결정들을 내리는 데 점점 자신감을 갖게 되었고 내 뜻을 관철시키게 되었습니다. 작전술에 관한 당신의 논문에서 그들이 기술에 대해 이야기하는 부분이 흥미로웠습니다. 결과가 어떻게 될지 모르는 채 전념하는 부분도요. 포뮬러 원도 마찬가지입니다. 결과가 어떻게 될지 모르는 채 전념하지요. 하지만 적합한 자원과 함께 적합한 인력을 확보해 그들에게 기회를 제공하면, 그들은 성과를 만들어 내리라는 걸 우리는 압니다. 당신도 나만큼 잘 알겠지만, 12개월 뒤에 공기역학적 성능이 얼마만큼 진척을 보일지 모르는 일이지요. 하지만 알다시피 필요한 모든 설비를 제공하고, 똑똑한 인재를 영입하고, 그들에게 시간을 주고, 그들을 지지하고 동기를 부여한다면 12개월 뒤에 그들은 이전보다 훨씬 높은 성공률을 갖게 될 거예요. 이것은 실제로 수량화할 수 없는 창조적이고 지적인 작업입니다. 그러나 시간이 지나면 지금보다 20점 앞서는 차를 갖게 될 거예요. 이것은 기계입니다. 모든 혁신들이 마찬가지지요. 적합한 환경, 적합한 인재, 적합한 자원을 창조하고 비전을 제시해야 합니다. 진행 과정에 맞추어 그것을 관리하고 정기적으로 검토해야 합니다. 하지만 이것은 과정이지요.

애덤 파 이것은 대단히 중요합니다. 나는 수석 디자이너인 마이크 코플란Mike Coughlan과 함께 이 부분에 상당한 관심을 기울였습니다. 그는 '가서 기어박스를 디자인해 가지고 오시오.' 같은 말은 전혀 할 줄 모르지만, 사람들이 궤도에서 벗어나지 않도록 적어도 일주일에 한 번은 진행 상황을 검토했습니다. 그리고 훌륭한 기계 디자이너, 훌륭한 공기역학자들은 감이 있잖아요. 당신이 공기역학팀 책임자나 수석 디자이너인 이유가 그래서입니다. 하루 종일 그곳에 있을 필요는 없지만 반드시 확인을 해야 합니다. 그래야 사람들은 자신이 진행하고 있는 일이 타당한지 테스트할 기회를 갖게 되지요. 하지만 이런 검토를 할 때, 내가 프로젝트팀을 꾸렸으니 그들에게 하던 일에서 나오라고 말할 수는 없습니다 …

로스 브런 그렇습니다. 게다가 그것은 당신 쪽에서 흥미를 보이는 것이고요. 그들은 당신이 자신들 일에 흥미를 갖는다는 걸 아는 것으로 의욕을 얻습니다.

애덤 파 당신이 하는 일에 흥미를 잃었던 시기는 없었습니까?

로스 브런 없었어요. 나 자신에 대해 비판할 단 한 가지는 이 많은 일들을 하기 위해 시간을 내야 한다는 것입니다. 나는 엔지니어링 분야를 사랑하면서도 사업 운영과 팀 운영 같은 다른 측면에 몰두하느라 때때로 이 일을 놓치곤 했습니다. 그리고 작업장을 돌고 사람들을 만나고 검토 회의에 참석하는 일이 정말로 기운을 북돋우곤 했습니다. 내가 있든 없든 많은 검토 회의들이 열렸지만, 나는 가능한 한 많은 회의에 참석하고 싶었어요. 이것은 유익한 과정이었습니다. 사람들은 어떻게 혁신을 일으키느냐고 묻지요. 글쎄요, 올바른 메시지를 지닌 적합한 인재와 적절한 자원이 혁신을 창조합니다. 혁신은 그렇게 만들어집니다. 사람들은 창조적이니까요.

애덤 파 그것의 또 한 가지 예가 피트 스톱에서 연료 재급유를 중단했을 때입니다. 연료 재급유는 피트 스톱에서 가장 긴 시간이 소요되는 일이었어요. 대략 7초가 소요되었으니까요. 우리는 휠을 가는 데만 약 4초가 걸릴 거라는 걸 알았습니다. 그 시간은 3.9초로 시작해서 다음 시즌이 끝날 무렵엔, 아마 맥라렌이 최단 시간이었던 것 같은데, 2.1초가 소요되었을 겁니다.

로스 브런 작업장에서는 2초 이내로 단축할 수 있었는데 레이스에서는 약간 지체되었습니다. 놀랍지 않습니까?

애덤 파 그것은 모두가 피트 스톱에 대해 알아야 할 모든 것을 알게 된 과정이었을 겁니다. 애초에 그리 긴 과정은 아니지만 포뮬러 원은 두 시즌 만에 그것을 절반으로 줄였지요.

로스 브런 우리가 피트 스톱에서 재급유 금지 규정을 도입했을 때, 나는 어느 회의에서 이렇게 말했던 기억이 납니다. '표준적인 피트 장비를 갖추어야 한다. 우리가 전부 나가서 모든 걸 만들지 않으려면, 모두가 건gun과 잭jack(차량을 들어 올리는 장비 - 옮긴이) 등 표준적인 장비를 가지고 있어야 한다. 사소하게 들린다는 걸 알지만, 장담컨대 이것이 포뮬러 원의 본질이므로 모두가 이 장비에 막대한 돈을 들여야 할 것이다.' 아무도 동의하지 않았지만 우리는 피트 장비 개발에 매년 수십만 파운드를 썼습니다. 두 대의 차가 피트에 들어오고 그 중 한 대가 10분의 1초 일찍 피트를 떠나면 우리는 레이스에서 우승했으니까요. 따라서 레이스에서 절대적인 시간 측면에서는 이것이 크게 중요하지 않을지 모르지만, 전략적인 시간 측면에서는 절대적으로 중요합니다. 따라서 휠 건wheel gun(휠 너트를 풀고 조이는 장비 - 옮긴이)은 매년 개선되었고, 최고의 팀은 더욱 실력이 향상되어 소규모 팀과 격차가 벌어질 거예요.

나는 요즘 예선전에서 이루어지고 있는 변화를 재미있게 지켜보고 있습니다. 나는 왜 변화를 꾀하려 하는지 이유를 물은 적이 있습니다. 버니는 필드를 약간 개편하길 원한다고 하더군요. 하지만 그는 필드를 조금도 개편하지 않을 거예요. 왜냐하면 유능한 팀들은 한두 차례 레이스를 펼치는 동안 모든 것을 최적의 상태로 작동시킬 테고, 따라서 이것은 … 사실상 덜 유능한 팀들에게 심지어 더 큰 피해를 줄지 모릅니다. 그런 팀들은 이 변화를 헤쳐 나오기가 더 어려울 테니까요.

사람

애덤 파 사람을 고용하고, 지시하고, 조언을 듣는 것에 대해 이야기하겠습니다.

로스 브런 외부 인사 고용에 있어 내 접근 방식의 좋은 예는 마이크 엘리엇Mike Elliot이었습니다. 나는 마이크를 메르세데스의 공기역학팀 책임자로 채용했습니다. 그는 스포츠카 제조업체 로터스의 2인자였어요. 나는 어느 부서의 책임자로 사람을 물색할 때 다른 팀의 유리 천장에 부딪치고 있는 사람을 찾는 것이 가치 있는 과정이라고 종종 생각합니다. 그들은 스스로를 증명할 기회를 원하고, 그런 기회를 얻을 만한 경험을 여전히 갖추고 있으며, 당신은 그들을 도울 수 있습니다. 마이크는 좋은 예였어요. 로터스는 훌륭한 자동차 제조업체였고, 우리는 많은 사람들이 마이크를 잘 알았고, 그의 태도와 접근 방식이 훌륭하다고 말했습니다. 로터스는 매우 강한 회사였고 기대 이상의 성과를 이루고 있었어요. 새로운 직원을 고용할 때 다른 좋은 팀의 직원과 함께 그의 경험과 지식도 함께 가지고 오지만, 핵심은 좋은 인재를 보유하는 것입니다. 단순히 그의 지식만 얻기 위해 누군가를 데리고 온다면 그 효과는 극히 단기적일 거예요. 물론 현재 그들의 팀이 얼마나 잘하고 있느냐에 항상 영향을 받지만요.

그는 로터스에 매우 충실했기 때문에 영입하기가 무척 힘들었습니다. 그들은 재정적으로 곤란을 겪고 있었고, 그는 배를 버리고 떠나는 사람으로 비치고 싶지 않았지요. 메르세데스에 합류하도록 그를 설득하기까지 꽤나 시간이 걸렸습니다. 그 단계에서는 항상 내가 직접 관여했어요. 때로는 인사팀이 먼저 접근하기도 하지만, 그렇지 않을 땐 내가 나섰습니다. 나는 내 철학, 회사의 철학, 우리와 함께 일하는 것이 왜 즐거울지, 어떤 기회들이 펼쳐질지 등등을 이야기합니다. 그리고 내가 직접 보수를 협상해요. 이 일을 위임하면 개인적인 것들을 접할 수 없습니다. 이 기회에 상대방의 반응을 볼 수 있고, 추후 보완할 수 있는 사소한 사안들에 대해 의견을 들을 수 있지요. 상대방이 뭘 원하는지 알아차리고 어떻게 하면 그를 도울 수 있을지, 내가 무엇을 할 수 있을지 생각할 수도 있고요. 알도가 메르세데스에 합류했을 때, 나는 그가 도착하자마자 온전히 경주차에만 집중하길 바랐습니다. 그는 이탈리아에서 영국으로 이주할 예정이었기 때문에, 우리는 그에게 필요한 모든 것을 보살필 사람을 고용했습니다. 여기에 수천 파운드의 비용이 들었지만 그만큼 회사에 큰 가치가 있었어요. 우리는 이탈리아에서 가구를 옮겨올 방법을 찾으려는 사람이 아니라 자동차 일을 하는 고임금 기술자를 원하는 것이니까요. 그러므로 마이크 엘리엇은 좋은 예였고, 나는 그가 합류할 수 있도록 일정 기간 그를 보살폈습니다. 우리가 원하는 사람이 기존의 팀을 그만두기 힘들어 하면, 그들의 충성심과 헌신을 존중합니다. 누군가가 첫 번째 기회를 덥석 붙잡는다면 우리는 그를 의아하게 여길 거예요.

애덤 파 당신은 사람들에게 무엇을 하라고 지시하길 좋아합니까? 아니면 당신이 성취하고자 하는 것을 사람들에게 던져주고 기본적으로 그들 스스로 그것을 해결하게 하길 좋아합니까? 당신은 권위적인가요?

로스 브런 나는 후자를 더 선호합니다. 확실히 모든 사람들이 말은 늘 그렇게 하지요. 사실 때에 따라 다릅니다. 어느 땐 위급한 상황이라 지시를 내리기도 해요. 극단적인 예를 들면, 피트 월에서 충돌 같은 예기치 않은 사고가 발생하는 경우가 있습니다. 알다시피 우리는 이런 상황에 개입해야 해요. '당장 이렇게 해. 어서.' 그리고 결과에 대한 책임도 감수해야 합니다. 어물거리면서 고민하고 토론하다간 때를 놓친다는 걸 알기 때문이지요.

자동차 개발의 경우는 더 복잡했지요. 1년 중 어느 단계에는 자리에 앉아 경쟁자들과 비교해서 약점이라고 여기는 부분을 확인하는 과정이 포함되었으니까요. '강점은 무엇이었나? 무엇에 집중해야 했는가? 그 프로젝트에 자원을 투입하기 위해 무엇을 해야 했나?' 그렇게 해서 우리가 생각한 우리의 상황을 기반으로 팀을 형성합니다. 그리고 목표를 정하지요. 하지만 목표 달성은 힘든 과정입니다. 우리는 1초 더 빨라야 한다고 말하지만, 토론과 논쟁이 뒷받침되지 않는 한 그것은 공허한 명령이 되기 때문입니다.

우리에게는 측정 지표가 있었고, 내 프로세스는 사람들을 수시로 만나 일의 진척 과정을 묻는 것이었습니다. 그들은 진행 과정을 알고 있었지만, 나에게 와서 일이 어느 정도 진척되었는지 말하길 원했기 때문입니다. 이것은 인간의 본성이에요. 나는 매주 공기역학팀에 갔습니다. 매주 수요일 오전에 공기역학팀과 20분간 간단한 회의를 하면서 상황을 검토했는데, 이것이 그날 오전 첫 번째 회의였습니다. 짧은 회의를 통해 그들의 현재 진행 상황, 발견한 내용, 문제점 등을 논의합니다. 나중에 훨씬 대규모 회의를 열 테지만, 부서 책임자인 마이크 엘리엇이, 우리는 이번 주에 이만큼 진전을 이루었다, 몇 가지 흥미로운 사실을 발견했다, 등등의 내용을 보고할 겁니다. 회의는 별로 복잡하지 않았어요. 그저 내가 그들에게 약간의 긴장감을 주고 내 관심을 보이기 위한 것이었습니다. 그들은 매주 수요일에 나를 보러 와야 한다는 걸 알았는데, 회의에 와서 '아무런 진척이 없었다'고 말하고 싶은 사람은 아무도 없지요. 그러므로 정기적으로 모두와 함께 앉아 있는 이 과정 자체가 일을 추진하는 데 도움이 되었습니다.

애덤 파 이제 조언과 조언자 선택으로 화제를 옮기겠습니다.

로스 브런 나는 내 장점과 약점을 알게 된 것 같습니다. 따라서 내가 팀을 운영하든 실제로 팀을 소유하든, 조언을 듣거나 어떤 일을 위임하는 것에 결코 민감하게 반응하지 않았어요. 무슨 일이 일어나고 있는지 알고 싶었지만 기꺼이 위임한 몇몇 직무들이 있었습니다. 확실하게 위임한 팀은 법무팀이었어요. 나는 법률 쪽으로는 경험이 없었지만 포뮬러 원이 어떻게 해석되는지, 과정이 어떻게 진행되는지에 대한 경험은 있습니다. 캐럴라인 맥그로리는 법조문을 잘 아는 아주 훌륭한 법무팀장이었고, 나는 닉과 좋은 동업자 관계였습니다. 나는 그것이 매우 중요하다고 생각합니다. 내 경력을 통틀어서 나는 언제나 사람들과 좋은 동업자 관계를 즐길 수 있었습니다. 그들과 성공을 공유하는 것이 언제나 행복했으니까요. 나는 이 관계가 잘못되지 않길 바랍니다. 플라비오가 줄곧 시상대에 오르던 때로 돌아가 볼까요. 내 경우, 누군가에게 줄 수 있는 가장 큰 선물 중 하나는 시상대에 올라가 팀을 대표해줄 것을 요청하는 것이었습니다. 나에게 그것은 나 자신이 시상대에 오르는 것보다 의미가 컸어요. 후반기에 내가 마지막으로 참여한 해인 2013년 모나코 레이스만큼은 내가 직접 올라가고 싶었습니다. 우리는 니코와 함께 모나코에서 우승했어요. 그리고 나는 생각했지요. '젠장, 이번엔 내가 직접 저 위에 올라갈 거야. 이번엔 꼭 내가 올라가고 싶어.' 그때쯤 나는 내가 떠날 거라는 걸 마음속으로 알고 있었어요. 그 레이스는 니코와 함께 한 특별한 레이스였습니다. 1983년에 그의 아버지가 윌리엄스와 함께 레이스에서 우승했을 때 나도 시상대 위에 있었습니다. 만감이 교차하더군요. 나는 나 자신을 위해 시상대에 올라갔습니다. 그러나 시상대 위에 다른 사람을 세우는 것이 실제로 거의 언제나 더 큰 기쁨을 주었습니다. 그리고 어떤 점에서는 다른 많은 일들도 그랬어요. 사람들과 함께 성공을 즐기는 것, 팀으로서 함께 성공을 즐기는 것은 개인적인 성공보다 훨씬 의미가 컸습니다. 흥미로운 사실은 미하엘 슈마허도 상당히 비슷했다는 것입니다. 미하엘은 경주차 안에서 전투를 벌이며 사람들을 이기고 싶어 했어요. 하지만 그러고 나면 그 승리를 다 함께 즐기길 원했지요. 그는 팀에 소속된 걸 무척 좋아했습니다. 심지어 어느 목요일 밤에는 모든 팀원들과 함께 다섯 명씩 조를 짜서 축구 경기를 진행할 정도였어요. 그는 팀플레이를 아주 잘하는 사람이에요. 팀 환경을 정말 좋아하지요.

애덤 파 한 가지 레이스를 선택해야 한다면 …?

로스 브런 2009년 브라질 레이스는 내 경력에서 무척 특별했을 겁니다. 나는 여러 레이스를 즐겼기 때문에 최고의 레이스를 꼽기가 상당히 고민되는군요. 하지만 브라질 레이스에는 몇 가지 흥미로운 측면들이 있습니다. 그 시즌을 살펴보면, 우리는 성능이 월등한 차로 시작했고, 젠슨 버튼Jenson Button이 여섯 개 레이스에서 우승했습니다. 그런데 이후로, 팀 전체가 그랬을 수도 있고 그가 개인적으로 그랬을 수도 있는데, 모든 것이 약간 불안해졌어요. 우리는 챔피언십 대회를 거의 장악해왔는데, 그해 중반부터 기량을 발휘하지 못하는 겁니다. 젠슨은 루벤스 바리첼로가 다른 두세 차례 레이스에서 계속 우승하자 부담감을 느꼈다고 시인했는데, 그것도 어느 정도 이유가 되었다고 생각합니다. 루벤스는 몬차와 발렌시아에서 우승했어요. 젠슨이 계속 우승할 거라고 기대했던 레이스들에서 우승을 한 거지요. 젠슨은 약간 불안정한 상태였고, 우리는 여전히 앞을 예측할 수 없는 상태로 브라질에 도착했습니다.

당시 레드불은 우리보다 빨랐어요. 레드불은 우리를 따라잡아 열심히 뒤쫓던 중이었는데, 몬차에서 우리가 굉장한 레이스를 펼쳤지요. 우리 차는 완벽했고, 우리는 1, 2위를 나란히 석권했습니다. 발렌시아에서는 루벤스가 우승했습니다. 발렌시아 레이스가 근사했던 이유는 루벤스가 오랜 기다림 끝에 처음으로 승리했기 때문입니다. 레이스를 마치고 루벤스가 지나갈 때 피트 레인에 있던 모든 사람들이 그에게 박수를 보냈지요. 하지만 몬차를 제외하면 레드불이 우리를 열심히 뒤쫓고 있었습니다. 이후 우리는 브라질에 갔는데 날씨가 최악이었어요. 다행히 제바스티안 페텔이 Q1(포뮬러 원의 예선전은 총 60분 동안 Q1, Q2, Q3 3회에 걸쳐 치러진다. Q1과 Q2에서 각각 다섯 명이 탈락하고 Q3에서 남은 10명이 경쟁하여 1위를 차지한 선수가 본선 경기에서 폴 포지션을 차지한다. - 옮긴이)에서 경기를 망치고 탈락했어요. 그는 우리의 주요 도전자였지요. 그래서 우리는 우리에게 유리한 상황이라고 생각했어요. 그런데 젠슨이 Q2에서 탈락한 겁니다. 우리 팀 타이어에 실수가 있었어요. 땅은 말라가는데 우리는 계속 우천용 타이어를 풀 세트로 장착했거든요. 우리끼리는 Q3에 진입할 수 있을 만큼 시간이 충분하다고 생각했는데 그럴 수가 없었습니다. 결국 젠슨은 14위로 출발했어요. 페텔은 16위였고요. 그런데 월요일 아침에 젠슨이 나에게 와서 이렇게 말하는 겁니다. '잘 될 거예요. 오늘은 제대로 해낼게요. 당당히 싸워서 우승하겠어요.' 그리고 그는 환상적인 레이스를 펼쳤습니다. 그는 뒤에서 출발했지만 다른 선수들을 추월했어요. 그는 결단력 있었고 정말 인상적이었지요. 정말 멋진 레이스였습니다. 우리가 챔피언십을 차지했으니까요. 하지만 그때 나는 이런 생각이 들더군요. '왜 모든 레이스에서 이렇게 할 수 없는 걸까? 이번 레이스에서 무엇이 그의 태도를 이토록 달라지게 만들었을까? 그리고 그는 왜 모든 레이스에서 그런 마음가짐을 갖지 못했을까?' 그 이유는, 짓궂게 말하면, 매번 그런 식으로 해야 하기 때문에 그것 자체가 약점이 되기 때문입니다.

애덤 파 그에게 물어보았나요?

로스 브런 아니오, 물어보지 않았어요. 사실 그는 얼마 후에 우리를 떠났습니다. 그래요, 그는 얼마 지나지 않아 맥라렌으로 가겠다고 발표했습니다. 불쾌했지요. 하지만 그가 나에게 와서, '오늘은 꼭 우승할게요. 시상대 위에 오를게요. 걱정하지 마세요. 오늘은 꼭 우승할 거예요.'라고 말할 수 있었다는 사실이, 그 심리상태가 흥미로워요. 그는 무엇과 타협했을까요? 그리고 왜 모든 레이스에서 그렇게 할 수 없었을까요? 그 이유는 그 한 해 동안 자신의 우유부단함에 시달리는 와중에도 분명히 레이스를 했기 때문입니다. 그러고 보니 그가 스파에서 사고를 당했을 때 그는 상황을 장악했어야 했어요. 우리 모두 그가 약간 흔들리고 있다고 느꼈던 때가 있었습니다. 압박감이 그걸 말해주었지요. 어쩌면 그건 스포츠맨들의 특성인지도 모르겠습니다.

애덤 파 루벤스가 아니라 그가 챔피언십 대회에서 우승한 이유가 무엇일까요?

로스 브런 루벤스는 경력이 끝나가고 있었던 것 같습니다. 하지만 그가 우리 팀에서 나간 뒤 당신 팀에서 아주 잘하지 않았나요? 솔직히 나는 답을 모르겠어요. 하지만 젠슨은 시즌 초반에 루벤스보다 우세했고, 이후 중반에 젠슨이 약간 불안정했을 때 루벤스가 들어와서 두 차례 레이스에서 우승했지요. 나는 루벤스의 우승이 기뻤지만, 드라이버 챔피언십 대회에서 그는 레이스에 우승할 만한 드라이버는 아니었습니다.

단순함

애덤 파 주말 레이스에 대한 당신의 접근 방식을 이야기하기 전에, 삶의 모든 측면에 영향을 미치는 한 가지 원칙인 단순함에 대해 이야기하고 싶습니다. 당신 철학의 많은 측면들이 단순해 보이지만 인생은 종종 복잡합니다. 포뮬러 원 경주차들은 어떤 면에서 하나의 복잡한 장비지만, 사람들은 때때로 그것을 복잡함과 단순함이라는 측면에서 이야기합니다. 좋은 자동차는 단순한가요, 아니면 복잡한가요?

로스 브런 때때로 사람들은 커다란 도약을 위해 지나치게 열심히 노력합니다. 여기에 대해 공기역학에서 전개된 좋은 예는, 사용할 수 없는 다운포스, 즉 직선에서만 발생하는 다운포스를 갖는 것은 전혀 소용없는 일이라는 이해와 문화라고 생각합니다. 트랙에서 일어나는 일과 무관한 성능 향상을 그래프로 만들어 매주 나에게 보고하는 것이 목적이라면, 그것은 소용없는 일이라고 나는 공기역학자들에게 분명하게 밝혔습니다. 불행히도 내가 혼다에 있었을 때에도 그런 유사한 문제가 있었습니다. 엔지니어들은 엔진을 가지고 트랙에서 활용할 수 없는 온갖 동력 증가 방식에 매달리고 있었습니다. 엔진의 운행성이 너무 형편없다 보니 엉뚱한 것들을 쫓고 있었던 겁니다.

그러므로 어떤 부분의 성능을 개선해야 하는지 아는 것은, 훌륭하고 완벽한 엔지니어링 프로세스를 수행하는 것과 어느 정도 관련이 있습니다. 확실히 몇 년 뒤에 이것에 대한 이해가 깊어지자 우리 팀 공기역학자는 나에게 와서 '레이스 환경에 유효하도록 경주차의 성능을 향상시켰습니다. 표준적인 환경에서가 아니라.'라고 말하더 군요. 표준적인 환경을 바탕으로 한 성능 개선은 순수한 항력을 제외하면 실제 트랙에서는 별로 흥미롭지 않아요. 트랙에서 관심을 갖는 것은 요 감도$_{\text{yaw sensitivity}}$(차량이 가운데를 중심으로 좌우로 움직이는 현상에 대한 반응력 - 옮긴이), 피치 운동 감도pitch sensitivity(차량이 위아래로 출렁거리는 현상에 대한 반응력 - 옮긴이), 차량 동역학이었습니다. 그리고 우리 모델은 윈드 터널 안에서 그것의 맵을 만들기 위해 피치, 롤rolls(자동차가 좌우로 흔들리는 현상 - 옮긴이), 동역학 등 전체를 테스트했습니다. 우리는 표준 공기역학 맵에는 전혀 관심 없었어요. 차가 코너링할 때의 맵에 관심 있었지요. 그러므로 나는 공기역학을 개발하는 공기역학자에게 반드시 서킷에 가서 드라이버들과 접촉해 트랙 상황에 대해 이야기하도록 했습니다. 그는 필요한 것이 무엇인지 이해했어요. 그는 엔지니어들과 함께 공장의 공정에 참여했습니다. 디자인 엔지니어, 레이스 엔지니어, 공기역학 엔지니어들은 무관한 일을 하느라 황금별을 쫓지 않기 위해 모두가 함께 논의하고 이해하는 환경을 만들었습니다.

해결책이 복잡할수록 의도하지 않은 결과가 더 많이 발생할 수 있다는 것은 의심할 여지가 없습니다. 어떤 문제나 목표에서 찾을 수 있는 해결책이 단순할수록 의도하지 않은 결과를 얻을 가능성은 더 줄어들기 때문이지요. 실험적인 신소재나 새 공정을 사용할 경우, 의도하지 않은 결과가 초래되고 뒤이어 목표가 좌절되는 걸 발견하게 됩니다. 나는 언제나 단순한 방법을 지지했습니다. 현장에서는 단순한 해결책들이 나와야 하고, 제공되어야 하고, 이용되어야 합니다. 그리고 신뢰할 수 있어야 합니다. 복잡한 해결책은 거의 언제나 무겁고, 만드는 데 더 많은 비용이 들며, 더 많은 자원이 사용됩니다. 그리고 성능 대비 복잡성의 균형은 항상 약간 지나치다 싶을 만큼 단순해야 합니다. 나는 강력하고 좋은 성능을 제공한다면 아무리 복잡한 해결책이라 해도 반드시 거절하지는 않을 겁니다. '그건 하지 않겠어. 너무 복잡해.'라고 결코 말할 수 없어요. 모든 것을 심사숙고하고, 관련된 자원과 여러 가지를 살펴보아야 합니다. 목표를 달성하기 위해 필요한 제반 사항을 살펴보는 과정이 수행되어야 해요. 무언가를 만드는 데 드는 총 시간과 비용도 고려해야 하지요. 우리는 비용 대 성능의 비율이 있었고, 비용 대 성능의 적절한 비율이 충족되지 않으면 아무런 시도도 하지 않았습니다. 확실히 예산이 늘어날수록 비용 대 성능의 기울기는 조금 낮아졌어요. 이것은 내 수석 디자이너 알도가 통제했습니다. 한때는 비용이 한 랩 당 10분의 1초에 10만 파운드 정도였던 것으로 기억합니다. 제안을 하려면 이 비율을 충족해야 했어요. 그리고 그 비용은 기계설비, 제조 등 전체 설비, 전체 작업 과정에 해당되었습니다. 그러나 100만 파운드의 비용을 들인다고 해서 1초 더 빨라진다는 의미는 아닙니다. 10분의 1초의 개선을 발견한 경우, 그것을 구현하기 위한 비용이 10만 파운드 이하라면 차량 개선 작업을 계속해도 좋다는 의미지요. 이제 엔지니어들은 이것이 훨씬 더 중요해질 어떤 과정의 첫 번째 단계라는 논거를 제시한 다음, 판정이 내려지길 기다리는 회색 영역에 들어서게 됩니다. '오늘 우리의 상황은 이렇지만, 우리가 이것을 계속 진행하지 않는다면 6개월 뒤에는 우리가 가능하다고 생각하는 위치에 도달하지 못할 것이다.'라고 말이지요.

애덤 파 1990년으로 돌아가 재규어를 보거나, 2000년대 초반에 당신이 만든 최고의 페라리를 본다면, 당신은 그 차들이 명쾌하게 단순하다고 보았을까요? 아니면 영리하게 복잡하다고 보았을까요?

로스 브런 아니요. 명쾌하게 단순하다고 보았을 것 같습니다. 그건 규정의 양상에 따라 달라요. 규정이 오랫동안 유지되고 변경 사항이 없는 경우, 간혹 더 작은 수준의 성능 향상을 꾀하기 때문에 상황이 복잡해지기 시작합니다. 초기 단계에서는 개념에 대해 이야기하고, 자동차에 대한 전반적인 아이디어를 이야기할 겁니다. 가령 재규어의 경우 디퓨저의 높이가 규정에 의해 통제되었기 때문에 우리는 자동차 전체 너비에 걸쳐 거대한 뒷날개를 장착했습니다. 우리는 더 이상 디퓨저가 아닌 커다란 날개를 장착했지만, 날개와 디퓨저의 결합 형태였지요. 사실 이것은 디퓨저의 확장인 셈이었지만 생김새가 날개처럼 보였으니까요. 네, 그것은 날개였어요. 하지만 끝 부분이 연장된 이 날개는 바닥까지 저압을 높여 바닥에 저압을 부하했습니다. 그리고 이것은 개념상 단순한 것이었어요. 복잡하지 않았습니다.

애덤 파 기본적으로 당신은 어떻게 하면 더 큰 디퓨저를 만들 수 있을지 고민했습니까?

로스 브런 네, 그리고 그것을 만들기 위한 아주 복잡한 방법이 있었을 수도 있습니다. 이것은 단순한 방법이었지만요.

애덤 파 하지만 당신은 유일한 사람이었습니다. 당신이 처음이었어요. 당신은 규칙을 다른 방식으로 해석했습니다. 그렇기 때문에 성능에 아주 큰 영향을 미치는 굉장하고도 단순한 아이디어를 가질 수 있었어요. 나중에 규칙 안에서 모두가 동일한 아이디어를 향할 땐 방법이 더 교묘해지지요.

로스 브런 정말 그렇습니다. 규칙이 발전하고 해석이 명료해져서 모두가 동일한 것을 하기 시작하면, 때때로 우리는 마지막 몇 분의 1초를 발견하기 위해 더 복잡한 해결 방식을 취하게 됩니다.

레이싱

《손자병법》에서 전투를 이야기할 때 실제로 요구되는 것은 공정하고 조화로운 경쟁이 아닌 최후의 일격이다.

> 고대 사람들이 일컫는 영리한 전사란 단순히 이기기만 하는 것이 아니라 탁월한 기량으로 쉽게 이기는 사람을 의미한다. 그러므로 그의 승리는 그에게 지혜롭다는 평판도, 용감하다는 칭찬도 가져다주지 않는다. 그는 실수하지 않고 전투에서 승리한다. 실수하지 않는다는 것은 승리의 확신을 공고히 하는 것으로, 이미 패배한 적을 정복한다는 걸 의미하기 때문이다. 그러므로 숙련된 전사는 패배가 불가능한 자리에 서서 적을 패배시킬 기회를 놓치지 않는다. 이처럼 승리를 거둔 전략가는 오직 승리를 이룬 후에 전투를 시도하는 반면, 패배할 운명을 맞는 이는 먼저 싸우고 나중에 승리를 구한다. 〈제4편〉

로스 브런 모두가 아는 바와 같이, 경주차 자체에 대해서는 몇 개월 혹은 몇 년 전부터 경주차 디자인과 개발이 준비됩니다. 그러나 세부적인 준비에 대해서는 레이스 몇 주 전에 몇 차례 회의를 하지요.

어떤 레이스에서는 구체적인 과제가 제시됩니다. 예를 들어 모나코는 스파와 달라요. 그래서 우리는 이전 레이스가 끝난 직후 사양 회의를 갖습니다. 이것은 레이스가 2주일 주기로 진행되는 것에 근거합니다. 우리는 연이어 진행되는 레이스를 위해 사양을 수정해야 합니다. 이렇게 레이스를 시작하기 약 2주 전에 사양 회의가 열리고, 이 회의에는 제조, 설계, 관리 등 모든 관련 부서가 참석합니다. 이 회의 의제에서는 경주차에 대한 모든 양상을 검토합니다. '이번 주 레이스에 적합한 브레이크는? 이번 주 레이스에 적합한 공기역학적 사양은? 이번 주에 적합한 차체 사양은? 이번 주에 적합한 엔진 사양은?' 등등. 우리는 이른바 '경주차 사양'이라는 작업 문서를 작성합니다. 따라서 경주차들은 그 주 레이스를 위한 특정 사양에 맞게 제작되며, 특정 사양에 맞게 차를 제작하는 것은 레이스 엔지니어와 시스템 혹은 지원 엔지니어가 할 일입니다.

그런 다음 레이스 전에 경기 운영 회의가 열리는데, 이 회의에서는 주말 레이스에서 어떤 식으로 차를 달리게 할지 논의합니다. 경주차의 설정을 어떻게 시작할지, 왜 그런 설정을 하길 원하는지, 두 명의 드라이버가 같은 위치에서 출발하는지, 혹은 비교를 위해 약간의 차이를 두는지 등. 주말 동안 평가할 새로운 부품이 있는지 여부도 논의하지요. 이것은 주말을 위해 프로그램과 경기 운영을 함께 준비하는 과정입니다. 한마디로 경주차를 어떤 식으로 제작할지, 어떤 식으로 달리게 할지 의논하는 회의이지요. 이것이 주말 레이스를 준비하는 두 개의 주요 회의입니다.

레이스와 레이스 사이에는 전략 검토 회의가 열립니다. 이 회의에서는 이전 레이스에서 전략이 어떻게 실행되었는지, 어떤 교훈을 얻었는지, 좋은 점과 나쁜 점은 무엇인지 살펴봅니다. 레이스 전략가가 레이스가 어떻게 진행될지 먼저 의견을 제시합니다. 나는 언제나 한 명의 레이스 전략가를 고용했어요. 각각의 경주차에 개별적인 관리가 필요하다고 생각하는 팀들은 두 명의 레이스 전략가를 고용합니다. 나는 각각의 경주차가 다른 경주차의 상태를 반영하길 원하는 동시에 전체적인 상태를 살펴보고 싶었기 때문에 한 명을 두기로 했습니다. 우리는 각 경주차의 제작실에 직원 몇 명을 보내서 숫자를 계산하게 했고, 이 수치는 피트 월에서 내 옆에 앉는 우리의 수석 전략가 제임스 보울스James Vowles에게 제시되었습니다. 그리고 그는 레이스에 대한 전반적인 전망을 둘러보고 각 드라이버에게 필요한 부분을 조정했습니다. 이렇게 우리는 전략 검토를 했고, 제임스는 레이스가 어떤 식으로 진행될지, 따라서 얼마나 많은 연료를 주유해야 하는지, 어떤 타이어를 선택해야 하는지, 타이어를 언제 교체하면 좋을지 등 자신의 생각을 우리에게 말했습니다. 그런 식으로 우리는 주말 레이스에 어떻게 접근할지 계획을 세우기 시작했습니다.

　이 계획은 주말 레이스를 위해 드라이버들과 레이스 엔지니어들에게 전달됩니다. 그런 다음 실질적으로 레이스 회의가 시작되는 목요일에 우리가 가장 먼저 하는 일은 자리에 앉아 드라이버들에게 제반 사항을 설명하고 주말 프로그램을 논의하는 것입니다. 이 단계에서 드라이버들이 자신의 의견을 제시하고 싶다면 그렇게 할 수 있었고, 아직은 프로그램을 변경할 시간이 있었습니다. 그리고 그때쯤 최신 일기예보가 나와서 날씨도 고려하기 시작하지요. 금요일의 두 차례 연습 세션 사이에는 시간이 많지 않기 때문에, 이때 연습 세션을 위한 실행 계획이 구체적으로 만들어집니다. 두 연습 세션 사이에는 앉아서 경주차에 무슨 문제가 있는지 체크리스트를 재빨리 훑어볼 시간밖에 없어요. 드라이버들은 다음 세션을 위해 경주차를 타고 나갈 때까지도 사이드 미러가 깨졌다는 사실을 잊는 일이 얼마나 잦은지 놀랄 정도입니다. '이런, 사이드 미러가 깨진 걸 깜박했군.' 그래서 우리는 브레이크, 사이드 미러, 좌석, 벨트 등에 대해 체크리스트를 만들었습니다. 차에 대해 모든 부분이 이상 없고 그들이 잊은 사항이 없다는 걸 확인하기 위해서 말이지요.

두 세션 사이의 주요 작업은 드라이버들이 레이스 엔지니어들과 앉아서 경주차와 경주차의 조작 방법에 대해, 그리고 그들이 집중해야 할 사항은 무엇이고 개선이 필요한 부분은 어디인지에 대해 이야기하는 것입니다. 그런 다음 변경 사항이 없으면, 두 번째 연습 세션을 위한 실행 계획은 이전에 논의된 대로 진행하는 것으로 합니다. 실행 계획에 변경 사항이 있는 경우, 아직은 자리에 앉아서 무슨 일이 일어나고 있는지 모두가 알도록 논의할 시간이 있습니다. 나는 무슨 일이 일어나기 전에 드라이버들끼리 서로 각자의 레이스 방식을 알고 있길, 그래서 연습 세션 후에 '그가 그렇게 할 줄 몰랐다. 그는 왜 그렇게 했냐? 내가 그렇게 했어야 했다.' 같은 논쟁이 결코 나오지 않길 간절히 바랐습니다. 알다시피 그런 말들은 전부 아이들 놀이터에서나 나오는 소리잖아요. 우리는 사전에 모든 내용을 합의함으로써 그런 언쟁이 나오지 않게 했습니다.

금요일 밤에는 연습 세션 직후, 드라이버의 머릿속에 모든 것이 생생하게 남아 있는 동안 평가 회의를 합니다. 그런 다음 엔지니어들은 모든 데이터를 검토하고 전체적인 상황을 살펴보는 데 시간을 할애합니다. 두어 시간 뒤에 그들이 모든 사항을 검토하고 나면 그날 하루를 요약 보고 하기 위한 회의가 다시 열립니다. 이때 우리는 그날 레이스에 대해 결론을 내리고 그에 따라 다음날 할 일을 계획합니다. 드라이버들은 계속 이 회의에 참석하라는 요구를 받는데, 그들은 후원사를 위해 나가서 마케팅 업무를 수행해야 하기 때문에 때로는 이 요구에 응하기 힘들 때가 있었습니다. 그래서 우리는 이 일을 신중하게 조율해야 했지요. 내가 맡은 팀들은 언제나 엔지니어링에 가장 집중했습니다. 마케팅 직원들은 의심할 여지없이 엔지니어링이 우선이라는 걸 알았습니다. 하지만 우리는 그들이 드라이버들을 빌려가는 것에 늘 동의했어요. 우리는 가능하면 모든 상업적 활동은 트랙 안에서 이루어지도록 노력했습니다. 그래야 시간 조절이 더 쉽기 때문이지요.

 토요일 오전은 거의 같은 일정이 반복됩니다. 우리가 할 일을 모두에게 상기시키기 위해 브리핑을 합니다. 연습 주행도 있지요. 첫 번째 연습 주행 후 문제가 없는지 확인하기 위한 평가 회의가 열립니다. 우리는 토요일 오전에 전략 회의를 했는데, 정상적인 상황이라면 토요일에 전략을 세울 수 있는 모든 정보가 검토되기 때문입니다. 그리고 토요일 오전 연습 주행 시간이 짧다는 점을 감안할 때, 통상적으로 이것은 예선전에 대한 준비 과정이라고 할 수 있습니다. 토요일 오전 이후에는 레이스를 어떻게 진행할지에 대한 더 이상의 정보를 얻는 경우가 거의 없습니다. 대개는 금요일에 모든 정보를 얻지요. 타이어, 연료, 상대 팀 전략 등에 대해 토요일 오전에 우리 팀 전략가가 전체적인 개요를 제공합니다. 따라서 드라이버들은 레이스를 위한 전략을 바탕으로 어떻게 활약할지 감을 잡기 시작하지요. 그런 다음 예선전에 진출합니다.

애덤 파 레이스 전략이 예선전 전략을 어느 정도 결정하니까요.

로스 브런 약간은 그렇습니다. 특히 타이어는요. 예전에는 연료 때문에 그 비중이 더 컸지요. 당시엔 예선전 이후에는 연료를 재급유 할 수 없었기 때문에, 연료를 보급할 때 얼마나 많은 연료로 레이스를 시작할지 결정했습니다.

애덤 파 연료 재급유 방침을 없앤 것은 잘못이었을까요?

로스 브런 글쎄요. 재미있게도 버니는 레이스를 대대적으로 개편하자고 말하는데, 확실히 연료 재급유가 그렇게 만든 요인이었습니다. 우리는 앞에서 일부 레이스에 대해 이야기했는데요, 그 중에 내가 주목하고 싶은 레이스는 2009년 브라질 레이스였습니다. 이 레이스에서 젠슨이 챔피언십을 거머쥐었는데, 루벤스의 활약은 도무지 기억이 나지 않는군요. 루벤스가 실제로 폴 포지션에 있었던 건 기억납니다. 우리는 그래야 할 경우 선두에 위치한 루벤스가 페이스를 조절할 수 있는지 보고 싶었기 때문에, 예선전에서 연료를 아주 가볍게 적재해 루벤스를 출전시켰습니다. 젠슨을 위해 레이스를 통제해야 할 경우에 대비해서 루벤스가 폴 포지션을 차지하도록 실제로 가벼운 양의 연료를 공급했어요.

애덤 파 그리고 폴 포지션에 브라질 출신 드라이버가 있는 것도 좋았지요.(여기서 말하는 브라질 출신 드라이버는 루벤스 바리첼로이다. - 옮긴이)

로스 브런 그건 언제나 도움이 되지요. 루벤스는 연료를 가볍게 적재했습니다. 레드불의 마크 웨버Mark Webber가 2위를 차지했는데, 그는 연료를 무겁게 적재해서 당연히 레이스가 진행될수록 유리했지만, 우리는 우리 방식을 이용해 전략적으로 할 수 있는 일이 있었어요. 이처럼 연료 보급은 또 다른 변수였습니다.

 이렇게 레이스 전략을 수립하고 나면 예선전에 집중합니다. 우리는 좋은 결과가 나오길 바라면서 예선전을 시작하지요. 예선전이 끝나면 평가 회의를 합니다. 예선전 후에는 경주차를 변경할 수 없기 때문에 장치에 관해 할 게 별로 많지 않아요. 하지만 타이어 공기압, 차동기어 맵 같은 것들은 약간 변경할 수 있지요. 그래서 드라이버와 엔지니어들은 토요일 밤에 어떤 부분을 변경할지 의논하지만 극히 제한적이었습니다. 토요일 오전에는 최종 레이스 전략을 결정하기 위한 회의를 했습니다. 그런 다음 드라이버들이 할 수 있는 변경 사항을 기반으로 레이스 전에 짧게 브리핑을 했습니다. 그러고 나면 이른바 관리 회의를 하는데, 이때 우리는 강조해야 할 모든 측면의 스포츠 규정들을 검토했습니다. 팀 감독, 레이스 엔지니어 두 명, 드라이버 두 명이 함께 앉아서 주말 레이스를 위해 FIA의 찰리 와이팅이 내린 지시사항을 검토했어요. 가령 FIA가 '이 흰 선을 넘어서는 안 된다.'고 지시하는 경우, 이 내용은 드라이버들이 집중해야 할 최종 주의사항이 될 것입니다. 우리는 그들에게 날씨도 상기시켰어요. 이처럼 레이스 관리 회의는 중요했습니다.

 이제 레이스가 끝나고 한 시간쯤 뒤에 드라이버와 엔지니어들과 평가 회의를 합니다. 이 평가 회의는 전체 레이스에 대해 상당히 포괄적으로 다루었는데, 레이스가 어땠는지에 대한 내 의견과, 다음 레이스 전에 우리가 주력할 부분, 그리고 모두의 노고에 대한 감사의 인사가 포함되었습니다. 그리고 나는 매회 레이스마다 피트 크루들이 퇴근하기 전에 전체 레이스 팀에게 주말 레이스의 개요를 설명하기도 했습니다.

애덤 파 레이스 참석 횟수를 기억하십니까?

로스 브런 전혀요. 글쎄요. 한 해에 16회에서 20회 사이였을 겁니다. 그리고 나는 30여 년 동안 거의 모든 레이스에 참석했습니다. 계산해 보니 대략 500회는 되겠군요. 내가 언급하고 항상 실천했던 한 가지가 있었는데, 레이스가 끝나고 몇 시간 뒤에 피트 크루들을 소집해 반드시 그들의 노고에 감사인사를 하는 것이었습니다. 모두 모여서 레이스에 대해 우리가 잘한 점과 잘하지 못한 점을 이야기해야 했지요. 이것은 더 나은 결과를 위해 지금도 계속 하고 있는 일로 매우 일상적인 절차가 됐습니다. 주말 레이스가 어땠는지 그들에게 내 의견을 말하고 팀을 결속하는 데 도움이 되기 위해서입니다. 이때 드라이버들도 참석했어요. 우리는 몇 가지 실수가 있었을 수도 있지만 그것을 감추려 하지 않았고 사람들을 소외시키지 않았습니다.

우리는 어느 레이스에서 피트 스톱을 가졌는데, 당시 롤리팝 시스템lollipop system(차량이 피트-인pit-in을 하러 왔을 때 머신 위에 걸쳐 놓은 신호판으로 드라이버에게 정지, 출발 등을 지시한다. - 옮긴이)으로 피트 스톱에서 차를 출발시켰습니다. 그런데 우리 팀 수석 정비사 매트가 롤리팝을 일찍 들어 올려 차를 너무 빨리 출발시켰어요. 그는 망연자실했지요. 그날 회의에서 나는 이렇게 말했습니다. '자, 여러분 모두 매트를 잘 압니다. 우리 모두 수 년 동안 그에게 의지했어요. 그는 한 번 실수했습니다. 그가 이번 일을 극복하는 동안 우리 모두 그를 지지합시다. 이미 일어난 일을 바꿀 수는 없어요. 하지만 우리는 그를 신뢰합니다. 그리고 이번 일로 그는 분명히 더 강해질 거예요. 이번 일은 그를 망칠수도, 혹은 더 강하게 만들 수도 있습니다. 그리고 우리는 이 일이 그를 더 강하게 만들 거라고 믿습니다. 그러니 이 일은 잊어버립시다.' 그런 일을 피해 숨을 수는 없습니다. 결국 누군가 같은 실수를 두세 번 반복하면 문제가 생기겠지요. 모두가 그걸 압니다. 하지만 평소에 일을 정말 잘해오던 사람이 한 번 실수를 한다면 그냥 넘어갈 겁니다. 그 주말 레이스가 그랬어요.

애덤 파 누군가는 이 글을 읽고 '굉장히 체계적인데?'라고 말할 것 같습니다. 그러니 이제 잘 되지 않았던 일에 대해 이야기해 보겠습니다.

로스 브런 가장 일반적인 혹은 예측 가능한 문제는 기술 프로그램을 수행하는 동안 경주차 중 한 대가 중도 탈락하는 것이었습니다. 대체로 금요일에는 가장 많은 정보를 수집하기 위해 경주차들이 다양한 프로그램을 수행하려고 시도합니다. 어떤 차는 부드러운 타이어로 달리고 어떤 차는 딱딱한 타이어로 달리지요. 어떤 차는 연료를 가득 채우고 달리고, 어떤 차는 중간쯤 채우고 달립니다. 최종적으로 최선의 결정을 내리게 해줄 정보 매트릭스를 구축하기 위해 노력하는 거지요. 그러다 차를 잃기도 합니다. 그러면 이제 프로그램을 변경할지 여부를 결정해야 해요. 우리는 플랜 B를 실행에 옮길 수는 없지만 ― 정확히 언제 그런 일이 일어날지 결코 알 수 없으니까요 ― 경주차 한 대가 중도 탈락되는 경우 무엇에 초점을 맞추어야 할지 늘 염두에 둡니다. 어떤 프로그램이 가장 중요한가? 필요한 정보를 얻기 위해 프로그램을 변경해야 할까? 그러므로 가장 예측 가능한 쟁점은 경주차들 중 한 대에 충돌 문제나 신뢰성 문제가 있거나, 혹은 프로그램을 다시 시작해야 하는 것이었습니다. 그런 일이 아마 한 해 동안 서너 차례 일어날 거예요.

    날씨도 거의 마찬가지입니다. 날씨가 모두에게 동등한 조건인 이유는 모두가 그것에 대처하기 때문이지요. 금요일에 비가 오면 모두 비오는 금요일에 대처해야 해요. 내 철학은 그런 종류의 역경을 다른 팀보다 더 잘 헤쳐나갈 수 있다면 우리가 우승할 거라는 걸 모두에게 항상 주입시키는 것이었습니다. 그러므로 비오는 금요일을 결코 극적인 사건이라고 생각해서는 안 됩니다. 그것을 기회라고 생각해야 해요. 토요일이 왔을 때 우리는 전열을 가다듬었습니다. 우리는 토요일이면 어느 누구보다 능숙하게 전열을 가다듬을 거예요. 그것은 부정적이기 보다 긍정적이니까요. 나는 서킷에서도 같은 접근 방식을 취했습니다. 나에게 모나코 레이스 ― 이 이야기도 앞에서 다루었지요 ― 는 일종의 기회였는데 관중, 물류, 불편함 때문에 아주 많은 사람들이 그곳을 싫어했기 때문입니다. 우리 팀 스포츠 매니저인 론 메도스의 임무는 팀의 생활을 최대한 편안하게 만드는 것이었습니다. 그래서 일을 더 순조롭게 굴러가게 하기 위해 할 수 있는 일이 있다면 그렇게 만들었습니다. 나는 모두에게 이렇게 말했어요. '이곳은 모나코입니다. 이곳을 즐기십시오. 모나코를 받아들이세요. 다른 사람들은 이곳을 싫어하지만 우리는 즐기고 있기에 우리가 유리할 겁니다. 팬들이 쳐다본다고, 도로가 막혀 호텔에 빨리 갈 수 없다고 부정적인 기분에 빠져들지 마십시오. 이것이 모나코예요. 이것이 포뮬러 원입니다.'

내가 처음 포뮬러 원을 시작했을 땐 차고가 없이 피트 레인뿐이었습니다. 비가 오면 전부 흠뻑 젖었어요. 모든 차들이 피트 레인에 나와 있었기 때문에, 다른 사람들의 차를 볼 수 있는 가장 좋은 곳이었습니다. 숨길 수가 없었지요.

레이스로 돌아가서, 가령 세이프티 카가 출동하는 계획에 없던 일들이 일어나기도 했습니다. 사람들은 간혹 나에게 '당신은 훌륭한 결정을 내렸다. 훌륭한 전략적 결정을 했다.'고 말하곤 했어요. 하지만 그런 결정들은 주로 사전에 계획된 것이었습니다. 내 접근 방식은 레이스 전략을 선택한 다음 결국 레이스 전략가인 제임스와 논의하는 것이었으니까요. '랩을 돌 때마다 비가 오면 어떻게 될까? 모든 랩에 세이프티 카가 출동하면 어떻게 될까? 4랩까지 세이프티 카가 이끌면 우리는 어떻게 해야 할까? 비가 오면 우리는 어떻게 해야 할까? 7랩에서 비가 오면 우리는 어떻게 해야 할까?' 따라서 그는 '7랩에서 세이프티 카가 출동하면, 우리는 두 경주차를 모두 피트에 들어오게 해서 타이어를 교체할 것이다.' 같은 기본 절차를 마련했습니다. 그는 또 우리가 두 경주차를 피트에 들어오도록 최종적으로 결정할 수 있는 트랙의 마지막 위치가 어디인지도 알았습니다. 그래서 우리는 경주차들이 트랙 위의 그 지점을 지나고 나면 더 이상 아무런 조치를 취할 수 없다는 사실을 알았어요. 당황해서 허둥대고, 비명을 지르고, 고함을 쳐도 소용없어요. 아무것도 달라지지 않지요. 레이스 전략가들은 최종 결정을 내릴 수 있는 지점이 어디인지 위치를 정하고, 예를 들어 비가 올 경우 무슨 일이 일어날지, 세이프티 카가 출동하면 무슨 일이 일어날지 등에 대해 상황이 지나치게 민감하지 않다면 모든 랩마다 두세 가지씩 상황을 구상했습니다.

이 과정은 시뮬레이션 모델을 이용하여 수행되었습니다. 이 모델들은 아주 복잡하지는 않았지만 타이어 곡선과 연료 효율이 반영되었고, 우리의 기지가 얼마나 발휘되느냐에 따라 약간씩 트랙의 진화가 이루어졌습니다. 처음 시작했을 땐 타이어 곡선, 자동차 경사면, 연료탱크 모두 당연히 직선이었어요. 그리고 초창기에 내가 레이스 전략을 담당했을 때, 나는 숫자만 입력하면 되는 간단한 프로그램을 만들어 적절한 해답을 찾았다고 생각할 때까지 누군가에게 반복해서 숫자를 입력하게 했습니다.

하지만 레이스 전략은 수치에 의해 가장 빠른 레이스를 수행하는 것만이 전부가 아닙니다. 연료 재급유가 가능했던 시절에는 확실히 이것은 레이스에 참가하는 사람들과의 경쟁과 종종 관련이 있었습니다. 앞에서 다루었는지 모르겠지만, 페라리 시절 1998년 헝가리 그랑프리에서 우리는 세 차례 피트 스톱을 가졌습니다. 이것은 가장 빠른 전략은 결코 아니었지만, 우리에게 트랙에서의 자유 시간을 주었습니다. 우리는 세 차례 피트 스톱을 가졌는데, 그 전까지 의도적으로 그렇게 한 적은 없었어요. 우리가 볼 때 두 차례 피트 스톱이 일반적이었습니다. 타이어 성능 저하가 빨라지긴 하지만 그것이 가장 빠른 전략이었기 때문이지요. 우리의 문제는 대단히 빠른 차를 가지고 있었는데도 예선전에서 썩 좋은 성적을 거두지 못했다는 것이었습니다. 우리는 맥라렌과 동일한 방법을 취하면 그들이 우리를 제압할 거라는 걸 알았습니다. 맥라렌은 두 대의 경주차가 1, 2위로 예선전을 통과했어요. 미하엘은 3위로 예선전을 통과했고요. 우리의 다른 경주차는 5위를 차지했습니다. 그러자 전략가인 루카 발디세리Luca Baldisserri가 말하더군요. '피트 스톱을 세 차례 갖는 건 어떨까요? 어차피 우리는 그들과 위치가 다르잖아요. 우리는 그들과 위치가 다르기 때문에 우리만의 레이스를 우리만의 페이스로 달릴 수 있습니다.' 그러므로 단순히 점수만 보고 두 차례 피트 스톱이 세 차례보다 빠르니 피트 스톱을 두 차례 가져야 한다고 말할 문제가 아니었습니다. 세 차례 피트 스톱은 전략적 결정에 가까웠는데, 우리는 꼴찌 팀들을 추월해야 하는 반면 사실상 빠른 팀에 제지당하거나 맥라렌에 통제 당하지는 않을 테니 말입니다.

우리가 세 차례 피트 스톱을 했을 때 이 전략은 맥라렌을 완전히 따돌렸고, 그들은 우리가 뭘 하고 있는지 전혀 알아차리지 못했습니다. 그들은 우리 팀에 대비해 두 차례 피트 스톱을 계획했다가, 우리가 첫 번째 피트 스톱에서 아주 잠깐 있다 가는 바람에 우리가 뭘 하는지 파악하지 못한 채 공황 상태에 빠졌습니다. 그 레이스를 보면, 맥라렌은 우리가 뭘 하는지 알아내려고 그들의 경주차 두 대의 순위를 떨어뜨렸습니다. 사실 미카 하키넨Mika Hakkinen이나 데이비드 쿨사드David Coulthard가 하던 대로 죽 밀고 나갔다면 아마 우리는 그들을 이기기 위해 고군분투했을 거예요. 그러나 우리가 세 차례 피트 스톱 모드로 들어서자마자 그들은 우리 팀에 대응하려 했고, 그러느라 자신들의 전략을 더욱 훼손했기에 우리는 그들을 이길 수 있었습니다. 이것이 숫자를 넘어서는 전략의 다른 양상이에요. 직관과 계산이 한데 어우러진 전략이지요.

내 시대 이후 현대 레이스에서 타이어 세트 추가, 팀이 장착해야 하는 세 개의 타이어 유형, 각각의 드라이버가 자신의 타이어 컴파운드를 자유로이 선택하는 것은 아마도 전략을 위해 좀 더 폭넓은 범위를 제공할 것입니다.

　레이스 중단을 알리는 붉은 깃발은 상황을 균등하게 만드는 훌륭한 장치가 될 수 있습니다. 나는 어느 주말 레이스에서 레이스 중반에 붉은 깃발이 발령되어 레이스를 효과적으로 다시 시작하는 광경을 목격했습니다. 이렇게 되면 흥미로운 양상을 띤 또 다른 전략이 만들어지는데, 레이스가 중단되면 우리는 이렇게 말합니다. '레이스가 다시 시작되면 이제 피트 스톱을 한 차례로 그칠 것인가 아니면 두 차례 시행할 것인가? 이 대회는 70랩 레이스지만 붉은 깃발이 발령될지 모르니 50랩 레이스를 계획하자.' 그리고 세이프티 카가 있기 전 초창기에는 붉은 깃발이 더 흔하게 발령되었습니다.

　레이스에서는 충돌과 같이 예측할 수 없는 일들을 맞닥뜨리게 됩니다. 충돌은 치명적일 수도 있고 혹은 단순히 손상만 입을 수도 있습니다. 경주차가 파손된 경우, 와서 파손 정도를 평가해 수리 여부를 결정한 다음 다시 나가야 하지요. 그런 다음 경험과 직관에 의해 레이스를 계속할지 여부를 결정합니다. 우리는 안전에 관해 중요한 결정을 해야 하고, 팀에는 결정을 위한 절차가 마련되어 있습니다. 우리 팀 운영 엔지니어 사이먼 콜은 경주차를 살펴보아 어떤 손상을 입었는지 확인하고, 레이스를 계속해도 안전한지, 손상을 수리할 수 있는지 여부를 결정하는 일을 맡았습니다. 마지막 몇 년 동안 우리가 한 일은 경주차가 피트 레인에 들어서자마자 디지털 사진을 찍는 것이었어요. 경주차가 파손된 상태로 들어오면 우리는 사진사가 파손된 곳을 찍게 하고, 경주차가 트랙으로 나간 뒤 사진을 보고 우리가 발견하지 못한 손상된 곳이 있는지 확인할 수 있었습니다. 우리는 사진을 통해 훨씬 자세히 관찰할 수 있습니다. 디지털 사진이 많은 것을 바꾸었어요. 아주 순식간에 말입니다. 경주차가 다시 트랙으로 나가는 동안에도 우리 팀은 사진을 자세히 들여다보았습니다.

피트 스톱에서의 작업 절차는, 사이먼이 롤리팝 맨에게 승인하기 전까지 경주차를 피트에서 내보내지 않는다는 것이었습니다. 그러므로 정비사들이 경주차를 수리하기 시작하고, 사이먼이 그 상황을 지켜본 다음 경주차 뒤에 가서 사인을 주면 경주차는 곧바로 떠날 수 있었습니다. 여기에는 시스템이 있었어요. 대부분의 경우 피트 스톱을 수행하는 것이 안전하면 그렇게 할 거예요. 비록 시간을 손해 보더라도 안전하지 않은 상태에서 달리다가 무슨 일이 일어날지 결코 알 수 없으니까요. 붉은 깃발이 발령될지 알 수 없지요. 세이프티 카가 출동할지도 알 수 없어요. 한 랩도 뒤처지지 않고 달릴 수 있다면, 적극적으로 밀어붙여 점수를 획득할 수 있는 아주 굉장한 기회를 얻을 것입니다. 그러나 어떤 일이 일어나든 안전이 가장 중요했어요. 우리는 조금이라도 의심이 들면 바로 멈추었습니다.

애덤 파 더욱 예측 불가능한 일 중 하나는 2008년 싱가포르에서 넬슨 피케 주니어의 충돌 사고였습니다. 당시에 당신은 혼다에 있었지요. 그 사건은 포뮬러 원 역사에서 아주 비현실적인 순간이었습니다.

로스 브런 모두가 그 일을 의아하게 여겼고, 그들이 의아하게 여긴 이유는 알론소의 피트 스톱이 불합리해 보였기 때문입니다. 아무도 피트 스톱을 고려하지 않을 시점에 알론소가 피트에 들어온 겁니다.

이해가 되지 않았지요. 피케가 충돌을 했고 이후 세이프티 카가 출동하기 전에 알론소가 갑자기 피트 스톱을 했고, 그 결과 선두로 달렸으니까요 ….

애덤 파 당시엔 세이프티 카가 출동하면 피트 스톱을 할 수 없었기 때문인가요? 그래서 혼다가 곤란해졌지요. 그가 피트 스톱을 하지 않았다면 어땠을까요. 그랬으면 당신 팀이 우승했을 텐데요.

로스 브런 그렇습니다. 하지만 아무도 그런 게 가능하다는 걸 생각하고 싶어 하지 않았어요. 전에는 누구도 모르게 그런 일이 일어난 적이 없었습니다. 그런 일이 일어날 수 있으리라고 아무도 상상조차 하지 못했어요. 나는 패트 시먼즈에게 그 사고에 대해 직접 이야기한 적은 없습니다. 그는 르노가 철수한다는 이야기가 나오자 장래가 걱정되어 압박에 굴복했다고 주장합니다. 그는 이런 시나리오를 제시받고 굴복했던 거예요. 나는 패트가 단순히 레이스에서 우승하자고 그렇게까지 하지는 않았을 거라는 걸 압니다. 그럴 가치가 없어요. 그러므로 틀림없이 다른 사정이 있었을 겁니다.

우리는 그 레이스에서 제법 좋은 경기를 펼쳤습니다. 제때에 피트에 들어와 피트 스톱을 훌륭하게 마쳤어요. 그리고 피트에서 나왔을 때 혼다의 에어박스 화재라고 알려진 사고가 발생했지요. 간혹 연료가 잘못된 위치에 분사돼 엔진 흡기 시스템 주변의 에어박스에 불이 붙는 경우가 있었어요. 우리는 루벤스의 차를 포기해야 했습니다. 하지만 우리는 윌리엄스와 비슷한 좋은 위치에 있었습니다. 레이스 후반에 다른 일이 일어나지 않았다면 우리는 그 해 최고의 결과를 얻었을 거예요. 아마도 니코 로즈버그가 당신 경주차를 운전해 당신이 시상대에 올랐던 것처럼 말이지요.

리더십

애덤 파 당신과 함께 일한 사람들을 몇 가지 유형별로 간략하게 이야기하고 싶습니다. 먼저 플라비오 브리아토레부터 시작할까요.

로스 브런 나는 플라비오를 좋아합니다. 그는 상황에 대해 다른 관점을 제시하는데, 나는 그것이 도움이 된다고 생각해요. 그의 관점은 늘 상당히 극단적입니다. 그래서 적당히 완화해야 하지요. 네, 그래요. 그리고 그는 매우 밝고 대단히 유머러스합니다. 그는 정말 다채로운 삶을 살았지요.

애덤 파 그가 일하는 방식은 어땠습니까?

로스 브런 글쎄요, 그는 우리를 그냥 내버려두었습니다. 그것은 훌륭한 방법이었다고 말할 수 있을 거예요.. 그는 우리에게 간섭하지 않았고, 그렇게 내버려두면서 자신이 팀 안에서 기준이 되길 결코 원하지 않았습니다. 외부적으로는 달랐어요. 베네통 사람들은 그가 복도에서 그들 앞을 지나가면서도 알은 척도 하지 않았다고 말하곤 했습니다. '오늘은 플라비오가 아침 인사를 할까?'라는 농담이 늘 약간 재미삼아 오가곤 했지요. 이렇게 그는 이 정도의 거리를 유지했고, 그것은 내가 베네통 직원들의 기준점이 되었다는 걸 의미했기 때문에 어떤 면에서는 실제로 도움이 되었습니다. 그는 엔지니어링에 전혀 간섭하지 않았습니다. 나는 그에게 어떻게 자금을 마련했는지 한 번도 묻지 않았지만, 그는 항상 이런저런 거래를 하는 것 같았습니다. 우리 팀은 마일드 세븐과 담배 거래를 했고(마일드 세븐은 베네통 F1의 후원사였다. - 옮긴이), 그는 베네통 가족을 늘 행복하게 해주었습니다.

우리는 예산에 대해 항상 매우 건전한 토론을 했습니다. 예산을 논의한 뒤에는 포뮬러 원은 터무니없이 돈이 많이 드니 우리 모두 일반 자동차와 그밖에 자동차들을 운영해야 한다는 플라비오의 견해가 이어졌으니까요. 늘 이런 토론이 오갔고 나는 이렇게 말하곤 했습니다. '플라비오, 규칙상 우리가 일반 자동차를 이용할 수 있다면 예산이 그렇게 될 테지만, 현행 규칙을 계속 따르는 동안은 예산이 이렇게 되어야 합니다.'라고 말이지요. 사실 나는 그와 함께 시간을 보내는 것이 무척 즐거웠습니다. 솔직히 말하면 그는 나를 결코 실망시키지 않았어요. 그는 결코 나를 배반하지 않았습니다.

1992년 벨기에 그랑프리에서 미하엘과 내가 첫 번째 레이스에서 함께 우승한 뒤 나는 플라비오에게 한 가지 교훈을 얻었습니다. 그는 나를 그의 사무실로 불러서 이렇게 말하더군요. '로스, 오늘 정말 잘했어요. 우리가 우승해서 정말 기뻐요. 당신에게 작은 보너스를 주고 싶습니다.' 나는 '괜찮습니다. 그건 계약에 없는 거라 …'라고 말했습니다. 그는 나에게 스와치 시계를 주더군요. 내가 말했지요. '이거 정말로 작은 보너스로군요.' 그가 말했어요. '네, 누구한테 받은 건데 나한테는 필요 없어요. 당신은 좋아할 것 같아서요.' 어떤 면에서 이 일은 나에게 정말 가치 있는 교훈이었습니다. 그 일에서 내가 느낀 감정이 말입니다. 첫째, 차라리 아무것도 하지 않는 편이 훨씬 나았을 거예요. 둘째, 많은 돈을 들이지 않고도 사람들이 정말로 가치 있게 여기는 일들을 할 수 있습니다. 그리고 그는 최악의 일을 했어요.

그는 매우 가난한 환경에서 자랐습니다. 하지만 그는 나와는 성장 환경이 달랐습니다. 내가 성장한 세상에서 나는 기계공이었고, 기계 운전자였으며, 사람들과 함께 일했습니다. 나는 그들과 함께 하는 것이 즐거웠어요. 그들과 함께 일하는 것이 즐거웠어요. 나는 동지애를 느꼈습니다. 내가 대접 받고 싶은 방식으로 다른 사람들을 대하라는 오래된 격언은 여전히 나에게 매우 강력한 원칙입니다. 그는 그런 배경이 없었어요. 그는 자신이 할 수 있는 방법과 팀 문화에 없는 방법을 총동원해서 이를 악물고 싸워야 하는 포뮬러 원의 세계에 도착했습니다. 그는 상당히 개인적이었어요. 그의 접근 방식, 그의 자아 등 모든 것이 매우 개인주의적이었지요.

애덤 파 플라비오와 장 토드만큼이나 극과 극인 사람들을 상상하기는 어렵습니다. 당신은 수년 동안 장을 위해 일했어요. 장을 위해 일하는 것은 어떤가요? 그는 어떤 유형의 리더입니까?

로스 브런 장 역시 엔지니어링에 간섭하지 않았습니다. 일임을 잘했다는 점에서 매우 훌륭했지요. 그는 진행 상황을 알고 싶어 했습니다. 나는 주로 밤에 퇴근할 때 그의 사무실 앞을 지나가야 했는데, 그는 그 시간에 거의 항상 사무실에 있었습니다. 문이 열려 있으면 내가 그의 사무실 안으로 불쑥 들어가거나 그가 나를 불렀죠. 그리고 거의 매일 저녁 나는 그에게 그날 일을 요약해 보고했습니다. 그는 일어나는 모든 일을 완벽하게 알고 싶어 했지만, 엔지니어링에는 간섭하지 않았습니다. 그는 드라이버들과 사이가 매우 좋았어요. 미하엘과 아주 친했지요. 그는 드라이버들에게 들은 말 따위를 나에게 이야기하면서 아주 많은 시간을 보냈어요. 그런 점에서 그는 아주 훌륭한 접점이었습니다. 왜냐하면 때때로 나는 엔지니어링에, 팀에, 기술적 측면에 푹 빠져 있곤 했으니까요. 그는 돈, 예산에 아주 밝았습니다. 특히 초기 몇 년 동안 자금을 있는 대로 확보하기 위해 정말 열심히 싸웠어요. 후반 몇 년간, 특히 페라리에서 그의 역할이 바뀌어 페라리 대표가 되었을 때, 그는 포뮬러 원의 예산 규모, 지속 가능성 등에 대해 걱정하기 시작했습니다.

그는 대단히 충성스러운 사람입니다. 만일 당신이 장에게 충실하면 그는 당신을 위해 무엇이든 할 거예요. 나에게 위기 상황이 닥쳐 새벽 2시에 전화를 걸면 반드시 와줄 거라고 믿을 수 있는 사람, 그가 바로 그런 사람이었습니다. 그만큼 그를 신뢰할 수 있었어요. 그는 다른 사람에게는 상당히 독단적이기도 했습니다. 일례로 톰 월킨쇼와 나의 관계를 들 수 있을 거예요. 톰과 나는 사이가 크게 틀어졌지만 결국 화해했어요. 하지만 토드는 평생 동안 톰과 한 마디도 하지 않았습니다. 나는 장을 화나게 만든 한두 사람과의 관계에서 그런 경우를 보았습니다. 그들의 관계는 당장 끝났지요. 그들은 장에게 찍혔고 이후로 이 일을 접어야 했습니다. 그는 매우 밝고 대단히 머리가 좋은 사람인데 흥미롭게도 숫자에도 밝았습니다. 피트 월에서 나는 계산기를 사용하지 않았어요. 장에게 'XYZ × B'가 뭐냐고 물으면 장이 거의 곧장 답을 말해주었으니까요. 그의 산수 실력은 놀라웠습니다.

장은 의사결정을 할 때 매우 협의적이었습니다. 그래서 항상 나를 참여시켰고, 때로는 로리 번을, 때로는 엔진팀의 파올로 마르티넬리나 스테파노 도메니칼리를 참여시켰습니다. 그는 결정을 내리기 전에 항상 우리를 대화에 참여시켰습니다. 확실히 그는 레이싱 문제를 혼자 결정하는 사람이 결코 아니었어요. 비록 FIA와의 정치적 결정이라 할지라도 그는 반드시 의논을 했습니다 … 그가 나하고 상의하지 않고 일을 처리한 분야는 버니와의 상업상 거래였습니다. 그는 이 거래에 책임을 졌습니다. 스테파노는 관여했지만 나는 하지 않았어요. 내가 그에게 물었다면 나에게 알려주었을 테지만요. 그는 이 일을 결코 비밀로 하지는 않았지만, 내가 묻지 않는 한 결코 알려주려 하지 않았습니다. 내가 관심을 보였다면 그는 나에게 말해주었을 거예요. 이처럼 그는 상업적인 측면은 철저히 혼자서 처리했습니다. 그는 후원사, 상업권 소유자, 드라이버들을 상대했어요. 드라이버들과의 계약은 언제나 그가 협상했습니다.

애덤 파 그밖에 함께 일한 상사들 가운데 리더십에 관해 독특한 접근 방식을 가진 사람은 누구였습니까?

로스 브런 엔지니어링 측면에서는 패트릭 헤드가 시작이었을 겁니다. 그는 나의 첫 번째 멘토였어요. 나는 패트릭의 리더십 스타일을 일종의 존중이라고 말하겠습니다. 그는 이를테면 적극적인 리더가 아니었어요. 그는 밖으로 나와서 직원들 어깨에 팔을 두르는 사람이 아니었습니다. 우리는 그를 존경했기 때문에 잘하고 싶었습니다. 그는 매우 훌륭한 기준을 가지고 있었으니까요. 그의 리더십은 포괄적인 것과 전혀 관계가 없었습니다. 나는 항상 내가 관여하는 팀과 그곳의 사람들에게 포괄적인 관리 방식을 취하기 위해 노력했습니다. 패트릭은 별로 그러지 않았어요. 아마 윌리엄스 시절의 내가 경력 후반기에 다른 팀들과 함께 했던 것만큼 작업 과정에 깊이 개입하지 않았을 거예요. 예를 들어, 나는 그가 닐 오틀리나 프랭크 더니와 함께 팀을 운영하는 과정을 한 번도 본 적이 없었습니다. 내 관리 방식은 협의적이되 결정을 하면 모두가 그 결정을 지키길 기대하는 것이었습니다. 나는 사람들의 조언을 받아들이고, 그들의 의견을 듣고, 모든 것을 솔직하게 드러내는 것이 정말 좋았고 또 그러길 바랐습니다. 어떤 사안에 반대 의견이 있으면 도전을 하도록 장려했고요. 때때로 나는 사람들을 내보냈다가 다시 들어오게 해서 토론을 재개하곤 했습니다. 하지만 마지막엔 이렇게 말했지요. '좋습니다, 앞으로 이 방식대로 합시다.' 이렇게 사람들은 언제나 앞으로 우리가 할 일을 숙지한 뒤에 회의장을 나섰습니다. '당신들은 가서 일을 더 하시오. 우리가 이삼일 뒤에 돌아와서 앞으로 어떻게 할지 결정하겠소.' 같은 말이 나오는 회의가 아니라면, 내 첫 번째 원칙은 모두들 회의장을 나설 때 앞으로 무엇을 할지 확실하게 인지하도록 하는 것이었습니다.

애덤 파 내가 관찰한 바는 이렇습니다. 프랭크, 패트릭, 장, 버니, 플라비오를 비롯해 우리가 지금까지 이야기한 모든 사람들은 상당한 카리스마를 지녔습니다. 그들은 사람들이 상상하는 포뮬러 원 팀의 대표적인 유형입니다. 나는 그들의 정보, 지식, 업적을 폄하하려는 것이 아닙니다. 하지만 그들은 조직적이고 체계적이며 상세하게 과정을 생각하는 사람들이 아닙니다. 그것이 당신과 다른 지점이지요. 사람들에게 일할 의욕을 고취하는 동시에 매우 철저하고, 구조적이고, 체계적이면서 충동적이지 않은 사람이 되기란 대단히 어려울 것입니다. 당신이 언급한 사람들은 매일의 세부적인 사항들에 몰두하지는 않습니다. 그건 어려운 일이지요. 인내심을 갖고 그런 사항에 관심을 가져야 합니다. 하지만 당신이 언급한 사람들은 대부분 그렇지 않은 것 같습니다. 사실 그들은 세부적인 사항에 관여하지 않는다는 것에 자부심을 가졌을 거예요. 그러나 악마는 세부적인 사항 안에 숨어 있어요. 당신은 체계적인 프로세스를 실행해야 하고, 그 의미를 파악하기 위해 세부적인 사항들을 장악해야 했습니다. 나 자신을 그들과 비교하지는 않겠습니다. 하지만 당신을 그들과 비교하면, 당신은 엄격한 관리 방식과 좋은 리더가 될 능력을 겸비하고 있습니다. 우리가 다룬 사람들 중에 실제로 두 가지를 모두 갖춘 사람은 아무도 없지요.

로스 브런 친절한 말씀 감사합니다. 장에 대해 설명을 조금 하는 것이 흥미로울 것 같습니다. 장이 페라리에서 대단한 성공을 거둘 수 있었던 것은 최고의 인재를 확보하기로 결심했기 때문입니다. 그는 우선 미하엘을 영입했습니다. 그런 다음 나를 영입했고, 로리를 영입했고, 그 밖에도 팀의 핵심 인물들을 영입했습니다. 하지만 그는 우리가 할 수 있는 일을 자신은 할 수 없다는 걸 알았고, 그것이 그에게는 아무런 문제가 되지 않았습니다. '나에게는 그 일을 할 사람들이 있다.'가 그의 신조였어요. '내가 할 일은 완벽하게 최고의 사람들을 영입하는 것이다. 그런 다음 약간 껄끄러운 부분이 있다면 내가 그것을 매끄럽게 고칠 수 있도록 그들과 긴밀한 관계를 유지할 것이다.' 그는 이 역할을 아주 능숙하게 해냈습니다. 그는 나에게 와서 이렇게 말하곤 했어요. '저, 미하엘이 이 일로 조금 서운해 하고 있어요. 그는 당신이 이 일에 충분히 주의를 기울이지 않는다고 생각합니다.' 하지만 그는 이런 말을 친절한 방식으로, 파괴적이 아닌 건설적인 방식으로 했습니다. 처음에 나는 '왜 미하엘이 나에게 말하지 않았을까?' 하고 생각했습니다. 하지만 사람들은 때때로 그런 말을 하길 어려워한다는 걸 우리는 알고 있어요. 그의 태도는 언제나 긍정적인 결과를 낳았고, 그는 전체적인 분위기를 부드럽게 만드는 데 매우 능숙했습니다. 그는 똑똑했지만 문제나 사안의 깊이를 반드시 이해하지는 못했습니다. 하지만 그는 위임을 아주 잘했어요. 그는 개입하지 않았습니다. 그건 대단한 장점이었어요.

애덤 파 훌륭한 인재를 두면 시스템이 원활하게 작동합니다. 하지만 훌륭한 인재를 두지 못하면 재앙이 되지요.

미래

애덤 파 이제 마지막 주제인 포뮬러 원의 미래에 대해 이야기할 차례가 되었습니다. 지난 번 우리 모임이 끝날 무렵 당신은 '그것은 어떤 모습의 포뮬러 원을 원하는지에 달려 있다.'라고 말했고, 우리는 이 문제를 잠시 미루었습니다. 그래서 포뮬러 원은 무엇인가요? 스포츠인가요, 엔터테인먼트인가요, 비즈니스인가요? 기술에 관한 것입니까, 일반 자동차를 위한 신기술을 창출하기 위한 것입니까, 맥스 모슬리가 늘 지대한 관심을 기울이는 어떤 것입니까? 레이싱을 하는 남자들에 대한 것입니까 아니면 여자들도 포함됩니까? 혹은 놀라운 장비를 만들기 위한 것입니까? 당신에게 포뮬러 원은 무엇입니까?

로스 브런 나는 바로 포뮬러 원의 본질 때문에 이것은 결코 한 사람만의 비전이 아니라고 생각합니다. 포뮬러 원은 언제나 많은 사람들의 비전입니다. 그러므로 포뮬러 원의 본질은 당신이 연구하고 있는 비전을 지닌 사람들, 특정한 방향으로 향해야 한다고 서로를 설득할 수 있는 사람들에 달려 있습니다. 포뮬러 원은 현재 팀 별로 완전히 새로운 경영진을 갖는 전환기를 겪고 있습니다. 따라서 오늘날 팀의 책임자들을 보면 5년 전 책임자들의 모습과 거의 예외없이 다릅니다. 지금은 자신이 원하는 포뮬러 원의 모습을 확립하려 애쓰는 각기 다른 핵심 인물들이 있는데, 궁극적으로 그들이 의사결정을 하는 사람들이지요.

애덤 파 FIA와 FOM_{Formula One Management}(포뮬러 원 매니지먼트)이 다른 관할 안에 있지 않다는 점을 제외하면 말이지요.

로스 브런 그렇습니다. 하지만 내가 느낀 바로는, 우리 땐 포뮬러 원을 특정한 방향으로 움직이려 애쓰는 다양한 부류의 사람들이 혼재해 있었다는 것입니다. 그리고 사람들이 대체로 오랜 기간 관계를 맺어 관련 인물들을 잘 알았기 때문에, 누가 언제 말을 듣고 언제 듣지 않았는지, 누가 언제 그들을 신뢰했고 언제 신뢰하지 않았는지 등등을 잘 알았습니다. 따라서 포뮬러 원을 특정한 방향으로 이끈 특정한 역학 관계가 있었습니다. 지금은 이 역학 관계가 바뀌어서, 아주 솔직히 말하면 포뮬러 원 경험이 많지 않은 사람들이 모터스포츠의 방향을 정하고 있습니다. 그들은 시련을 겪어 본 적이 없는 사람들이에요. 우리는 2016년에 오스트리아에서 처참한 첫 번째 예선전을 경험했습니다. 모두가 대참사라고 말했지요. 당신은 어쩌다 그런 일이 일어났는지 그 과정이 궁금하고 염려되겠지요.

애덤 파 어쩌다 그런 일이 일어났습니까?

로스 브런 글쎄요, 당시 상황을 잘 아는 목격자로서 말하자면, 내가 알기로 버니가 어느 회의에 와서 '그리드를 엎어버리고 싶다.'고 말했고, 모두가 '안 돼요, 버니. 그러지 마십시오. 그건 포뮬러 원의 원칙에 어긋나는 일입니다.'라고 말렸어요. 그러자 버니가 말했지요. '포뮬러 원을 흔들어놓아야 합니다. 메르세데스가 선두에 서겠지요. 가장 빠른 차들이 선두를 차지하고 예선전을 치르는데 뭐가 달라지겠습니까? 우리는 더 좋은 무대를 보여주어야 합니다.' 그래서 버니를 달래기 위해 그들은 대안 시스템을 제시했습니다. '그냥 내버려 둡시다. 잘 돌아가고 있는데 왜 그래요. 충분히 흥미진진하잖아요. 레이스에서 다양한 볼거리가 제공되지는 않지만, 우리가 상황을 방해하기 시작하면 더 악화될 겁니다.'라고 말하는 대신, 우리는 버니에게 동의하지 않았고, 그에게 맞서다가 모종의 대가를 치러야 했습니다. 우리는 도전이 필요한 사람들인데, 자신의 접근 방식에 반대하는 사람들을 제거하는 습성이 결국 아무런 도움이 되지 않는다는 사실을 버니가 가끔은 되돌아보긴 하는지 궁금하군요. 내가 한창 포뮬러 원에서 일할 때 나는 언제나 도전을 환영했습니다.

애덤 파 버니의 의견에 반대하는 사람들이 있는 것 같습니다. 그들과 우리가 다른 점은 그들은 버니를 막을 능력이 있다는 것이지요. 사실 메르세데스와 페라리가 동의하지 않는 지금 버니는 아무것도 할 수 없어요. 따라서 버니가 들어가서 '나는 독립적인 엔진을 원합니다.'라고 말하면, 그들은 '우리는 X와 Y를 하다가 몇 가지 새로운 규칙들로 돌아오겠습니다. 걱정 마세요, 버니, 우리가 잘 알아볼 테니.'라고 말할지도 모릅니다. 그러면 버니는 이렇게 말하겠지요. '나는 예선전을 다채롭게 만들고 싶단 말입니다. 지금 레이스는 지루한 쇼일 뿐이라고요.' 그러면 그들은 말할 겁니다. '우리가 제안해 보겠습니다.' 이렇게 모든 것을 차단할 수 있는 만만찮은 반대파들 때문에 그는 지금 당신과 나 같은 사람들이 있을 때보다 훨씬 심각한 문제를 겪고 있습니다. 현재로선 메르세데스와 페라리가 가장 하고 싶지 않은 것이 '무엇이든 바꾸는 것'이니까요.

로스 브런 동의합니다. 이따금 나는 포뮬러 원이 진화와 비슷하지 않나 생각합니다. 방향을 잘못 잡으면 되돌리는 데 너무 오랜 시간이 걸리지요. 나는 포뮬러 원이 한 방향으로 진화했다고 생각해요. 그래서 지금의 모습이 되기까지 모든 의사결정 과정을 볼 수 있지요. FIA의 질 시몽Gilles Simon은 새 엔진 규칙을 개발한 그룹의 의장을 맡았습니다. 그 과정에서 포뮬러 원은 특정한 방향으로 향하게 되었지요. 비용을 통제하라는 강력한 명령은 없었습니다. 우리는 이것을 기회로 여기며 환영했어요. 메르세데스 팀으로서 우리는 힘이 있었고 자원이 있었으며 본사의 헌신도 있었습니다. 하늘에서 만나 manna(기독교 성서에 나오는 신이 내려준 양식. - 옮긴이)가 내려오는 기분이 그랬겠지요. 엔진 상황이 결국 그런 식으로 결말이 날 줄은 예상하지 못했지만, 팀으로서 우리는 매우 강력한 엔진 그룹을 보유했다고 생각합니다. 지금은 엔진을 직접 제작하지 않는 레드불과 맞서고 있지만요. 당신은 어느 쪽을 원하십니까? 우리는 내려진 결정들을 보고 그것이 어떤 결말을 맞았는지 알아요. 우리는 이 경험을 바탕으로 만일 또다시 이런 일이 생긴다면 그 과정을 더욱 체계화할 것입니다. 우리는 비용과 공급을 포함해 새 엔진 목표들로 시작해서 독립 엔진 제조업체(가령 코스워스 같은)가 공급자로 성장할 수 있어야 합니다. 그 목표들을 달성할 만큼 과정을 견고하게 만들어야 합니다.

애덤 파 그렇다면 포뮬러 원의 목적은 무엇입니까?

로스 브런 포뮬러 원이 성공하려면 사람들이 포뮬러 원을 봐야 합니다. 사람들이 보지 않으면, 포뮬러 원은 외부와 단절되어 사라질 거예요. 그렇다면 사람들은 왜 포뮬러 원을 볼까요? 사람들은 드라이버들이 서로 경쟁하는 모습을 보고 싶어서 포뮬러 원을 봅니다. 사람들은 드라이버들이 필사적으로 싸우는 엔터테인먼트를 보고 싶은 거예요. 2016년 오스트레일리아 그랑프리가 대단했던 이유는 현장에서 내내 치열한 접전이 펼쳐졌기 때문이었지 않습니까? 대단한 레이스였지요. 결과가 어떻게 될지 보여주어야 합니다. 그러면 결국 누군가가 TV를 보고, 컴퓨터를 켜고, 현장에 가서 레이스를 관람할 거예요. 사람들이 포뮬러 원을 보고 싶은 이유는 그곳에 관련자들, 드라이버들, 검투사들이 있기 때문입니다. 그리고 그들은 팀을 지지하고, 차를 지지합니다. 그리고 그들은 어떤 드라이버들은 더 좋은 차를 타기 때문에 목표보다 더 나은 실력을 발휘하여 좋은 위치를 차지할 수 있다는 사실 또한 지지합니다. 만일 모든 드라이버가 동일한 경주차를 탈 경우 항상 선두를 차지할 드라이버가 누구일지 당신과 나는 알 거예요. 아마 해밀턴, 알론소, 페텔이 선두를 차지하겠지요. 모두가 동일한 경주차를 탄다면 당신은 당장이라도 순위를 적을 수 있을 겁니다. 하지만 요즘 알론소는 엔진에 이상이 있는 잘못된 차로 고군분투하는 안타까운 모습을 보여주고 있어요.

애덤 파 그는 전에도 그런 일이 있었지요. 어떤 해에는 세계 챔피언이 되었다가 다음 해에 19위가 되고, 다시 세계 챔피언이 되었다가 뒤이어 19위가 되는 스포츠가 또 있을까요?

로스 브런 하지만 그것이 포뮬러 원의 매력이지요. 우리는 그 매력을 잃어서는 안 됩니다. 그 기술적 양상이 많은 팬들을 흥분하게 만드는 것 같습니다. 돌아다니면서 사람들과 이야기하다 보면 알아요. 어제 굿우드Goodwood Festival of Speed(1993년에 개최된 이래 매년 6월 말이나 7월 초 영국 굿우드 하우스 부지에서 열리는 모터스포츠 축제 - 옮긴이)에 있었는데 사람들이 그러더군요. '혼다는 뭐가 문제야, 왜 우승을 못하는 거지? 맥라렌이 왜 우승하지 못한 거야?' 그 모두가 포뮬러 원 매력의 일부입니다. 나는 요트 경기를 보지 않지만, 아메리카 컵은 가끔 보았어요. 이 경기가 흥미로운 이유 역시 기술적인 측면 때문이지요. 이처럼 나는 포뮬러 원이 특별한 스포츠가 되기 위해 그런 요소들을 유지해야 한다고 생각합니다. 그리고 그것이 포뮬러 원이 모터스포츠에서 부각되는 이유이지요. 하지만 당신이 말한 대로, 동일한 자동차라는 단순한 공식을 제시하는 모터스포츠는 얼마든지 많습니다. 나는 포뮬러 원에 최고의 드라이버들이 있다는 걸 알지만, 그들이 언제나 그 자리를 지킬 거라고는 생각하지 않습니다. 우승을 위해서는 기술적 요소를 갖추어야 해요. 그리고 정치적 역학관계를 얻을 때 나머지 모든 요소들이 따라 들어온다는 당신 의견은 일리가 있습니다. 해설가들은 온갖 다양한 요소들과 팀 안에서 이루어지는 별의별 속임수들을 이야기하지만, 그런 것들은 그저 훌륭한 재밋거리이지요.

나는 포뮬러 원이 반드시 달성해야 할 일은 최대한 많은 팀들이 접근할 수 있도록 하는 것이라고 생각합니다. 내 생각에 이것은 커다란 도전이자 포뮬러 원이 실패하는 지점입니다. 엄청난 가치의 포뮬러 원 출전권을 놓고, 수익과 성공을 위해 이 스포츠에 참여하려는 사람들이 줄을 잇는 13개의 막강한 팀이 있다면 근사하지 않을까요? 메르세데스, 페라리, 레드불 등 포뮬러 원 팀의 절반은 그들 예산의 정당성을 주장할 필요가 없습니다. 그것 자체가 브랜딩이에요. 하지만 나머지 절반은 거의 팀 소유주의 허영심에 의지해 명맥을 유지하면서 필사적으로 몸부림치고 있습니다. 만일 이것을 바로잡을 수 있다면 — 예산에 맞게 재정을 관리하면서도 여전히 훌륭한 성과를 낼 수 있다면 — 우리는 사람들이 잠자코 따를 아주 강력한 원칙을 갖게 되어 더욱 흥미로운 레이스를 펼치게 될 것입니다. 이 과정은 많은 수가 참여할수록 강점을 발휘할 테고, 때로는 약한 팀들이 좋은 성과를 올릴 거예요.

문제는 팀들의 상업적 수익과 기술 비용의 차이가 극단적으로 벌어진다는 것입니다. 비용에 대한 성과 수익의 비율이 여전히 너무나 큽니다. 만일 성과 수익에 대해 지출 비용이 아주 적다면 예산이 1억 파운드에 불과하다 해도 예산이 2억 파운드인 팀에 2초도 뒤처지지 않을 거예요. 0.5초는 뒤처질지 몰라도요. 그렇기 때문에 우리는 뛰어난 드라이버를 찾게 됩니다. 이 드라이버와 함께 뜻밖의 해결책을 찾다 보면 어느새 시상대에 올라 있는 거지요. 이것이 도전이고, 비결입니다.

나를 좌절하게 하는 것은 우리가 앞에서 다룬 근시안적인 사고입니다. 앞에서 언급한 것처럼 나는 2년 전에 모터스포츠의 기술 분야에 종사하는 어떤 사람과 토론하면서 3년 앞을 내다보고 계획을 세울 것을 제안했는데 그는 이 제안을 거절했어요. 그런데 내가 그만둔 이후, 나는 포뮬러 원의 상업 분야에서 매우 높은 위치에 있는 어떤 사람과 사적으로 만나게 되었습니다. 그는 최근에 나에게 '해결책이 무엇이냐?'고 물었고, 나는 '3년에서 5년 앞선 계획을 세워야 한다.'고 답했습니다. 그러자 그는 '아니, 그건 안 된다. 우리는 지금 당장 해결책이 필요하다. 문제를 해결하기 위해 지금 당장 무언가를 내놓아야 한다. 3년 뒤엔 우리가 여기에 없을지도 모르지 않느냐.'라고 말하는 겁니다. 그래서 나는 말했어요. '글쎄, 지금은 해결책이 없다. 당신이 지금 하고 있는 일은 더 잘못될 것이다. 당신이 가지고 있는 것을 강화하고 3년 뒤에 어떤 위치에 있길 원하는지 비전을 제시해라. 그래야 계약이 다가올 때 스스로 위치를 설정할 수 있고, 필요하다고 생각되면 엔진 프로젝트를 시작할 수 있다. 하지만 3년 뒤에 어떤 위치에 있길 원하는지 비전을 가져야 한다.' 그는 내 주장을 납득하지 않더군요. 하지만 그렇게 하지 않으면 결코 달라지지 않을 것입니다. 그렇게 멀리 내다보지 않는다면, 3년에서 5년 뒤 포뮬러 원은 여전히 지금과 같은 상태에 머무를 테고, 예산이 충분하지 않은 절망적인 팀들은 저 뒤에 늘어서 있을 것입니다. 선두에 있는 팀들은 자신의 목적을 위해 환경을 통제할 테고요.

그러므로 포뮬러 원에서 상당한 지위에 있는 개인들조차 장기적인 비전과 계획을 갖고 있지 않다는 사실이 절망스럽습니다 … 그리고 버니는 최악의 인물들 중 하나이고요. 누군가는 적절한 전략적 계획을 실행해 포뮬러 원을 바로 잡아야 합니다. 그렇지 않으면 훨씬 더 큰 고통을 겪게 될 거예요.

나는 버니가 포뮬러 원에서 근본적인 전략적 변화를 착수한 때가 있었는지 기억나지 않습니다. 그리고 내가 여러 차례 회의에서 경험한 그는 언제나 지나치게 산만하고 분열을 일으켜서 결코 시도할 수 없는 무언가를 제시한다는 것이었습니다. 또한 당신은 켄 티럴Ken Tyrrell, 론 데니스, 프랭크 윌리엄스가 모두 버니와 행동을 함께 했다는 사실을 기억해야 합니다. 그들은 버니와 오랜 세월 관계를 유지했어요. 그리고 어떤 방식으로든 버니와 함께 시너지 효과를 일으켰지요. 버니는 그들이 큰 성공을 거둔 이유 중 하나였습니다. 그들은 심각한 언쟁을 벌인 적도 있었어요. 버니가 처음 포뮬러 원 지분을 매각했을 때 론, 프랭크, 켄은 마땅히 자신들에게 상당한 몫이 주어질 거라고 믿었던 것으로 기억합니다. 하지만 버니는 그들에게 아무것도 주지 않았어요. 그래서 그들은 버니를 고소했지만, 그들의 계약이 엉뚱한 당사자와 이루어졌던 터라 소송에서 패했습니다. 어쨌든 그들은 오랜 기간 버니와 관계를 유지했어요. 지난 한두 해 동안의 경험을 제외하면, 이제 주변 사람 누구도 버니와 관계를 맺지 않습니다. 이제는 전체적인 역학관계가 달라졌어요. 그것이 좋은 건지 나쁜 건지는 견해차가 있겠지만, 나는 나쁘다고 생각합니다. 버니는 그들을 존중하지 않아요.

만일 내가 포뮬러 원을 엔지니어링 프로젝트처럼 다룬다면, 나는 '우리는 향후 3년에 걸쳐 이것을 향상시켜야 한다.'고 말할 겁니다. 우리는 분석하고, 계획하고, 실행할 것입니다. 모든 것을 총괄할 거예요. 계획하기 시작하고, 진행하기 시작할 거예요. 올바른 방향으로 가고 있는지 확인하기 위해 검토 회의를 열거예요. 포뮬러 원에서 적절한 과정을 수행하기 위해 어떤 형태로든 합의에 이르는 것은 거의 불가능합니다. 관련자들이 그것을 원하지 않을 테고 확실히 버니는 원하지 않을 겁니다. 그러므로 규정 및 규칙 변경 프로세스를 수정하고, 공정하고 경제적인 공급 상황을 이루는 것이 나의 우선순위가 될 것입니다.

애덤 파 언제나 페라리의 동참이 관건이며, 사실 그들은 우승을 하지 못하는 터라 변화에 열려 있어야 합니다.

로스 브런 하지만 페라리는 현재 회사와 매우 흥미진진한 상황에 있지 않습니까? 세르지오 마르치오네가 책임을 맡고 있지요.(마르치오네는 2018년 지병으로 세상을 떠났다. - 옮긴이) 그는 상당히 복잡한 인물이며 루카 디 몬테체몰로와 많이 다릅니다.

애덤 파 하지만 그는 상업적으로 영리한 사람이에요. 그들은 페라리를 증권거래소에 상장시켰습니다. 페라리의 마케팅은 포뮬러 원이에요. 그들은 다른 마케팅은 하지 않지요. 그래서 그들은 우승이 필요합니다. 또한 그들은 포뮬러 원 아래에서 막대한 돈을 벌 수도 있었습니다. 지금은 푼돈 정도 번다고 해야 하겠지요.

로스 브런 내가 알기로 노르베르트 하우가 매우 좋아하는 말은 분데스리가(독일 축구리그 - 옮긴이)가 포뮬러 원보다 더 많은 돈을 벌어들인다는 말이었습니다. 상당히 큰 차이로 말이지요.

애덤 파 인간 대 경주차, 무엇이 더 중요할까요?

로스 브런 다시 말하지만, 이것이 포뮬러 원이 매력적인 이유인 것 같습니다. 두 가지가 모두 중요하게 다루어져야 해요. 평범한 드라이버들이 월드 챔피언십 대회에서 우승하고, 훌륭한 드라이버들은 우승하지 못하는 이유가 그래서입니다. 경주차가 관련되어 있기 때문이지요. 우리가 다룬 극단적인 예는 지금의(2016년 당시) 알론소와 맥라렌 혼다입니다. 알론소는 아마도 미하엘이 은퇴한 이후로 이 시대의 가장 훌륭한 드라이버일 테지만, 장비가 충분히 좋지 않기 때문에 줄곧 뒤처져 있습니다. 나는 월드 챔피언십 대회에서 우승한 드라이버들 중 한두 사람은 결코 포뮬러 원의 선두 주자로 분류할 수 없다고 생각합니다. 하지만 그들은 우수한 장비를 가지고 있었고 그것으로 훌륭한 성과를 거두었지요. 이것이 포뮬러 원의 마법입니다.

나는 알론소가 페라리 팀과 아주 복잡한 역학관계에 빠졌다고 생각합니다. 그는 팀에게 불만이 점점 커져갔던 것 같아요. 그의 요구는 점점 더 극단적으로 변했습니다. 나는 그가 잘못된 조언을 받았거나 판단력이 부족했다고 생각합니다. 내가 들은 바에 따르면, 결국 그는 팀의 직원 고용 문제까지 영향을 미쳐야겠다고 생각했다더군요. 내가 보기에 그것은 드라이버가 개입해야 할 정도를 훨씬 넘어선 일이었습니다. 하지만 상황은 도무지 제어할 수 없는 지경이 되었지요. 팀은 막대한 자산을 잃고 있다는 걸 알았습니다. 알론소는 월드 챔피언십 타이틀에 거의 가까이 팀을 끌고 올라갔어요. 하지만 전체적인 과정이 너무 부정적이 되다 보니 그들은 차라리 알론소가 없는 편이 더 낫겠다고 결정했습니다. 그들은 제임스 앨리슨과 그밖에 신입 직원들을 영입하면서 새로운 가능성이 만들어지길 원했어요. 생각해보면 그들이 신선한 사고와 신선한 활기를 불러일으키는 제바스티안 페텔을 영입한 건 옳은 결정이었던 것 같습니다. 고백하건대, 페텔이 레드불에서의 마지막 해에 성적이 저조했었기 때문에 당시에 나는 그를 영입하는 것은 잘못된 판단이라고 생각했습니다. 알론소가 최적의 표준이라고 생각했어요. 그들은 이 최적의 표준을 제거하고 다니엘 리카르도Daniel Ricciardo에게 대패한 선수를 데리고 온 겁니다.

애덤 파 페텔은 월드 챔피언십 대회에서 네 차례 우승했음에도 불구하고 …

로스 브런 그럼에도 불구하고 아무도 그의 공을 크게 인정하지 않았지요? 나는 이제 그가 기준점으로서 스스로의 입지를 다시금 확립했다고 생각합니다. 상황도 좋아 보이고요. 알론소는 지금 허허벌판에 있습니다. 나는 이것이 인간과 기계의 방정식에서 매력적인 부분이라고 생각합니다.

애덤 파 모터스포츠의 일부는 드라이버들이 자신의 경주차를 선택하는 것입니다. 그들은 스스로 우승의 위치에 오르기 위해 기반을 다지고, 여기에는 판단력이 필요하지요.

로스 브런 그렇습니다. 드라이버들이 어떤 근거로 결정을 내리고 실행하는지는 당신 질문과 별개의 문제이지만, 그들은 잘못된 판단으로 인해 결국 잘못된 시기에 잘못된 팀에 속할 수 있습니다. 알론소가 잠재적인 챔피언십 우승자 위치에서 지금은 일말의 기대조차 받지 못하는 드라이버가 되기까지 매우 흥미진진한 이 상황은 모두 기계가 개입되기 때문입니다. 기계라는 요소를 제거하면 팀의 변수는 어떤 피트 크루를 보유하는지와 그들이 경주차를 제대로 만드는지에 달려 있을 겁니다.

드라이버 챔피언십과 컨스트럭터 챔피언십을 완전히 분리해서 드라이버들이 각 팀을 돌아가며 참가하고 각각의 레이스마다 다른 경주차를 운전하도록 하자는 아이디어를 나는 좀처럼 받아들이지 못하겠습니다. 이 아이디어는 어떤 의도치 않은 결과가 발생하는 건 아닌지 확인해봐야 할 것들 중 하나입니다. 나는 드라이버와 팀이라는 하나의 독립체가 드라이버와 팀이라는 또 다른 독립체와 겨루는 상황을 열정적으로 사랑합니다. 드라이버가 주말마다 팀을 바꾼다는 아이디어는 팀과 드라이버의 정체성을 잃게 만드는 것 같습니다.

현대의 일반 자동차에 적용할 수 있는 혁신 및 기술에 관해서는, 크로스오버가 좋은 방법이라고 생각합니다. 문화는 확실히 크로스오버에 알맞습니다. 크로스오버 사례로 몇 가지 기술을 꼽아볼까요. 디스크 브레이크disc breaks 는 모터스포츠에서 처음 발명되었고, 포뮬러 원의 탄소섬유 사용은 자동차 응용 분야를 주도했습니다. 확실히 포뮬러 원은 이것으로 세상에 널리 알려졌어요. 하지만 포뮬러 원이 매우 강력한 힘을 발휘하는 곳은 문화입니다. 어떤 개념을 발전시키고 가장 빠른 속도로 추진하길 원한다면 그것을 포뮬러 원에서 활용하면 됩니다.

내가 알기로, 예를 들어 복합화 기술을 이용해 복합 재료를 취급하는 회사들은 포뮬러 원에 열광합니다. 우리는 기꺼이 복합 재료에 의한 부품을 시도하기 때문이지요. 새로운 레진계 재료나 새로운 형태의 섬유를 갖게 될 경우, 그들은 그것을 분석하고 응용 여부를 살펴보고 피드백을 받기 위해 포뮬러 원에 보낼 겁니다. 그들이 이것을 항공우주 산업에 제시하면 5년 후에 답을 얻게 될 거예요. 그러나 포뮬러 원에 제시하면 5개월이면 답을 얻지요. 이처럼 포뮬러 원의 문화와 '할 수 있다'라는 철학은 대단히 강력합니다. 내가 포드, 혼다, 브리지스톤 등 제조업체들과 일할 때, 어떤 회사는 엔지니어들을 이런 환경에 배치함으로써 포뮬러 원을 활용했습니다. 이것은 그 회사들의 엔지니어 훈련 과정 중 일부였습니다. 특히 내가 1990년대에 포드에 있을 때 회사들이 이 훈련 과정을 무척 좋아했던 기억이 나는군요. 엔지니어들이 '할 수 있다'라는 태도로 회사에 복귀했다면서 말입니다. '나는 포뮬러 원에 있었다. 여러분은 일요일 오후 2시에 출발선에 있어야 한다. 피할 방법은 없으며 이 일을 끝까지 해내야 한다.'는 정신으로 말이지요. 포뮬러 원에서 복귀한 엔지니어들이 장비를 테스트하러 가는데 누군가 '장비가 작동되지 않는다.'고 말한다고 합시다. 이때 엔지니어들은 '자, 가서 장비를 만들자. 내가 장비를 만들겠다.'라고 선뜻 대답합니다. 그들은 이전과 다른 접근 방식, 다른 문화, 다른 철학을 가지고 돌아온 겁니다. 그러므로 나는 이런 방식으로 포뮬러 원이 제조업체에 도움이 될 수 있다고 생각합니다. 그들이 이 방식을 활용한다면 말이지요. 모두가 그런 건 아니니까요.

애덤 파 내가 책임자로 일하는 코스워스에서는 그것이 우리가 도입하는 것들 중 하나라고 생각합니다. 이 모터스포츠의 훈련 과정으로 우리는 누구도 예상하지 못할 만큼 신속하게 많은 일을 할 것입니다. 포뮬러 원에서 훈련은 정말 강력한 특징이 아닐까요?

로스 브런 나에게 훈련에 관해 흥미로운 사례들 중 하나는 우리가 94년형 경주차에 대해 이야기했을 때 다루었던 훈련이었을 거예요. 1993년에 우리가 정한 훈련 방침은 '1994년에 집중하고 여기에서 벗어나지 않겠다.'는 것이었습니다. 훈련은 프로그램을 체계적으로 유지하게 해주므로, 어딘가에서 큰 문제가 발생하더라도 다른 모든 기능이 적절하게 움직이도록 훈련하는 것이 매우 중요합니다.

언젠가 나는 손자가 축구를 하는 모습을 보았습니다. 모든 아이들이 공을 둘러싸고 벌떼처럼 운동장을 가로질러 뛰어가고 있더군요. 그 모습을 보면서 생각했어요. '이따금 인생도 이렇지 않을까? 모두가 문제를 향해 달려가지.' 사실 그러고 싶지 않은데도 말이에요. 우리는 문제를 처리할 사람들을 정하고, 그들이 문제 해결에 착수하게 하며, 그들에게 필요한 지원을 모두 제공하길 원합니다. 그리고 나머지 사람들에게는 각자 자신이 할 일을 계속하게 하지요. 진행 상황에 관심이 있다면 상황을 계속 전달 받을 수도 있겠지만요. 때로는 그들이 참여할 기회를 마련하되, 매우 체계적인 방식으로 제공합니다. '자, 우리에게 이런 문제가 생겼으니 검토 회의를 열겠습니다. 이 문제에 대해 의견 있습니까? 좋아요. 여러분의 의견은 이렇군요. 아마도 여러분은 이 문제에 대해 중요하고 흥미로운 관점을 지닌 것 같군요. 자, 이제 이분들이 팀이 되어 문제를 처리할 터이니, 나머지 분들은 각자 자리로 돌아가셔도 됩니다.'

애덤 파 개인으로서 그리고 팀으로서 무언가를 학습하는 문제는 어떻습니까? 팀들은 무엇을 학습할까요? 그들은 더 나아지고 추진력을 얻을까요?

로스 브런 팀들은 확실히 추진력을 얻습니다. 이 추진력은 자신감에서 비롯하지요. 그리고 몇 차례 성공에서도 비롯합니다. 내가 혼다에 합류했을 때 이들은 한 번도 큰 성공을 거둔 적이 없었습니다. 그들은 우승하는 사람들은 자신들보다 우수한 사람들이라고 생각했어요. 나는 그들에게 확신을 주어야 했는데, 그 과정에서 내가 성공을 즐겼던 경험이 도움이 되었던 것 같습니다. 그래서 나는 그들에게 '당신들은 내가 함께 일해본 여느 사람 못지않게 훌륭합니다. 당신들의 능력은 내가 함께 일해본 누구 못지않게 대단하고요. 우리는 이 모든 일들을 잘 해나갈 수 있습니다'라고 말했고, 그 말이 팀을 앞으로 나아가게 했습니다. 성공한 경험이 없고 월드 챔피언십 대회에서 우승한 적이 없으면, 성공한 사람들에게는 뭔가 특별한 것이 있을 거라고 생각하게 됩니다. 그들은 우리와 조금 다른 무언가를 하고 있다고 말이지요. 내가 혼다 팀 모두에게 전하려 했던 말은 이랬습니다. '당신이 자동차 날개에 라미네이팅 처리를 하고 있다고 합시다. 당신은 탄소섬유에 라미네이팅 작업을 하고 있습니다. 레드불에도 같은 작업을 하는 사람이 있어요. 당신은 그 사람보다 더 잘할 수 있습니까? 당신이 더 잘해낸다면 그리고 이 회사의 모든 직원이 더 잘해낸다면 우리는 월드 챔피언십 대회에서 우승할 수 있을 겁니다. 레드불의 자동차 설계부서 직원보다 더 잘할 필요는 없어요. 그 일은 당신과 아무 상관없으니까요. 하지만 당신이 레드불 직원보다 조금 더 깔끔하게 조금 더 확실하게 조금 더 효율적으로 날개를 라미네이팅할 수 있다면 훌륭한 겁니다. 그러니 조금만 더 잘하면 됩니다. 그리고 당신은 그렇게 할 수 있다고 장담합니다.'

결과가 어땠을까요? 그들은 해냈습니다.

제3부

법칙

법칙 1. 전략은 시스템이다

로스는 전략을 일종의 철학으로 정의하며 전략으로부터 과정이 나온다고 말한다. 그러나 이것은 과정의 철학이다. 로스는 이것을 '과정 및 접근 방식의 통합과 적용, 상황의 원활화'라고 설명한다.

그에게 '행운은 기회를 기다리는 준비 과정'이다. 이것은 고대 로마의 격언을 반영한다. '성공적인 결과를 바라는 이는 닥치는 대로가 아니라 전략적으로 싸워라.'

로스는 1980년대에 리더십에 대한 자신의 접근 방식을 개발했고 이 방식을 재규어, 베네통, 페라리, 혼다, 브런, 메르세데스에 일관되게 적용했다. 이것은 그의 시스템으로, 그는 우리를 위해 다음과 같이 다양한 요소들을 설명한다.

- 동료들과의 장기적인 신뢰 관계에 투자할 것
- 포괄적이고 협의적이되 결단력 있는 관리 방식
- 훈련되고 체계적이며 형식을 갖춘 리듬과 루틴
- 성공에 관대할 것
- 실패에 책임을 질 것
- 희생양이 아닌 철저한 분석에 의해 시스템의 근본 원인을 찾을 것
- 열정적이되 감정적이지 않을 것
- 기술적인 세부사항을 장악할 것
- 기술부서 직원과 함께 작업하고 체계적이고 일관된 방식으로 그들에게 조언과 도움을 줄 것

- 미래의 규제 변화를 예측하고, 그러한 기회를 추구하기 위한 소규모 전담 프로젝트팀을 구성할 것
- 경주차와 경주차의 설계, 제작, 레이스 출전 등에 이르는 전 과정에서 전체성, 통합성, 완벽성을 추구할 것

레이스에 대비하든, 규칙에 대해 잠재적으로 논쟁의 여지가 있는 해석으로 FIA와 격전을 벌이기 위해 대비하든, 로스는 전술적 차원에서도 그의 팀에게 레이스를 끝까지 완주하도록, 그리고 예상 시나리오를 짜도록 요구했다.

법칙 2. 불필요한 갈등을 방지한다

로스는 전략이 싸움이 아닌 승리를 위한 것이라는 원칙의 좋은 예를 보여주었다. 그는 '최고의 장군은 싸우지 않는다. 싸움을 할 땐 이미 모든 일이 끝나 있다.'는 《손자병법》의 주장에 감명을 받았다. 그가 갈등을 허용한 곳은 오직 레이스 트랙 위에서였고, 그 다음은 자신의 팀 전체와 다른 팀 사이의 갈등이 유일했다. 다른 어떤 기술 감독이나 총감독이 아닌 로스 자신이 리드 드라이버를 앉혔고, 세컨드 드라이버는 명시적으로 리드 드라이버와 팀 전체를 지원하는 역할을 했다. 로스는 차고 양측을 위한 전략가가 아닌 단일 팀 레이스 전략가를 투입해 이 방식을 강화했다.

이 접근 방식은 테스트와 연습 경기에서 개방성을 장려했고, 트랙에서의 갈등 위험, 팀원들 간의 갈등 위험, 그리고 두 드라이버에

게 점수가 분산됨으로써 발생하는 성적 하락 위험을 낮추었다.

일부 사람들에게는 이 방식이 불공평하고 반스포츠적으로 보여 간혹 논란이 일었지만, 매우 효과적이었다. 그리고 로스는 누구든 상관없이 우승 가능성이 가장 큰 드라이버를 지지한다고 밝힘으로써 자신의 접근 방식을 옹호한다.

로스는 또 타 팀에게는 레이스용으로 제작한 엔진보다 열등한 엔진을 제공하는 것이 옳다고 믿었다. 개인적으로 나는 이 생각에 동의하지 않지만, 우승이 목표이고 규칙이 이를 허용한다면 엔진을 직접 제작하는 팀(페라리, 르노, 메르세데스 같은)이 타 팀에게 경쟁력 있는 엔진을 공급하는 것은 불합리하다는 것을 인정해야 하겠다. 간단히 말해, 규칙은 이를 허용해서는 안 되며, FIA는 2015년에 규칙을 거슬러 이런 일이 일어났을 때 이를 외면해서는 안 되었고, 2016년에 아마도 주요 엔진 제조업체들의 압력을 받아 이를 허용하도록 규칙을 수정해서도 안 되었다. 팀의 이익은 스포츠의 이익과 같지 않으며, 공정한 경쟁의 장을 제공하는 것은 규제 기관의 역할이다.

그러나 이 문제는 차치하고, 갈등은 에너지와 자원을 소모한다. 갈등은 누군가 당신의 허를 찔러 당신을 넘어뜨리려 할 때 외부적인 위험을 초래하고, 또한 모든 조직의 궁극적인 위험이 내부 분열을 초래한다.

법칙 3. 의식적으로 신뢰를 구축한다

로스에게 신뢰는 의식적인 행위다. 그 중심에는 공자에서 예수에 이르기까지 윤리적 가르침의 바탕이 되는 원칙, 즉 '자신이 대접 받고 싶은 대로 남을 대접하라'가 자리 잡고 있다.

팀 안팎의 사람들과 관계를 맺을 때 로스는 만만한 사람이 됨으로써가 아닌, 적극적으로 사람을 찾아 나서고 가까이 다가가 그들과 사귀는 사람이 됨으로써 갈등을 방지했다. 나는 이런 상황을 직접 목격했다. 나는 로스가 공항이나 비행기 안에서, 혹은(한번은) 니스에서 몬테카를로로 향하는 헬리콥터 안에서 나와 함께 앉아 이야기를 나누던 많은 상황이 떠오른다. 로스는 친절하고 좋은 친구가 되기 위해 노력했다.

그 결과 사람들은 항상 그의 모든 면을 좋게 보고 싶어했다. 이것이 그의 경력에 얼마나 중요하게 작용했는지 예를 들어보겠다. 1999년 바지 보드에 대한 FIA의 결정은 페라리가 15년 만에 처음 컨스트럭터 타이틀을 거머쥐는 데 도움이 되었다. 2008년에 혼다가 포뮬러 원 탈퇴를 결정했을 때, 로스에 의해 팀이 정상화되길 바란 혼다의 열망은 그가 리처드 브랜슨Richard Branson을 내보내고 팀을 인수하는 것에 도움이 되었다. 그리고 마틴 휘트마시와 노르베르트 하우의 지지로 몇 주 뒤 브런 GP는 메르세데스 엔진을 확보했고, 이는 2009년 두 개의 타이틀 획득과 2009년 말 메르세데스의 팀 인수로 이어졌다.

그러나 모두가 이런 접근 방식을 쉽게 받아들이고, 활용할 수 있는 것은 아니다. 그들만이 갖고 있는 야망은 쉽게 공유할 수 있는 것이 아니다. 로스의 몰락에 등장하는 두 명, 어쩌면 세 명의 인물은 로스를 경쟁자로 보았다. 지금은 어쩌면 그들끼리 서로를 경쟁자로 볼지 모르겠다.

법칙 4. 자신을 알고 상대를 안다

긍정적인 측면에서, 로스가 루틴을 철저하게 지키는 이유는 리듬과 마감기한에 의해 만들어지는 구조를 통해 어떤 타고난 '게으름'을 통제할 필요가 있기 때문이다.

부정적인 측면에서, 로스가 무너진 이유는 그가 상대하는 사람들을, 그리고 어느 정도는 자기 자신을 이해하는 데 실패했기 때문이다. 그가 외부의 적만 상대했다면 살아남았을 테지만, 메르세데스 내에서 그 자신과 다른 사람들 간의 내부 분열에 외부의 적이 결합하자 치명적인 위협이 되었다.

나는 그에게 질문을 던지면서 어떻게 이런 일이 일어날 수 있었는지, 인간에 대한 이해가 그토록 뛰어난 사람이 어떻게 이런 상황에 처할 수 있었는지 파악하려 애썼다. 그 답은, 로스는 선택이 아닌 필요에 의해 2009년에 버니 에클스턴을 적으로 여겼으며, 로스가 2012년 버니로부터 받은 놀라운 전화에서 짐작하듯이 이 일은 잊히지 않았다는 것이다. 로스는 포뮬러 원의 상업적 측면에 전혀 관심이 없었기에, 2009년 이후 버니와의 관계를 재구축하는 데 충분한 관심을 기울이지 않았다. 그리고 로스는 메르세데스 내부에서 처음으로 동료들에 비해 불리한 입장에 놓인 자기 자신을 발견했다. 그들은 메르세데스 이사회와 친밀한 관계를 맺었고, 그는 그런 관계를 구축하기 위해 노력을 기울이지 않았다.

이러한 내외부적 갈등의 시기가 지난 이후 로스는 계속할 의지를 잃었다. 아마 그는 더 이상 일을 즐기지 못했을 테고, 상황을 해결하기 위해서는 긴 싸움을 해야 한다는 걸 예상했을 것이다. 이 싸움은 그때까지 그가 싸웠던 여느 싸움과 달랐고, 도무지 싸울 마음이 내키지 않았다. 이것은 로스가 자기인식이 부족해서라고 말할 수는 없겠지만, 그가 상황을 더 잘 인식했다면 이런 입장에 처하게 되었을까? 아마 그가 자신의 입장을 좀 더 일찍 깨닫고 신속하고 더욱 가차 없이 행동했더라면 자신의 미래를 보장받을 수 있었을 것이다. 콜린 콜레스가 불명예스러운 녹취록을 공개한 후로 내부 적들의 세력은 약해졌지만, 로스는 그의 적들이라면 주저 없이 손에 넣었을 기회를 활용하지 않았다.

로스는 자신의 열망이 전과 같지 않다거나 트랙에서 우승할 능력을 상실했다고 주장하지만, 메르세데스의 성과에서 드러나는 증거는 이를 뒷받침하지 못한다. 어쩌면 근본적인 원인은 브런 GP가 2009년 월드 챔피언십 대회에서 우승하고 메르세데스에 인수된 후 로스가 더이상 트랙을 떠나서까지 이기려는 의지가 없었기 때문일 것이다. 오직 우승을 위해 한결같이 헌신했던 한 남자에게 이 일은 목적의 명확성과 단순성에 있어 드물지만 치명적인 실수였다.

법칙 5. 겸손한 자세를 갖춘다

로스는 자신의 성취에 대단히 자부심이 크고, 의심할 여지없이 이것은 그의 성취들이다. 로스가 챔피언십 대회에서 우승한 횟수를 계산해본 적이 없다고 말했을 때, 그 말은 사실이었다. 하지만 일단 우리가 그 수를 세기 시작하면 그는 어떤 것도 빠뜨리고 싶어 하지 않았다. 그럼에도 불구하고 그는 자부심을 느낄 정당한 이유가 부족한 많은 사람들보다 자기애가 훨씬 적다. 그 결과로 그는 동료들이 시상대에 올라가 성공의 기쁨을 함께 누리도록 권하는 등 다른 이들에게 관대할 수 있었다. 이것은 상대방을 무장해제하게 만드는 드문 성격 특성이다.

첫 번째 레이스 우승에 대한 보너스로 플라비오 브리아토레가 로스에게 원치 않은 스와치 시계를 준 이야기는 확실히 인상적이었다. 로스는 플라비오가 매우 재미있고 화려한 사람이라며 다른 측면에서 그를 칭찬하지만, 아마도 로스에게 진정한 보너스는 이 교훈이었을 것이다.

로스는 진심으로 겸손을 표현하는데, 이 점은 약간 프랭크 윌리엄스와 유사하다. 이것은 두 남자 모두 다른 사람들에게 잘하고 싶은 욕구와 충성심을 불어넣는 방법으로 매우 중요한 부분이다. 사업에서 나는 각각 리오 틴토와 BHP 빌리턴의 대표인 로버트 윌슨 경과 앤드루 매킨지 박사를 위해 일할 때 그들에게서 이 점을 매우 강하게 느꼈다. 그들은 우리가 그들을 위해 최선을 다하고 싶게 만드는 요령을 갖고 있다.

도요타가 포뮬러 원에서 성공하지 못한 것은 겸손하지 못한 데에 어느 정도 이유가 있었다. 도요타는 특히 유럽에서 브랜드 가치를 높이기 위해 포뮬러 원 우승을 원했던 마땅히 자부심 있는 회사였다. 그러나 도요타는 또한 그들의 리더십에는 포뮬러 원 세계에서 성공하기 위한 특성, 성향, 능력이 없다는 사실을 인정하지 못했다. 전략의 세 가지 차원을 살펴보면, 도요타 F1은 확실히 경제적 기술적 측면은 다루었지만 정치적 측면은 고려하지 않았다. 도요타 생산 시스템을 포뮬러 원에 적용할 수 있다고 생각했다는 점에서 그들은 겸손이 부족했다. 그러나 한편으로는 모터스포츠의 관리 방식이 정말이지 자신들의 수준에 맞지 않다고 간주해 여기에 관여하고 싶지 않았기 때문이기도 했다. 그런데 문제는 모터스포츠에서 우승하려면 여기에 관여해야 한다는 것이다.

법칙 6. 사람과 문화에 투자한다

로스는 한 팀에서 다른 팀으로 이동할 때 사람들을 데리고 가지 않았다. 사실 그의 오랜 경력에서 그와 두개의 팀에서 함께 일한 사람들은 소수에 불과하다. 그에 해당하는 로리 번과 알도 코스타는 주목할 만한 예다.

대신 로스는 그가 데리고 있는 사람들과 함께 일하면서 그들을 알기 위해 시간을 들이고 첫인상으로 섣불리 판단하지 않으려 애썼다. 이것은 그의 신중한 접근 방식을, 그리고 그의 끊임없는 사실 추구를 보여주는 많은 예 중 하나다. 그뿐만 아니라 이 접근 방식은 팀에게 경쟁자 못지않게 우승할 수 있다는 강한 메시지를 주었다.

로스는 그의 직원들과 그 밖의 자원들을 평가한 뒤 외부 고용으로 이것을 보충하려 했다. 그의 말대로, 로스는 후보자들을 개인적으로 알게 되는 기회로 간주하면서, 심지어 연봉 협상을 그들을 더 잘 이해할 방법으로 여기면서 직접 이 일을 도맡았다. 어떤 리더도 그들의 직속 팀보다 나을 수 없으므로 이것은 그의 방법론에서 대단히 중요한 부분이다.

팀 내부에서 로스는 개방성과 질서의 문화를 조성했다. 자신이 원하는 문화를 장려하기 위해 그의 루틴은 지속적인 정보의 흐름, 메시지 통제 능력을 확실히 하도록 설계되었다. 모든 포뮬러 원 팀과 모든 리더가 이런 식으로 운영하지는 않는다. 특히 로스는 루틴이 시종일관 변함없이 유지되고, 단순히 대응만을 위한 위기관리가 되지 않도록 했다. 나는 이 리듬 유지가 페라리가 2005년의 실적 위기를 그토록 잘 대응할 수 있었던 한 가지 이유라고 확신한다. 특히 주기적인 환경 혹은 항상 우승할 수는 없는 대단히 경쟁적인 환경에서 운영할 땐 유리한 시기든 힘든 시기든 탄탄한 시스템을 구축해야 한다.

《손자병법》은 리더십에는 연민과 규율이 모두 필요하다고 말한다.

> 당신의 군사들을 자식으로 여겨라. 그러면 그들은 당신을 따라 가장 깊은 골짜기로 들어갈 것이다. 그들을 사랑하는 아들이라 여기면, 그들은 죽음도 불사하며 당신을 지킬 것이다. 그러나 당신이 아무리 관대하다 해도 권위를 느끼게 하지 못한다면, 다정하지만 명령을 집행하지 못한다면, 더욱이 무질서를 진압할 수 없다면 당신의 군사들은 버릇없는 아이들에 비유되어야 할 것이다. 그들은 어떠한 실용적인 목적에도 쓸모가 없다. 〈제9편〉

스포츠 전체에 대해 로스는 '포뮬러 원은 결코 한 사람만의 비전이 아니다.'라고 말했다. 어떻게 해야 이 점을 중심으로 결집된 문화를 만들 수 있을까?

법칙 7. 시간을 측정한다

로스는 시간을 측정한다. 포뮬러 원은 트랙 안팎으로 속도가 관건인 스포츠이며, 피드백 루프는 고통스러울 정도로 압축적이다. 그러나 여러 차례 말하지만 로스는 단기간에 초점을 맞추지 않고, 다음 시즌이라는 (포뮬러 원에서는) 먼 미래에 큰 변화를 이루는 데 주력했다. 이것은 그가 페라리와 혼다에서 시작했을 때에도 그랬지만, 스쿠데리아에서 연승을 거두는 동안에도(그는 이 시기를 파도 꼭대기에서 리듬을 타는 것 같다고 묘사한다), 이후 메르세데스에서 새로운 엔진으로 다시 한번 승리를 거둔 때에도 마찬가지였다.

시간을 측정하고, 그것을 자원으로 활용하는 것은 전략의 핵심이다. 상황이 어려울 땐 직접 시간과 공간을 확보하기 위해 시간을 측정해 큰 변화를 꾀해야 한다. 상황이 좋을 땐 리더십으로 얻은 시간과 공간을 재투자해 기세를 유지해야 한다.

시간은 갈등 해결에도 중요한 자원이다. 사람들은 당면한 경쟁에 갇히게 되면 어떤 것도 포기하려 하지 않지만, 현 시점에 집중하고 있다는 바로 그 이유 때문에 먼 미래에 일어날 일에 대비하는 과정을 잘 받아들일 수도 있다. 그러나 3년은 너무도 빨리 지나가므로, 미리 계획을 세운 사람들은 이 계획을 활용할 수 있다. 또한 우리는 불확실성을 피하고, 자신의 능력을 과대평가 하는 경향이 있기 때문에, 미래의 변화가 합의되고 진행되면 본능적으로 이를 최대한 빨리 앞당기기도 한다.

또한 나는 피트 스톱에서 얻거나 잃을 수 있는 시간을 언급하기 위해 로스가 '전략적 시간'이라는 표현을 사용하는 것에 크게 놀랐다. 피트 스톱은 경주차들이 트랙에서 유리한 위치를 점유할 기회를 제공하며, 우리는 트랙 위를 계속 달리던 차와 피트 레인에서 나오는 차가 막상막하의 접전을 펼치는 장면을 종종 목격할 것이다. 이런 상황은 팀에게 극적인 순간으로 피트 스톱에서 10분의 1초는 엄청난 차이를 만들 수 있다. 이것은 경쟁의 여러 단계에서 시간이 동등한 가치를 지니지 않는다는 사실을 보여준다. 그러나 시간과 타이밍은 언제나 전략에서 핵심 고려사항이다.

법칙 8. 완벽한 과정은 경쟁력 있는 결과로 이어진다

로스는 그에게 '완벽한 차'는 경쟁력 있는 차를 의미한다고 말한다. 이런 완벽함에 이르기 위해 로스는 무엇보다 엔진, 차대, 타이어 등 핵심 부품들을 통합하려 했다. 그가 페라리에 합류했을 때, 스쿠데리아는 차대는 잉글랜드에서 디자인하고 있었고, 주요 엔진 그룹은 마라넬로에 있었다. 로스는 이들을 통합해 결합 프로그램의 기준이 되었다. 또한 그는 다른 어떤 선두 팀도 일본 타이어 제조업체와 일을 할 수 없겠다고 느낄 정도로 브리지스톤과의 관계를 위해 노력했다. 그들이 페라리 프로그램의 많은 부분을 차지하는 것으로 보였기 때문이다. 2005년에 문제들이 닥쳤을 때에도 로스는 브리지스톤이 비난받지 않도록 많은 노력을 기울였다.

엔진과 차대 그룹을 통합하기 위해 로스는 페라리, 혼다, 메르세데스에서 엔진과 차대 디자이너들을 배치하고 둘 사이에 인력을 교환하는 등 물리적으로 그리고 비유적으로 벽을 허물었다.

완벽한 과정은 완벽한 결과를 낳고 뛰어난 성과를 유지할 능력을 만든다. 로스는 경쟁력이 뒤따를 거라는 걸 알고 과정에 집중했다. 과정은 모든 실패의 근본 원인을 철저하고 신속하게 분석함으로써 연마되었다.

완벽함이 포뮬러 원의 성공에서 필수 요소라는 것은 놀라운 일이 아니지만, 그처럼 단기간에 성과와 신뢰 수준을 달성해야 한다는 점을 감안하면 완벽함을 이루어내기란 쉬운 일이 아니다.

법칙 9. 일련의 리듬과 루틴을 개발하고 적용한다

팀과 구조의 통합을 구축한 로스는 자동차의 설계, 제작, 레이스 등 전 과정을 완벽하게 할 리듬과 루틴을 도입했다. 이 루틴들은 공유된 비전, 명확한 책임, 시스템을 중심으로 진행 상황을 지속적으로 확인하고 더욱 효율적으로 조절하게 했다. 로스는 과정이나 결과에 대한 책임을 결코 떠넘기지 않았고, 부서의 책임자들이나 그들을 위해 일하는 직원의 권위를 빼앗는 일 없이 모든 측면에 주의를 기울였다. 그는 이를 수행할 때 공식적, 또는 비공식적 과정을 이용하고, 자신의 참여를 긍정적이고 건설적이 되도록 했다. 그러기 위해서는 결코 통제력을 잃지 않고 소란스럽지 않게 조용히 고삐를 쥘 수 있도록 정기적인 과정을 자주 갖는 것이 필요하다.

이것은 또한 로스의 팀이 실패에 허둥지둥 반응할 필요가 없었다는 것을 의미했다. 그들의 시스템은 어떤 일이 닥치더라도 충분히 처리할 수 있을 만큼 강력했다. 로스는 이것을 '압박에 반응하지 않고 비전에 맞추는 것'이라고 일컬었다. 견고한 시스템은 리듬과 루틴을 통해 연마된 사람과 과정을 기반으로 한다. 이것은 디자인 부분에 관한 규칙의 새로운 해석에 대해 FIA를 따를 준비를 할 때도 똑같이 적용되었다. 로스는 기술적 측면에서의 논쟁을 준비하기 위해 역할극과 체계적인 과정을 이용했다.

불필요한 실수를 방지하기 위한 한 가지 전술적 요령은 체크리스트를 이용하는 것이다. 로스는 드라이버들이 깨진 사이드 미러나 그밖에 사소한 세부 사항을 깜박 잊고 언급하지 않는 상황에 대비해 이 체크리스트를 이용했다.

중요한 직책을 맡은 대부분의 사람들은 오랜 시간에 걸쳐 일련의 루틴을 발전시킨다. 로스는 경력 초기에 자기만의 루틴을 개발해 도움을 받았기에, 진전을 보일수록 계속해서 루틴을 적용했다는 점에서 아마도 그들과 달랐을 것이다. 이러한 루틴이 세월의 시련을 견디고, 큰 팀에서 일하든 작은 팀에서 일하든, 좋은 시기든 힘든 시기든 살아남았다는 사실에 주목하자.

내가 로스에게 배운 교훈은 리더 내용에 몰두하기보다 과정에 더 집중해야 한다는 것이다.

법칙 10. 도입한다!!

'도입한다'는 말은 사실상 완곡한 표현이다. 로스는 우리에게 경쟁을 존중하고, 그것을 통해 사람, 아이디어, 방법 등 우리를 더욱 경쟁력 있게 만들 모든 것을 배우고 심지어 훔치라고 강조한다.

포뮬러 원 레이싱 기술은 일반적으로 특허권의 보호를 받지 않는다(시간이 너무 오래 걸리고 시행도 되지 않을뿐더러, 작업 과정을 모두에게 공개하는 격일 뿐이다). 따라서 지적 재산이 더 잘 보호받아 사실상 도입이 절도가 될 수도 있는 다른 삶의 영역과 포뮬러 원 사이에는 차이가 있다.

그러나 사람들은 자신의 회사 내에서조차 다른 사람의 아이디어나 시스템, 과정을 가져오길 결코 원하지 않는 것 같다. 그들은 자신의 것을 개발하길 원한다. 포뮬러 원에 속한 사람들도 다르지 않지만, 리더십은 우리가 이것에 끊임없이 도전하길 요구한다. 우리는 혁신의 문화뿐 아니라 외부에서 아이디어를 찾는 문화도 조성해야 한다. 또한 다른 사람의 아이디어를 가지고 올 땐 신속하게 처리해야 한다. 무언가가 다른 곳에서 효과를 발휘하고 있을 때 중요한 점은 그것이 효과를 발휘하고 있다는 것이다. 빈둥거리다가 그것을 '우리 소유로 만들 시점'이 되었을 땐 비용이 커지고 시간은 지연되며 효과는 떨어질 위험이 발생한다.

결국 어떤 조직도 좋은 아이디어를 혼자 독차지할 수 없고, 전체 판도를 바꿀 '끝내주는 기술'이 외부에서 나올 가능성은 늘 있다. 그러므로 다른 사람들이 무엇을 하는지 공개적으로 검토하고 그것이 미칠 영향에 대해 비판적으로 생각하는 겸손함을 지녀야 한다.

법칙 11. 선을 정하고, 그것을 받아들인다

다시 말하지만 포뮬러 원은 다른 사업들, 심지어 다른 스포츠들과는 다른 관리 기준으로 운용된다. 누구도 포뮬러 원의 윤리를 받아들여 그것을 사업이나 정부 기관에 적용해서는 안 된다.

하지만 그 반대도 마찬가지다.

중요한 것은 우리의 활동 방침을 이해하고 모두를 위해 선을 명확하게 정한 다음 그 선까지 운영하는 것이다. 허용 가능한 선에서 1밀리미터를 넘어서도 안 되지만, 1밀리미터가 못 미쳐서도 안 된다. 우리가 만든 격차는 슈마허가 바리첼로를 위해 벌인 격차와 같다 — 차를 몰고 지나가기에 충분히 넓다. 이 격차는 경쟁력을 잃고, 기회를 낭비하는 것이다.(2002년 미국 그랑프리에서 페라리의 미하엘 슈마허는 1위로 결승선을 통과하기 직전 갑자기 속도를 줄여 2위로 달리던 같은 팀 동료 루벤스 바리첼로에게 0.011초 차이로 1위를 양보했다. - 옮긴이)

로스가 보여주려는 것은 바로 토탈 컴피티션으로, 이것은 선이 그어진 위치를 우리 자신과 우리 팀의 마음속에 명확하게 인식하는 것을 의미한다. 선의 이쪽 측면에는 혁신, 창의성, 기회가 있으므로 우리는 이것을 활용하고 즐겨야 한다. 로스의 목표는 월드 챔피언십 타이틀을 석권하는 것이었다. 그가 그은 선은 고의로 속임수를 쓰지 않는 것이었다. 나머지는 우리가 앞에서 살펴본 것처럼 모두가 알고 있는 바다.

이 접근 방식은 우리가 앞에서 로스 자신과 다른 사람들에 대해 이야기한 '정치적 수완'과 대조될 수 있다. 2008년 당시 로스는 2009년의 새로운 공기역학 규칙은 쓸모없다는 것을 다른 팀들에 경고하기로 의식적인 결정을 내렸다. 적어도 윌리엄스의 샘 마이클은 로스의 말을 경고로 정확히 해석했다. 혼다는 이 새로운 규칙 아래에서 모두가 가능하다고 믿은 것 이상으로 훨씬 많은 다운포스를 만들어낼 수 있는 허점을 발견했다. 다행히도 아무도 로스의 경고를 받아들이지 않았는데, 그의 경고에 의해 서둘러 규칙이 바뀌었다면 그의 팀은 2009년에 입증한 것보다 경쟁력이 훨씬 떨어졌을 수도 있었기 때문이다. 어떤 점에서 이것은 로스가 벌인 무모하고도 드문 '정치적' 행동이었다. 이것은 아무에게도 도움이 되지 않았지만, 자칫 2009년 성공을 위해 그가 진행해온 모든 것을 잃을 수도 있었다. 다른 팀들은 운이 썩 좋지 못했다. 브런 GP에 대한 맥라렌의 자비로운 지원 덕분에 브런 GP는 2009년 시즌을 위해 메르세데스 엔진을 확보할 수 있었다. 그리고 그 결과 브런은 더블 타이틀을 석권했고, 메르세데스는 맥라렌을 떠나 브런을 인수했다. 그 결과는 오늘날에도 계속 감지되고 있지만, 맥라렌이 혼다를 엔진 파트너로 확보한 것은 메르세데스의 손실을 이내 만회할 수 있는 큰 성과였다.

이런 태도가 반스포츠적으로 비쳐질 수 있다는 걸 인정한다. 그러나 내 말의 요점은, 정치적 수완은 정의상 다른 사람들에게 이익을 준다는 것, 그리고 이를 위해 치러야 할 대가가 있다는 것이다. 리더들은 도덕적 우위를 점하겠다는 허영심 때문이 아니라, 모두의 장기적인 이익에 부합하는 것과 같이 바른 이유에서 정치인이 될 필요가 있다. 로스는 정치적 수완을 발휘할 시기 ― 우리의 선택 사항과 경쟁적 위치를 타협하지 않는 초기 ― 가 있다고 말한다. 이것을 통해 리더는 단기적으로는 무자비하게 경쟁을 벌이더라도 장기적인 사안에 대해서는 보다 정치인처럼 행동할 수 있어야 한다는 전제가 만들어진다.

법칙 12. 단순함을 추구하고 복잡성을 관리한다

복잡성은 피할 수 없으므로 앞에서 논의한 공유된 비전, 명확한 책임, 리듬과 루틴을 통해 관리되어야 한다. 누구도 모든 것을 관리할 순 없다.

그러나, 언제나 단순함을 추구해야 한다. 단순한 해결책들은 의도하지 않은 결과를 초래할 위험이 적다. 포뮬러 원에서 단순한 해결책은 더 큰 성능 향상, 더 적은 중량 페널티, 그리고 더 높은 신뢰성을 제공하는 경향이 있다. 그러나 이런 종류의 기회들은 규칙이 만들어지는 초기에 오는 경향이 있고, 이 기회들을 이용하려면 로스가 매우 효율적으로 전개한 프로젝트 접근 방식인 한 걸음 물러서서 생각하기가 필요하다.

단순함의 또 다른 차원은 양을 추구하느라 질을 희생하지 않는 것이다. 규모의 확장은 추가적인 문제를 야기한다. 이 접근 방식을 필요로 하는 곳이 기술 프로젝트만은 아니다. 때때로 로스는 불필요한 것들을 없애고 생각에 몰두하기 위해 시간을 할애해야 했다.

법칙 13. 사람들은 자연스럽게 혁신한다

포뮬러 원은 사람들이 적절한 환경과 구조 안에서 자연스럽게 혁신한다는 것을 증명한다. 창의력을 발휘할 적절한 조건이 주어질 때 사람들은 놀랍도록 많은 것을 성취할 수 있다.

리더로서 우리는 결과가 어떻게 될지 모를지라도, 사람들이 무언가를 생산하리라는 걸 믿고 이런 조건을 만드는 데 전념해야 한다. 이것은 실제로 수량화할 수 없는 창의적이고 지적인 작업이며, 모든 사람들은 리더가 프로젝트팀에 한 약속을 반드시 지킨다는 것을 알아야 한다.

자신감의 부족은 때때로 '사람들이 지나치게 열심히, 과도하게 도약하려 한다'를 의미할 수 있다.

아마도 이 의견과 관련된 주장은 모든 상황을 혁신의 기회로 보아야 한다는 것일지 모른다. 로스는 역경이 경쟁 우위를 달성할 기회라는 철학을 지녔다. '우리가 그런 종류의 역경에 다른 팀보다 더 잘 대처할 수 있다면 우리는 정상에 오를 것이다.' 그는 모나코의 예를 들었다. ― 모나코 레이스는 물류 및 스포츠 모든 측면에서 여러 가지 난관을 안겨주지만 포뮬러 원의 정석을 보여주는 레이스다. 그는 자신의 팀에게 다른 팀들이 힘들어 하는 상황을 즐기라고 조언했다. 2016년 모나코 그랑프리에서 레드불은 그러한 물류 문제로 메르세데스에 선두를 빼앗겼다 ― 이 경우 차고의 배치로 인해 통신과 보관이 제한되었다.

법칙 14. 데이터와 직관을 위한 자리를 마련한다

로스는 데이터를 집요하게 추구하는 한편 판단력과 직관, 그리고 예상 밖의 결과를 위한 자리도 강조했다.

세 차례 피트 스톱 전략을 성공적으로 이용한 것이 그 예였다. 레이스 전략은 대개 두 차례 피트 스톱을 포함해 최고 속도의 레이스를 계산하는 것으로 이루어진다. 이 경우 페라리는 추가 피트 스톱을 선택했는데, 이 전략은 가장 빠른 방법은 아니었지만 팀에게 통제권을 주어 드라이버들이 경주차 상태에 신경을 쓰지 않고 '자유롭게' 레이스를 할 수 있게 했다. 이 전략으로 맥라렌이 균형을 잃고 황급하게 반응해 그들의 전략을 훼손한 덕분에 페라리는 부가적인 그리고 어쩌면 예측하지 못했던 이점을 얻었다.

법칙 15. 전략을 연구하고 적용한다

전략은 목표를 성취하기 위해 장애를 극복하는 과정이다. 나는 이것이 계획이 아닌 과정임을 강조한다. 더욱이 이 과정은 우리가 연구하고 적용할 수 있는 원칙들, 어쩌면 심지어 규칙들에도 지배를 받는다.

로스는 전략을 공부하지 않았고, 지금까지 자신의 접근 방식을 기록으로 남기거나 심지어 명확하게 설명하지도 않았다. 그러나 그의 설명을 들으면, 그가 적용한 방법론이 일련의 원칙들을 넘어선다는 것이 분명해진다. 그리고 이것은 규칙이 된다. 이 각각의 요소들에 대해 로스에게 다른 접근 방식을 취한 사람은, 물론 성공할 수는 있었겠지만 성공 가능성이 낮았을 테고, 다른 영역에서 대가를 치뤄야 했을 것이다. 따라서 레드불과 르노는 2014년 시즌에 효력이 발생한 새로운 규칙에 따라 경쟁력 있는 동력 장치를 개발하는 데에 메르세데스만큼 효과적이지 못했다. 로스의 관점에서 이것은 그들이 미리 계획을 세우지 않았고, 팀을 통합하지도 않았기 때문이었다. 그러나 시간이 지나면서 르노는 동력 장치의 성능을 향상시켰고, 레드불은 차대 제작에 힘썼다. 전체 패키지는 점차 경쟁력이 높아져 2016년에 벌써 우승을 차지했고 그 해 중반에 두 차례 더 우승에 가까운 성적을 거두었다. 이를 위해 레드불과 르노는 상대적으로 느린 출발을 보완해야 했다.

이러한 원칙들이 규칙의 효력을 갖는 이유가 있다. 전략은 인간이 만든 것이 아니라, 인간의 정신, 사실상 인간 신체의 일부다. 전략은 인간의 지능이 작동하는 방식이다. 인지과학자 스티븐 핑커가 말한 것처럼 '우리가 지능이 있다면, 우리는 목표를 가져야 한다.' 그는 계속해서 주장한다. '그러므로 지능은 이성적인(진실을 따르는) 규칙들을 기반으로 한 결정에 의해 어려움을 극복하고 목표를 달성하는 능력이다.' 지능은 우리를 둘러싼 세계를 형성하는 능력이고, 전략은 그 세계를 형성하기까지의 과정에 관한 것이다. 인간의 지능은 다음 세 가지를 활용하도록 진화했다(혹은 만들어졌다). 1. 우리를 둘러싼 자연 자원, 2. 이러한 자원들을 관리하고, 적절한 형태를 만들고, 가공하고, 변형하는 기술적 능력, 3. 다른 사람들로 대표되는 자원. 이것이 전략이 세 가지 차원(사회적, 경제적, 기술적)을 갖는 이유다. 그리고 이것은 다른 사람으로부터 최상의 것을 얻어내고, 가용 자원을 최대한 활용하며, 기술적 능력을 끊임없이 향상시키는 방법이 더 성공하는 이유다. 포뮬러 원은 이 방법들에 완벽하고 신속하게 보상을 주는 활동이자, 세 가지 분야 모두에 숙련을 필요로 하는 활동이다. 포뮬러 원에서 경쟁자로서 지속적인 성공을 원한다면 정치, 경제, 기술을 제대로 이해해야 한다.

토탈 컴피티션에는 완벽하고 통합적이며 포괄적인 과정이 필요하다.

감사의 인사

로스 브런

나에게 포뮬러 원에 첫발을 내딛게 해준 프랭크 윌리엄스와 패트릭 헤드에게 감사한다. 루카 디 몬테체몰로, 장 토드, 닉 프라이는 내 경력에 중요한 역할이 되어주었다. 재키 올리버는 나에게 처음으로 차를 디자인하게 해주었고, 톰 월킨쇼는 스포츠카 세계에 들어서도록 나를 설득했다. 그밖에도 포뮬러 원의 수많은 사람들에게 많은 지지를 받았지만, 나와 함께 일하면서 엄청난 헌신과 전념을 보여준 모든 팀원과 드라이버 들에게 특별히 감사를 전하고 싶다.

미하엘 슈마허는 직업적으로나 인간적으로 나에게 매우 특별한 사람이다. 그의 회복을 위해 기도한다.

무엇보다 무조건적인 지지를 보내고 내가 현실에 발을 딛고 서게 해준 내 아내 진과 두 딸, 그밖에 내 가족들에게 감사한다. 당신들이 없었다면 이 일을 할 수 없었을 것이다.

애덤 파

내가 포뮬러 원을 떠난 뒤 전문적으로 그리고 학문적으로 많은 경험을 하도록 도움을 준 열정적이고 너그러운 사람들에게 감사를 전하고 싶다. 특히 고故 리사 자딘 교수, 앤드루 매킨지 박사, 케빈 칼호벤, 샘 마이클, 제러미 팔머, 리처드 킹, 마니시 포사이스, 로빈 스콧, 아풀 제임스, 그리고 맥스 모슬리에게 감사한다.

내 아들 펠릭스와 루이스에게 특별히 감사한다.

우리 둘은 이 책을 완성하기까지 도움을 준 다음 분들에게 감사한다. 제랄딘 코넬리, 피비 케네디, 맥스 모슬리, 샘 마이클, 데이비드 고드윈, 이안 마샬, 조 횟퍼드, 그리고 사이먼&슈스터 직원 여러분에게 감사의 인사를 전한다.

로스 브런 승리의 법칙

초판 1쇄 발행 | 2023년 4월 14일

지은이 | 로스 브런, 애덤 파
옮긴이 | 서민아
펴낸이 | 이은성
편 집 | 김하종
디자인 | 최승협
펴낸곳 | *e* 비즈북스
주 소 | 서울시 종로구 창덕궁길 29-38, 4-5층
전 화 | (02) 883-9774
팩 스 | (02) 883-3496
이메일 | ebizbooks@naver.com
등록번호 | 제2021-000133호

ISBN 979-11-5783-289-7 03690

e 비즈북스는 푸른커뮤니케이션의 출판 브랜드입니다.